本书是2018年度河北省社会科学重要学术著作出版资助项目

河北省社会科学发展研究课题（201807050302）

2015年度河北省社会科学基金项目（HB15XW011）研究成果

新闻工作者角色道德自觉

Xinwen Gongzuozhe Juese Daode Zijue

魏茹芳 著

中国社会科学出版社

图书在版编目（CIP）数据

新闻工作者角色道德自觉/魏茹芳著 . —北京：中国社会科学出版社，2019. 12

ISBN 978 - 7 - 5203 - 2886 - 9

Ⅰ. ①新…　Ⅱ. ①魏…　Ⅲ. ①新闻工作者—职业道德—研究　Ⅳ. ①G214

中国版本图书馆 CIP 数据核字（2018）第 168523 号

出 版 人	赵剑英
责任编辑	卢小生
责任校对	周晓东
责任印制	王　超

出　　　版	中国社会科学出版社
社　　　址	北京鼓楼西大街甲 158 号
邮　　　编	100720
网　　　址	http：//www. csspw. cn
发 行 部	010 - 84083685
门 市 部	010 - 84029450
经　　　销	新华书店及其他书店

印　　　刷	北京明恒达印务有限公司
装　　　订	廊坊市广阳区广增装订厂
版　　　次	2019 年 12 月第 1 版
印　　　次	2019 年 12 月第 1 次印刷

开　　　本	710×1000　1/16
印　　　张	16
插　　　页	2
字　　　数	260 千字
定　　　价	80. 00 元

凡购买中国社会科学出版社图书，如有质量问题请与本社营销中心联系调换
电话：010 - 84083683

序

  在社会生活中，人们扮演着不同的社会角色。社会角色作为社会构成的基本要素，是社会关系的投射点，代表一种社会期望。同时也表明一个人在社会中的身份和地位、权利和责任。每一个社会成员都处于各自的社会关系之中，在社会生活中扮演着不同的社会角色，体现着社会关系所承载的"人伦之理"与"道德应当"。社会对于每一社会角色都会有不同的角色定位和伦理期待，以及不同的角色道德要求和行为规范。社会角色作为道德活动的主体，只有自觉遵循角色伦理要求，使其角色意识和道德行为同角色道德规范要求及社会伦理期待相契合，才能在角色道德实践中达到自由自觉的道德境界。角色道德自觉正是社会关系所承载的人伦之理和道德应当、道德精神和伦理价值的凸显与升华。

  作为社会系统的一个子系统，新闻行业与社会各个领域都有着不可分割的关系。新闻行业是通过新闻媒介进行的社会最新信息与舆论的传播，以及时反映人类社会最新发生的社会变动为主要内容的行业。它以促进人类发展、社会进步、维护社会正义为道德追求和价值目标。亚里士多德说："每种技艺与研究，同样地，人的每种实践与选择，都以某种善为目的。"新闻行业也要成为道德的存在、道德的事业，亦即成为善的存在、善的事业。

  新闻行业道德追求和价值目标的实现要以从事这一职业的人即新闻工作者的道德为前提。新闻工作者是新闻传播系统中的核心要素，承担着将社会客观事实转变成为新闻信息并传播给社会公众的职责，在社会中扮演着"正义使者"的重要角色。在新闻信息的传播过程中，如果每一个新闻工作者个体都能够有效地发挥主体性和能动性，自觉遵守角色道德规范要求，不断使其角色道德意识和角色道德行为同新闻道德规范要求及社会伦理期待相契合，就能达到自律状态与自由自觉的道德境界。这样，不仅能够提高精神境界，获得道德价值，培养良好的角色道德操守和角色道德品质，实现角色道德人格的自我完善，还能够促使整个新闻职业群体、整个新闻行业成为道德的、健康的、善的事业，使新闻传播活动成为为社会公众利益服务的良好的、独特的手段，从而建构良好的社会伦理秩序，促进社会的良性发展与运行。

道德始终是人的道德，人是道德活动中的主体。主体只有充分意识到自己应该对某种事物的变化、发展和结果承担责任时，才能以优秀的品质支持自己的行为。新闻工作者的角色道德自觉是促进社会道德进步、建构并优化社会伦理秩序的个体基础。然而，在当代社会，随着社会文化和价值观念的多元化，公共生活领域不断扩张，科学技术的飞速发展，使新兴媒体正改变着中国的传播生态和舆论格局。在新媒体时代，新闻行业环境、社会环境、人们的需求都有了新的变化，现实生活中，社会角色行为失范、道德追求缺乏、责任和义务淡化等问题频现，在这些错综复杂的冲突中，新闻工作者个体的价值观念、思维方式、行为准则都经受着来自现实社会的冲击，新闻传播领域出现了新闻工作者角色定位模糊、角色道德行为失范、角色道德自觉性不强等现象。这既给新闻工作者角色道德实践带来了巨大的挑战，也对新闻工作者做好新闻传播工作、扮演好自身社会角色提出了新要求，从而使新闻工作者角色道德自觉成为新闻传播领域亟待解决和值得研究的新课题。

习近平同志十分重视新闻工作，关心新闻工作者。他强调指出，新闻舆论工作"事关旗帜和道路，事关贯彻落实党的理论和路线方针政策，事关顺利推进党和国家各项事业，事关全党全国各族人民凝聚力和向心力，事关党和国家前途命运"。同时还指出：广大新闻工作者要坚定"四个自信"，保持人民情怀，记录伟大时代，讲好中国故事，传播中国声音，唱响奋进凯歌，凝聚民族力量，为实现"两个一百年"奋斗目标、实现中华民族伟大复兴的中国梦不断做出新的更大的贡献。习近平同志的讲话进一步明确了新闻工作者的重要地位、使命、作用和殷切希望，从而为新闻工作者的角色定位和价值取向指明了方向。因此，在新媒体时代，新闻工作者要主动借助新媒体传播优势，打通并用好同群众信息交流的新渠道；要掌握网络舆论战场主动权，创新改进网上宣传，研究并运用新媒体发展规律，做好新时代的新闻工作。新闻工作者要做党的政策主张的传播者、时代风云的记录者、社会进步的推动者、公平正义的守望者。

　　新闻工作的重要使命和作用决定了新闻工作不同于其他从业人员，不仅需要具有高度的政治责任感、敏锐的政治观察力和坚定的政治立场，而且需要有高度的道德自觉性。茹芳的《新闻工作者角色道德自觉》一书，聚焦当前中国的传播生态和舆论格局中的新闻工作者角色道德自觉课题，立足马克思主义新闻观，从伦理学、社会学等相关学科交叉的视角，展开对新闻工作者角色道德自觉的研究，具有重要的理论意义和实践价值。

　　《新闻工作者角色道德自觉》一书，在对新闻工作者角色道德自觉的内涵、价值、思想资源、理论依据等进行基础理论阐释的基础上，较为系统地论述了新闻工作者角色道德自觉涵括的角色伦理期待、角色权责和道德义务、角色道德品质等理论问题，并以当前中国新闻工作者面临的角色道德缺失问题为切入点，从现实维度对新闻工作者角色扮演中的现状进行考察，分析了新闻工作者角色道德缺失原因，并从实践层面上探讨了新闻工作者角色道德自觉培育的现实路径。

　　核心命题的内涵和本质是一个论题展开研究的依据和基础。新闻工作者在角色扮演实践中，何为道德自觉、对何自觉、有何价值？这是研究新闻工作者角色道德自觉必须回答的基本问题，也是本课题的基本论域。茹芳在《新闻工作者角色道德自觉》一书中作出了明确阐释和回答。新闻工作者角色道德自觉就是对其角色定位、伦理期待以及与其身份地位相契合的角色伦理行为模式的自觉。由于新闻工作者在社会中扮演着"正义使者"的重要角色，社会赋予了其记录历史、传播真实信息，服务社会公众、正确舆论导向，传播正能量、维护社会公平正义，倡导文明、教化道德的伦理期待和"铁肩担道义"的使命及责任。新闻工作者只有在角色道德实践中架构起角色道德人格的文化心理结构，形成诚实、公正、智慧、勇敢、自由等角色道德品质，即新闻德性，才能最终达至自由自觉的道德境界。进而论述了新闻工作者角色道德自觉能够涵育新闻精神和正义追求、完善新闻工作者道德品质和道德人格、优化新闻行风与社会伦理秩序等功能和价值，从而回答了新闻工作者为何要道德自觉的问题。

　　当然，作为社会构成基本要素的角色道德自觉研究是一个历久弥新的课题，随着科学技术的发展及新媒体时代的到来，当代新闻工作者的角色道德自觉研究更具挑战性，也面临着诸多困境和问题，茹芳对新闻工作者角色道德自觉的研究还只是初步的探索。书中的内容和观点难免有挂一漏万和不妥之处。希望茹芳在今后的研究中能不断地修正和完善，并取得更大的进步。对书中的不足之处，也希望读到该书的各位同仁和专家一起切磋和教正。

是为序。

田秀云

2018 年 10 月

于石家庄剑桥春雨

摘　　要

　　新闻工作者是新闻传播系统中的核心要素，承担着将社会客观事实转变成为新闻信息并传播给社会公众的职责，在社会中扮演着正义使者的重要角色。作为新闻传播活动中的传播主体，新闻工作者在信息传播、舆论引导、舆论监督、文化传承、道德教化等方面都发挥着不可或缺的作用。新闻工作者角色道德自觉，对于新闻工作者个体道德品质的形成和道德人格的完善，实现新闻行业服务社会、服务公众、促进社会公平正义的价值追求、优化社会伦理秩序具有重要的意义。

　　当今时代，新媒体技术发展日新月异，传播环境发生了巨大变化，新闻传播主体的大众化、内容的多元化、载体的多样化对当前传播生态和舆论格局形成了冲击，也对新闻工作者的角色扮演提出了新的要求，新闻工作者在角色道德实践中面临着诸多问题和挑战。因此，探求新闻工作者如何在新媒体时代把握自身角色定位及社会伦理期待，解决新闻传播实践中面临的角色道德问题和困境，培育新闻工作者的角色道德自觉，具有重要的理论意义和实践价值。

　　本书立足于马克思主义新闻观，将新闻工作者角色道德自觉的研究置于马克思主义新闻学、伦理学、社会学、哲学、思想政治教育学等理论视域之中，在分析和综合国内外现有研究成果的基础上，对新闻工作者角色道德自觉的内涵、价值、思想资源、理论依据等基础理论进行梳理阐释，在此基础上，对新闻工作者角色道德自觉涵括的角色伦理期待、角色权责和道德义务、角色道德品质进行全面系统的阐发，并以当前中国新闻工作者面临的角色道德缺失问题为切入点，将理论研究转至新闻传播实践领域，在实践层面探讨新闻工作者角色道德自觉培育的现实路径，进而确立新闻工作者角色道德自觉研究的整体理论框架。

　　核心命题的内涵和本质是一个论题展开研究的依据和基础。研究新闻工作者角色道德自觉问题，首先应当厘定新闻工作者角色道德自觉的内涵及其价值，明确其在整个新闻传播活动中的地位及在人类社会关系中的作用。在新闻传播系统与社会系统的互动过程中，新闻工作者居于中介地位，是新闻传播的主体，其主要作用是对客观存在的具有新闻价值的事实进行采集和选择，制成传播符号，通过一定的传播手段，传递给受传者，从而实现其传播社会最新新闻信息与舆论的传播活动，反映人类社会最新发生的社会变动的价值追求。新闻工作者角色道德自觉，是指新闻工作者在新闻传播活动中，为了有效地发挥主体性和能动性，自觉遵循角色伦理要求，不断使其角色意识和行为同新闻道德规范要求及社会伦理期待相契合的认识和实践过程，以及所达到的自律状态与自由自觉的道德境界。因此，新闻工作者角色道德自觉是新闻工作者个体对社会角色道德的自我体认和自觉坚守。

新闻工作者角色道德自觉作为一种道德现象，它植根于人类的道德文化与新闻文化之中，既有丰厚的思想资源，又有坚实的理论基础。中华民族的传统文化涵养了中国早期新闻工作者的角色道德自觉思想，使他们形成了"铁肩担道义，妙手著文章"的新闻精神，西方新闻学者们提出的社会责任理论为新闻工作者角色道德自觉的研究提供了可资借鉴的思想资源。而社会学、伦理学、传播学、新闻学等相关学科为新闻工作者角色道德自觉的研究提供了学理依据，马克思主义新闻观以及马克思关于人的本质理论、权利与义务理论、目的与手段理论则为新闻工作者角色道德自觉的研究奠基了坚实的理论基础和立论依据。

新闻工作者在角色扮演实践中，何为道德自觉、对何自觉、有何价值？这是研究新闻工作者角色道德自觉必须回答的基本问题，也是本书的基本论域。本书在基本论域中首先回答了何为道德自觉、对何自觉。新闻工作者角色道德自觉就是对其角色定位、伦理期待以及与其身份地位相契合的一套角色伦理行为模式的自觉。由于新闻工作者在社会中扮演着"正义使者"的重要角色，社会赋予了其记录历史、传播真实信息，服务社会公众、正确舆论导向，传播正能量、维护社会公平正义，倡导文明、教化道德的伦理期待和"铁肩担道义"的责任。新闻工作者只有在角色道德实践中架构起角色道德人格的文化心理结构，形成诚实、公正、智慧、勇敢、自由等角色道德品质，即新闻德行，才能最终达至自由自觉的道德境界。然后论述了新闻工作者角色道德自觉能够涵育新闻精神和正义追求，完善新闻工作者道德品质和道德人格，优化新闻行风与社会伦理秩序等功能和价值，从而回答了为何要道德自觉的问题。

从现实维度对新闻工作者角色扮演中的现状进行考察，分析新闻工作者角色道德自觉问题及角色道德缺失的原因，能够使新闻工作者角色道德自觉问题的研究更具有针对性。当前，随着社会文化的多元化和市场经济的发展，在新媒体时代的传播环境中，一些新闻工作者在新闻传播活动中的行为与其角色责任要求相悖，其行为的动机与效果偏离了新闻工作者的社会责任与义务的价值取向、道德观念、行为规范和角色道德，出现了价值观错位、社会责任感缺失、虚假新闻、有偿新闻、新闻低俗化与人文关怀缺失等问题，究其原因，既有社会场域对其消解制约分化的消极影响和新闻行业不正之风的客观原因，更有新闻工作者自身的角色意识淡漠、角色责任感缺失、新闻良知缺失、专业素养缺失等主观原因。因此，探究中国当代新闻工作者角色道德自觉问题的症结，寻求当代中国新闻工作者角色道德自觉新的生长点，是本书研究的关键所在。

道德哲学或伦理学研究善是为了实现善，研究道德是为了实现道德的目的，研究新闻工作者角色道德自觉，同样是为了寻求新闻工作者角色道德自觉培育的现实路径，使新闻传播活动成为有道德的传播社会正能量的活动，使新闻工作者不负社会期望，成为名副其实的"正义使者"。新闻工作者角色道德自觉的培育，要立足当前社会现实和新闻传播活动的实践，统筹外在的他律机制与内在的个体心理机制。一是要用正确的指导思想和传播原则引领新闻工作者角色道德行为。要坚持马克思主义新闻观，运用马克思主义的立场、观点和方法去观察、反映和报道现实社会生活的问题，在新闻传播活动中，坚持社会主义核心价值观的引领，高扬社会意识形态的主旋律，倡导以人为本、正义至上、实事求是等传播原则。二是新闻工作者自身要加强道德修养，提升角色道德自觉。新闻工作者加强角色道德修为，通过读书明理、慎独修养，在角色道德实践中将角色道德规范和伦理期待内化为自身的角色道德意识和角色道德态度，强化角色责任的自觉担当，提高自身角色道德选择能力，不断涵养角色德行，提升角色道德自觉境界。三是要强化制度建设，保障新闻工作者角色道德自觉的实现。制度之善优于、先于也重要于个体的善。要建立新闻工作者角色道德培训制度，健全新闻道德调控机制，完善新闻法规及新闻职业道德建设体系，创建新闻工作者角色道德自觉文化氛围，不断优化新闻工作者新闻传播环境，化育角色道德自觉。

　　总之，新闻工作者角色道德自觉是新闻传播活动的必然发展走向，是新闻工作的灵魂和精神支柱，凝聚着整个社会对于新闻传播事业的理想信念和价值追求，也是保障社会和谐与发展进步的根基。培育新闻工作者的角色道德自觉是当前新闻传播事业发展乃至社会发展的重要实践议题，也是时代赋予新闻教育工作者不可推卸的责任。

目　录

引　言

一　问题提出及研究意义

（一）问题提出

新闻传播系统是社会大系统中的子系统，在社会系统的运行中起着重要作用。在社会系统中，新闻行业与社会生活联系最紧密和最全面，对社会生活的影响也最及时和最普遍。新闻工作能够有目的、有系统、有组织地将社会领域中发生的一切具有新闻价值的变动通过各种新闻媒体进行传播，以全天候的方式关注着自然、社会的最新变动，反映人的社会活动，其触角伸向社会人群的每一个角落，其眼光投向社会生活运行的一切领域，以无时不在的新闻信息传播影响着整个人类社会。因此，新闻行业应该成为社会公器，应该为社会公共利益服务，这已经成为社会对于新闻行业的一种期待，也是新闻传播系统在社会大系统中发挥作用的优势所在。

新闻传播活动是一个有机系统，在这个系统中，不同要素相互影响和作用，共同构成了特定的信息传播。新闻工作者是其中的一个重要因素，在新闻传播过程中扮演着传播主体这一重要角色，承载的是将客观事实转变成为新闻的中介角色。新闻传播活动最终要落实在每一位新闻工作者的具体新闻传播行为中，新闻工作者是社会系统的中介，是社会实现自身目的的中介或手段。新闻工作者并不是绝对的、独立的主体，而是一定历史意志、社会意志的体现者、实现者。因此，新闻传播活动目标的实现、新闻行业价值追求的实现，取决于每一位新闻工作者个体是否有德行、是否具有道德自觉性、是否按照社会赋予新闻传播活动的角色道德规范进行新闻传播实践。"一种社会实践活动，它的存在与发展都有相关的利益追求，而介入这一实践活动中的任何个体，其相应的德行品质，都与这个实践整体的善内在相关。缺乏相应的个体德行，都是在一定程度和一定意义上败坏着这种实践的善，有损于整体善的目标的实现。"① 只有每一位新闻工作者都在其新闻活动中自觉认识到社会赋予自己的社会角色，并将社会赋予其角色责任与义务内化为自己的自觉的内在要求，严格按照角色道德规范和原则行事，新闻传播活动才能成为道德性的活动，才能实现其"通过进行社会最新新闻信息与舆论的传播活动，以及时反映人类社会最新发生的社会变动"的价值追求。因此，"新闻工作者角色道德自觉"论题的研究就显得尤为必要。

（二）研究意义

恩格斯曾经说过，一个民族要想站在科学的最高峰，就一刻也不能没有理论思维。一个论题的提出，既要有理论的思考，更要回应现实的需求。新闻工作者角色道德自觉的研究，就是试图把新闻工作者进行的信息传播活动约束、限制在人们希望的范围内，约束、限制在有益于社会良性运行的范围内，使新闻传播成为"好的、善的"活动，有利于社会公共利益的活动。这既是当前新闻学领域需要关注的研究课题，也是伦理学和德育研究领域中需要关注的研究课题，同时也是当前新闻传播实践的需求。

1. 研究新闻工作者角色道德自觉的理论意义

首先，本书的研究将会促进新闻理论的研究和发展。同哲学、社会学、伦理学等理论不同，新闻传播学的产生与发展历史较短，是一个新的研究领域，新闻道德领域在新闻理论研究中也是需要积极探索建构的理论。目前业界关于新闻伦理理论的研究较多，但将新闻传播活动纳入社会学和伦理学领域，探讨如何建构新闻工作者角色道德自觉、如何促进社会良性运行的研究较少。本书力争对新闻工作者角色道德自觉做出全面、系统和科学的分析，尝试做一些学理层面的基础理论建构工作，从哲学、传播学、新闻学、伦理学等交叉学科，对新闻工作者角色道德自觉进行综合研究，揭示其在新闻传播中的地位与功能，透析新闻传播、新闻工作者和社会发展的互动关系及其运行规律，为弥补我国在这方面研究的不足做出一些尝试，也为新闻传播的良性运行和深入研究提供理论基础。

其次，本书将为继承和发扬中国新闻传播事业中的新闻精神提供新的研究视角。在中国新闻传播事业的产生、发展、演变过程中，处处闪

---

① 龚群：《社会伦理十讲》，中国人民大学出版社 2008 年版，第 10 页。

烁着道德的光芒，积极践行社会对于新闻工作者的角色期待，一直贯穿着新闻传播的历史，"铁肩担道义，辣手著文章"早已成为每一位有社会责任感、有民族使命感的中国新闻工作者自觉的使命。但是，在中国新闻传播理论研究中，关于新闻工作者角色道德思想的早期阐述更多的是从责任感、使命感角度，将之视为新闻人的责任担当，而关于新闻角色道德自觉的理论研究却长期缺乏深入。本书结合当代中国新闻传播促进社会正义的实践，对我国传统新闻工作者角色道德自觉思想的发展历程、主要内容及现代价值进行梳理和探索，将有利于中国新闻传播理论及相关研究的进一步拓展。

最后，本书对相关学科的研究具有启示意义。本书从新闻工作者角色道德自觉的概念厘定、价值目标、社会角色定位、角色期待、角色道德规范和原则、培育路径等方面展开系统理论探讨与分析，从社会学和伦理学角度对新闻工作者角色进行审视，研究新闻传播理论与角色伦理理论的聚焦点，因此，对相关学科研究都有一定的拓展和启发意义。

2. 研究新闻工作者角色道德自觉的实践意义

首先，有利于规范新闻传播活动，提高新闻媒体和新闻工作者的道德修养与社会服务水平。当今时代，随着科学技术的快速发展，新闻媒体尤其是网络媒体给人们的生活带来了天翻地覆的变化，新媒体对人们的思维方式、价值判断等方面的影响也与日俱增。近年来，我国新闻传播事业发展迅猛，新闻工作者队伍得到迅速扩大和补充。然而，目前我国部分新闻工作者存在角色道德意识淡漠、角色价值观缺位、角色道德行为失范等现象，新闻从业人员出现了价值失衡、信仰失落、道德失范等不良现象，新闻传播内容出现了虚假新闻、有偿新闻、新闻内容低俗化、人文关怀缺失等不良情况，新闻传播程序出现了违反法律、违背道德的现象，对社会政治、经济、文化的发展产生了极其恶劣的影响。2016年2月19日，习近平同志在党的新闻舆论工作座谈会上的讲话中指出："媒体竞争关键是人才竞争，媒体优势核心是人才优势。做好党的新闻舆论工作，关键在人。新闻舆论工作队伍的政治素养、理论水平、政策水平、业务能力，直接关系党的新闻舆论工作效果。要适应新形势新任务的要求，加快培养造就一支政治坚定、业务精湛、作风优良、党和人民放心的新闻舆论工作队伍。"本书的研究，有利于深化对新闻传播社会功能的认识，规范新闻传播活动，使新闻工作者个体扮演好自己的社会角色，保持思想的敏锐性和开放度，带头弘扬和践行社会主义核心价值观，严格要求自己，洁身自好，讲责任、讲品位、讲格调，自觉提升道德境界与价值追求，保持一身正气，抵制歪风邪气，共同建构以弘扬社会公平正义为新闻传播价值追求的新闻精神，促进社会的进步和文明，具有明显的实践价值。

其次，有利于促进社会公平正义。社会公平正义是社会和谐发展的基本要求和目标，也是一个文明社会进步的标志。党的十八大报告指出："加紧建设对保障社会公平正义具有重大作用的制度，逐步建立以权利公平、机会公平、规则公平为主要内容的社会公平保障体系，努力营造公平的社会环境，保证人民平等参与、平等发展权利。"党的十九大报告指出："带领人民创造美好生活，是我们党始终不渝的奋斗目标。必须始终把人民利益摆在至高无上的地位，让改革发展成果更多、更公平地惠及全体人民，朝着实现全体人民共同富裕的目标不断迈进。坚持人人尽责、人人享有，坚守底线、突出重点、完善制度、引导预期，完善公共服务体系，保障群众基本生活，不断满足人民日益增长的美好生活需要，不断促进社会公平正义，形成有效的社会治理、良好的社会秩序，使人民获得感、幸福感、安全感更加充实、更有保障、更可持续。"而促进社会公平正义这一基本原则和要求也正是新闻传播活动的价值追求。新闻工作者是社会主义和谐社会构建中的一支有着自身独特优势的重要力量。在人类社会生活中，新闻工作者在新闻报道中的导向非常重要，舆论导向正确，就能凝聚人心、汇聚力量，推动社会公平正义；舆论导向错误，就会动摇人心，瓦解斗志，危害社会公平正义，进而影响社会和谐稳定。他们可以通过在新闻事件的报道和解读中，传播正确的立场、态度、观点，引导人们分清好坏、对错、善恶、美丑，激发人们向上向善的精神力量，影响公众舆论，借以达到引领社会舆论的目的。具体而言，新闻工作者角色道德自觉的研究，能够促使新闻工作者以符合新闻传播规律的方式，为正确合理的公平正义观念的广泛传播提供思想渊源和实践指导。

再次，有利于社会道德建设的实践推进。一个文明的社会，其成员良好道德的养成，需要提倡、需要教化、需要社会的监督和促进。新闻工作者作为新闻传播活动的主体，是思想道德教育活动的重要载体，扮演着促进社会主义道德建设和精神文明建设的重要角色，担负着倡导文明、教化道德，提高公众的社会道德水平的神圣职责，一个富有责任感和职业精神的新闻工作者，理应为这个社会形成良好的道德风尚做出自己的贡献。新闻工作者要在新闻信息传播过程中选取符合社会主流价值理念的模范人物进行报道，能够在全社会弘扬正能量，激励社会公众提高自身道德修养，形成良好的社会风尚。尤其在自媒体时代，新闻工作者的信息传播可以多样化和多渠道进行，在推动社会道德建设方面有着自身优势。从目前道德建设的角度看，本书的研究，有利于弘扬社会正气，扬善抑恶，倡导德行善举，帮助和促进人们形成良好的思想道德信念，促成高尚的社会道德和良好的社会风气；有利于以正确的舆论引导人，以高尚的精神塑造人，传递主流价值观，改善人际关系现状，使信任、合作、互惠、平等、公正等价值成为社会主流价值观和人际关系基本原则，为社会普遍合理的道德生活秩序和价值观念秩序的建立，提供良好的社会氛围，促进社会秩序和谐。

最后，有利于实现政治社会化。随着世界经济多元化、政治多极化进程的不断加快，民众的思想观念、价值取向、精神需求日益呈现多元化、多样性的特点。目前，中国正处于社会转型期，改革开放也进入深入发展阶段，这一时期的社会公众在政治认同和政治信仰方面存在多元化倾向，因此，培育有利于中国特色社会主义的核心价值观，是巩固国家发展和建设的基础。当今社会，主流的政治文化得以传承和延续的主要渠道是新闻媒介，任何主流价值观的普及和传播都离不开新闻工作者的新闻传播行为。新闻工作者在政治社会化过程中的使命和主要职责在于通过宣传和舆论引导，广泛而持续地传播主导的政治文化，反映爱国主义、维护祖国的统一、自由、民主和人权等主流文化价值。新闻工作者在对重大政治原则和大是大非问题上，要及时发声，敢于交锋，敢于亮剑，坚决回击，以正视听，在新闻传播过程中，要集中反映社会健康向上的本质，客观展示发展进步的全貌，使之同我国改革发展蓬勃向上的态势相协调。本书的研究，有利于促进政治文化的传播发展，建构大众的主流价值观和政治价值观，使民众在新闻工作者的信息传播和引导下，逐渐获得自己的政治认知和政治情感，从而形成自己的政治态度，保障社会得以向前持续、稳定的发展。因此，本书的研究具有重要的现实意义和实践价值。

二　国内外研究现状

不同社会历史条件下，每个人在社会中扮演的角色都不尽相同，但维护社会秩序良性运行，为人的自由全面发展创造有利的社会环境始终是人类永恒的价值追求。同样，作为现代社会的观察者和社会景象的构建者的新闻工作者，也应该成为社会发展中强有力的支撑，而新闻传播社会价值的实现有赖于每一个新闻工作者个体。然而，在市场经济条件下，改革浪潮的影响以及新媒体技术的更新，使新闻媒体及其从业者的传播理念、传播行为、道德意识等都发生了裂变，新闻传播领域存在种种角色道德缺失现象。探索新闻传播如何促进社会正义，新闻工作者如何扮演好其社会角色，新闻媒体及其从业者的意识、行为应该如何维护社会和公众的利益，发挥社会公器的作用，成为当前学术界的研究热点。到目前为止，学者就新闻工作者角色道德自觉的内涵、内容、路径以及相关问题展开了一些研究和探讨，也形成了一些富有价值的理论成果。

（一）国内研究现状

我国新闻传播学界关于新闻工作者社会角色及其价值追求的理念一直贯穿着新闻传播的历史。在中国新闻史上，为社会公众服务的新闻理念从国人办报之初就已经存在。徐宝璜在《新闻学》中指出："新闻事业，为神圣之事业；新闻记者，对于社会，负有重大之责任。"[1] 梁启超曾提出："若为报者能以国民最多数之公益为目的，斯可谓真善良之宗旨焉矣。"[2] 中国新闻史就是一部广大新闻工作者以笔为剑、追求社会公平正义的历史，"铁肩担道义，辣手著文章"早已成为每一个有社会责任感、有民族使命感的新闻工作者自觉的使命。在中国新闻史上，关于新闻工作者角色道德自觉的早期阐述大多是从报人的责任感、使命感的角度，将之视为新闻人的责任担当，而关于其社会角色扮演的理论研究却长期缺乏深入。

21 世纪以来，随着美国哈钦斯委员会《一个自由而负责的新闻界》报告的发表，业界开始关注新闻媒体职业道德规范，开始注意到媒体的

---

① 徐宝璜：《新闻学》，中国人民大学出版社 1994 年版，第 9 页。

② 梁启超：《本馆第一百册祝辞并论报馆之责任及本馆之经历》（原载《清议报》1901 年第 100 号），载《中国新闻事业史文选》（724—1995 年），中国人民大学出版社 1999 年版，第 38—39 页。

社会责任。之后，关于新闻伦理道德的研究开始西学东渐，新闻工作者角色道德的研究开始进入国内新闻传播学者的视野，他们从不同层次、不同角度展开了对新闻伦理道德领域的研究，也取得了一些研究成果。就国内学界而言，目前新闻伦理道德领域的研究大多侧重于新闻职业道德建设、传媒伦理责任等方面，从社会学角度研究新闻工作者角色道德的研究较少。笔者通过中国知网（CNKI 检索平台）以"主题"方式搜索含"新闻工作者道德"题名的学术论文和硕博论文共 3641 篇，搜索含"新闻工作者角色"题名的学术论文和硕博论文共 524 篇，以"题名"方式搜索含"新闻工作者角色道德自觉"题名的学术论文和硕博论文尚无，以"主题"方式搜索含"新闻工作者角色道德自觉"的学术论文、硕博论文共两篇；通过万方数据平台以"新闻工作者角色道德自觉"为关键词，搜索含"新闻工作者角色道德自觉"题名的学术论文 4 篇；通过维普期刊资源整合平台以"题名"方式搜索含"新闻工作者角色道德自觉"题名的学术论文 4 篇。著作出版方面，在中华人民共和国新闻出版总署官网"CIP 数据核字号查询系统"以"正书名"为检索项，以"新闻工作者角色道德自觉"为检索词，未检索出相关专著。从相关研究来看，国内学者主要从新闻学、传播学、哲学、伦理学等角度对新闻工作者角色道德自觉进行某一方面的研究，研究成果主要为专著和专题研究论文，主要集中在以下三个方面。

1. 从新闻传播与社会系统中的互动关系中研究和探讨新闻工作者角色及其道德

如杨保军著《新闻道德论》从道德哲学的角度分析新闻道德根据、新闻道德观念、新闻道德规范、新闻道德品性及实践中的道德选择问题，在新闻道德品质部分论述了怎样使道德观念、道德规范转换成新闻传播主体的道德品质，强调培养个体德行是道德性新闻活动的主体基础。《新闻精神论》中提出，"新闻活动主体主要不是通过他们的精神哲学，而是通过他们的实践哲学、行动哲学，来展示新闻精神的真实意义和实践追求，新闻精神是一种实践精神，其主要内容为求实为本的科学精神、正义至上的人文精神、和谐为美的自由精神"。[①] 刘建明著《新闻学前沿——新闻学关注的 11 个焦点》对新闻理论研究关注的焦

---

① 杨保军：《新闻精神论》，中国人民大学出版社 2007 年版。

点问题做出一些前沿性分析，在新闻职业精神的危机部分论述了新闻职业理想的现实冲突、记者社会责任理念的迷失、新闻记者的守法与自律，强调记者要遵守职业道德，应以自律精神纠正道德的缺失，形成新闻专业主义精神。童兵著《理论新闻传播学导论》提出，新闻传播者是信息流通的动力、意见交流的桥梁、监督权力的镜鉴、社会民主的教师的角色定位。周鸿书著《新闻伦理学论纲》、陈桂兰主编《新闻职业道德教程》、黄瑚著《新闻法规与新闻职业道德》、戴元光著《传播道德论》、蓝鸿文主编《新闻伦理学简明教程》和徐新平著《新闻伦理学新论》等都对新闻职业道德与伦理进行了较为系统的论述。

2. 对新闻传媒在推动社会公平正义的功能、责任与实现的研究

丁柏铨教授提出："新闻传媒和新闻工作者是社会公平正义的观念鼓动者、制度推动者、实践行动者，新闻传媒推动社会公平正义，其要义有二：一是及时发布重要政务信息和公共信息及公众利益的其他信息，体现对不同界别和阶层公民知情权和实际利益的同等尊重；二是忠实表达不同界别和阶层公民合理的心声、愿望、意见，为他们直接或间接表达自己的言论提供同样的机会和自由。"[1] 李学孟认为，考察媒介正义，应涵盖理念、制度和实践三个因素，即媒介正义原理论、媒介制度正义论和媒介实践正义论。媒介实践还必须有实现正义的方式：报道内容的多样性是实现媒介实践正义的基础、报道方式的客观性是实现媒介实践正义的保障、报道结果的正义是媒介实践正义的目的。在此过程中，正当与善的关系的问题是新闻工作者不能忽视且难以把握的问题。[2] 郑保卫认为，新闻传媒作为一个具有强大影响力和号召力的社会力量，理应在维护和实现社会公平正义方面扮演越来越重要的角色，发挥越来越重要的作用。新闻传媒是公平正义的倡导者和维护者。一方面，新闻媒介和新闻工作者要通过正面宣传弘扬社会正气，在社会营造出崇尚和实践公平正义的良好舆论氛围；另一方面，新闻媒介和新闻工作者要通过舆论监督来贬恶扬善，维护公平正义。公平正义在新闻工作中的具体体现就是新闻传播的公正原则。公正原则就是要求新闻工作者和新闻媒体在新闻传播活动中要公平地对待所有社会成员，特别是要公

---

① 丁柏铨：《社会公平正义与新闻传媒的责任》，《新闻大学》2007 年第 3 期。
② 李学孟：《媒介正义研究》，博士学位论文，吉林大学，2015 年。

平对待新闻报道的相关各方。①

3. 对现实社会新闻媒介和新闻传播者道德失范及道德责任承担的研究

杨保军认为，以网络媒介为代表的新兴媒介的发展开启了"后新闻业时代"，我国职业新闻传播观念已经和正在发生宏观演变甚或转向，新闻主体观已经和正在转向"共同主体"观，职业新闻传播主体要逐步自觉到与其他新闻活动主体之间的关系，应该适应人类新闻活动的整体性的时代变化，适应新的环境，转向坚持以人为本、坚持为社会大众服务的传播价值观念，与社会大众展开积极、全面的互动和共动，才能在新闻实践中实现政治逻辑、经济逻辑、新闻逻辑的统一。② 王金礼认为，新闻德行是一种新闻实践可以称为"合乎道德的"而具备的基本规定性，也即新闻实践的"应然"——应该具有的品质与应该追求的目标。不受强制的新闻，意味着新闻实践是新闻从业者依据其道德自觉而主动采取的行动，新闻从业者是新闻实践的主人，才可能对新闻是否"合乎道德"承担责任。③ 贺琛认为，新闻传播者道德责任存在的三重依据分别是身份论、契约论和自然论。传播责任有规范维度和美德维度两个维度，只有两个维度的传播责任相辅相成，才能塑造具有责任精神的传播者。构建一个基于新闻传播者、受众、传媒组织和政府的四元一体的传播责任体系，为新闻传播者提供一个道德责任精神养成的良好环境，是实现责任传播的有效途径。④

总体而言，目前中国学界关于新闻工作者角色道德自觉问题的研究大多是作为某一项研究中的部分内容，对该问题的研究没有形成全面、系统、科学的专门研究，因此，无论是从理论上还是从实践的需要看，都有必要对这一论题进行全方位、系统的深入研究和论证。

（二）国外研究现状

西方大众传播界关于新闻工作者角色道德自觉问题的研究，可追溯到 19 世纪末 20 世纪初，主要是以报刊为代表的大众传媒在新闻信息传播中的道德问题为主要方向，该时期的新闻行业代表人物普利策曾提

---

① 郑保卫：《新闻传媒与和谐社会建设》，中国人民大学出版社 2006 年版。
② 杨保军：《我国职业新闻传播观念的几个宏观转向》，《新闻记者》2014 年第 5 期。
③ 王金礼：《新闻德性论》，博士学位论文，武汉大学，2010 年。
④ 贺琛：《新闻传播者的道德责任研究》，博士学位论文，中南大学，2013 年。

出，要以"揭露一切诡辩和无耻，抨击一切社会罪恶和弊端"为新闻
工作者使命，并提出十点促进社会进步的纲领。在 20 世纪 30 年代进入
了新闻道德学术研究的繁盛期，当时电视和广播的兴起对报刊行业构成
了严重威胁，而报界因其日益垄断的性质，不能正确反映社会公众舆论
而受到社会公众的严厉批评。同时，西方的新闻学教育开始逐步完善，
所以，新闻工作者在新闻传播中应该具备什么样的传播道德成为新闻业
界人士共同关心的主题。西方学者关于新闻工作者角色道德的研究主要
有以下三条路径。

1. 强调新闻媒介的社会责任

社会责任论是当代西方最有代表性的有关新闻媒体传播责任的理
论，是对西方传统自由主义媒介理论的修正和发展。其主要代表为美国
的新闻自由委员会（又名哈钦斯委员会）于 1947 年发表的报告《一个
自由而负责的新闻界》。这份报告系统地阐述了新闻自由是负有义务的
道德权利的思想，阐述了自由与责任的关系，明确了新闻自由的界限，
使新闻工作者的新闻传播活动融入了责任和道德的理念。报告提出：
"我们的社会今天需要的是：第一，一种就当日事件在赋予其意义的情
境中的真实、全面和智慧的报道；第二，一个交流评论和批评的论坛；
第三，一种供社会群体互相传递意见与态度的工具；第四，一种呈现与
阐明社会目标和价值观的方法；第五，一个将新闻界提供的信息流、感
情流和思想流送达每一个社会成员的途径。"[①] 报告提出，要挽救自由
主义所造成的危机，必须由政府、新闻界和社会大众三方面合作努力，
才能成功。1956 年，韦尔伯·施拉姆、弗雷德里克·西伯特和西奥多
·彼得森三位学者合著了《报刊的四种理论》一书，包含集权主义传
播理论、苏联共产主义传播理论、自由主义传播理论以及社会责任论，
揭示了新闻媒介与社会的关系，对报刊的社会责任进行了全面规范和系
统总结，被普遍认为是传统自由主义新闻理论的修正版本。

2. 以新闻专业主义的视角来研究新闻传播主体的公平正义

随着新闻传播活动的不断发展，媒体对于经济利益的追逐越来越激
烈，社会公众对于新闻真实、客观、公正的呼声越来越高涨，新闻专业

---

① ［美］新闻自由委员会：《一个自由而负责的新闻界》，展江、王征、王涛译，中国人
民大学出版 2004 年版，第 21—22 页。

主义在各方力量的博弈中逐步确立。作为新闻媒介和新闻工作者所追求的一种职业理想和操作理念，新闻专业主义强调以服务公众为中心目标，强调新闻客观报道原则，追求独立于政府、公众、财团的社会地位。阿特休尔在《权利的媒介》中说："新闻专业主义就是指，新闻媒介摆脱外界干涉，摆脱来自政府、广告商甚至公众的干涉；新闻媒介为实现'公众的知晓权'服务；新闻媒介探求真理，反映真理；新闻媒介客观公正地报道事实。"① 提出了新闻工作的基本性质，新闻从业者的社会责任和身份认同。1878 年，普利策提出："《邮讯报》不为党派服务，而为公众服务；不是共和党的喉舌，而是真理的喉舌，不追随任何主张，只遵循自己的结论。不支持行政当局，而是批评他；反对一切骗局，不管发生于何处，也不管他是何种性质；提出原则和思想，不提倡偏见和派性。"② "新闻传播功能是报纸首要职责，社论独立，积极开展符合公众旨趣的改革运动，通过改进新闻写作和版面安排，采用大字标题和插图，以及内容的通俗化来吸引读者。"③ 强调新闻行业"公共服务"的特性，确立了新闻工作者的职业规范和职业准则。

　　3. 以传媒伦理的视角来研究新闻传播活动，强调新闻道德

　　美国学者克利福德·G. 克里斯蒂安等著《媒介公正——道德伦理问题真的不证自明吗?》一书提出，正义关乎传媒伦理。"对我来说，新闻的客观公正这个观点一向具有重大的历史价值。这个短语体现了宪法的庄严，又是极具说服力的理论财富。"④ 克里斯蒂安等学者用波特图式来作为道德推理中的重要步骤，提出了合乎正义的媒介行为的道德推理模式。并从分析具体案例中探讨了各类大众传媒的道德规则，研究了当前新闻传媒发展中存在的许多道德问题，提出了新闻传播中作为一种社会活动所应遵循的"五个伦理学准则：亚里士多德的中庸之道、康德的绝对命令、穆勒的功利主义、罗尔斯的无知之幕和犹太教——基

---

　　① ［美］J. 赫伯特·阿特休尔：《权利的媒介》，黄煌、裘志康译，华夏出版社 1989 年版。

　　② ［美］迈克尔·埃默里、埃德温·埃默里：《美国新闻史：大众传播媒介解释史》，展江、殷文译，新华出版社 2001 年版，第 201 页。

　　③ 同上书，第 191 页。

　　④ ［美］克利福德·G. 克里斯蒂安等：《媒介公正——道德伦理问题真的不证自明吗?》，蔡文美等译，华夏出版社 2000 年版，第 330 页。

督教的将人作为目的"。① 美国学者菲利普·帕特森和李·威尔金斯合著的《媒介伦理学——问题与案例》一书，从媒介伦理的实践角度研究新闻传播活动，用具体的案例描绘了现实社会中的新闻伦理困境，探讨了新闻工作者的理想、新闻报道应当遵循的原则、新闻工作者应当忠实于谁等问题，虽然该书中没有总结出如何引导媒介走出伦理困境的结论，但其中的案例以及讨论题都能引人深思，对于如何建立一个合乎伦理的新闻事业有所启迪。② 美国学者杰克·鲁尔（Jack Lule）在此基础上进一步提出："应在新闻的各种价值判断中为社会正义的价值观寻找一个空间。新闻价值观的评判尺度和何为正义的新闻报道的衡量标准为：传媒工作者要为那些默默无名之辈和穷人伸张正义，视人如己，抱以同情和关怀；要让那些沉默者发声，允许他们用自己的话说出自己的经历；对事件的报道应关注于人，而不是关注于事件的惊奇和戏剧性；新闻应超越对痛苦和悲剧的表面描述，探寻引起这些痛苦和悲剧的社会根源。"③ 加拿大传播学者麦克卢汉在《理解媒介——论人的延伸》中提出，媒介是人体的延伸，他从媒介技术的发展与人的感应变化之间的关系出发，探讨了传媒发展与人的道德精神之间存在的内在联系，对社会发展、道德信仰的影响，提出了新闻传媒的道德要求是要追求人的全面发展。

总之，新闻工作者角色道德自觉作为新闻传播实践的价值追求，在现实生活中不断彰显其存在的价值。它既是新闻传播活动的指向和旨归，又是东西方新闻传播活动需要共同面对的主题。在中西文化语境中，新闻工作者角色道德自觉问题已经成为业界和学界不可回避的议题，他们以不同的话语形式提出各自不同的观点，为我们留下许多富有价值的理论资源。

三 研究思路和方法

（一）研究思路

新闻工作者角色道德自觉问题既是理论性很强的论题，又具有直面

---

① ［美］克利福德·G. 克里斯蒂安等：《媒介公正——道德伦理问题真的不证自明吗?》，蔡文美等译，华夏出版社 2000 年版，第 12—20 页。

② ［美］菲利普·帕特森、李·威尔金斯：《媒介伦理学——问题与案例》，李青藜译，中国人民大学出版社 2006 年版。

③ Jack Lule, "News Values and Social Justice: U. S. News and the Brazilian Street Children", Howard: *Journal of Communications*, 1998, p. 9.

现实的实践性。本书以新闻工作者为社会大系统中一个社会角色作为切入点，研究其角色扮演中的应然角色定位、伦理期待、角色道德规范原则等，通过对当前我国新闻工作者角色道德自觉存在的问题和成因的实然分析，最终探讨出角色道德自觉的培育路径，其中关涉社会学、伦理学、新闻传播学、思想政治教育学等理论，同时，也关涉当前新闻传播活动中的实践性难题。从目前研究现状来看，还没有一部系统、全面、完整地研究此问题的学术专著。因此，笔者将"新闻工作者角色道德自觉"作为研究论题，并对此论题进行系统、全面的阐发和论述。

本书研究的主要内容大致分为五章：第一章重点对新闻工作者、角色道德自觉等相关概念厘定和阐发；第二章探讨新闻工作者角色道德自觉的学理依据和理论基础；第三章研究新闻工作者角色道德自觉的基本论域，厘清新闻工作者角色扮演中的角色期待、权责定位、角色道德规范、角色道德品质，新闻工作者角色道德自觉的价值，阐释新闻工作者角色之"应然"内涵；第四章对当代新闻工作者角色道德自觉的现实困境进行剖析，分析其成因；第五章探索新闻工作者角色道德自觉培育的实现路径。

拟解决的关键问题：一是新闻工作者在社会系统中的角色定位；二是新闻工作者角色道德自觉的理论架构；三是新闻工作者角色道德自觉培育的实现路径。

（二）研究方法

1. 文献研究法

文献分为三类：一是国内关于新闻理论及角色伦理道德的相关著作；二是国内关于新闻工作者角色道德自觉方面的期刊论文及硕博士论文；三是国外一些与新闻工作者角色道德自觉问题相关的英文著作与论文。根据研究目的和需要，利用各种渠道对文献和资料进行较为全面系统的收集与处理，了解新闻工作者角色道德问题的历史和现状，借鉴前人研究成果，在此基础上展开新闻工作者角色道德自觉的整合性、拓展性、深入性和创新性研究。

2. 理论研究法

理论的奠基对于新闻工作者角色道德自觉的研究至关重要，对于这一论题，要坚持以马克思主义新闻观为指导，在研究设计上，主要采用理论研究的方法。角色道德自觉既是新闻工作者个体应该具备的一种高级状态，又是新闻道德研究的重要范畴，从某个单一方面很难把握其实质，为了获得较深入的理论探讨，本书拟从哲学、伦理学、新闻学、传播学、社会学及思想政治教育学视角对之进行综合性研究。

3. 实证分析法

本书立足于对当前新闻传播中新闻工作者道德问题的现实关切，从当代新闻传播环境下新闻工作者面临的挑战与问题入手，通过对新闻工作者个体在角色扮演中的得失分析，探讨个体角色道德自觉生成与发展的过程，在实证性研究中，探讨新闻工作者角色道德自觉培育的路径，将新闻工作者角色道德自觉的研究回归社会、回归新闻传播实践，使研究的过程成为一种反思、比较、鉴别、发现、选择的过程，从而在实证研究的基础上推进理论研究的深入。

4. 案例分析法

本书以新华社内蒙古分社记者汤计、全国新闻战线正在开展的"好记者讲好故事"活动、"陈永洲事件"为例，选取新闻工作者在角色道德实践中的案例，从正反两方面分析和探讨新闻工作者在角色道德实践中的道德自觉问题，为新闻工作者角色道德自觉的研究提供了可以参考的实践范本。

四 研究的重点、难点和创新点

当前社会，由于科技进步的发展，新闻传播环境发生了极大的变化，新闻信息的传播主体大众化，打破了过去由新闻媒体及专业新闻工作者对大众传播的垄断，全球化造成的价值观多元化，给新闻工作者的道德生活造成严重冲击和影响，如何在新闻传播环境下使新闻工作者恪守社会赋予其角色道德，唤起其角色道德意识和角色道德自觉，是新时期创新新闻道德建设、推动社会道德建设的必由之路。因此，本书研究的重点：一是新闻工作者角色道德自觉的理论架构和角色扮演的实践模式，二是新闻工作者角色道德自觉培育的路径，这两点既是本书研究的重点，也是研究的难点。

本书拟从以下三方面试图创新。

第一，研究视角创新。当前学术界对新闻道德、传媒伦理问题的研究较多，但大多都是从新闻学、传播学、伦理学视域进行整体上的研究。对于新闻传播主体，尤其是新闻工作者的道德建设研究较少。因此，本书试图突破这一研究模式，综合社会学、伦理学、传播学理论为依据，从角色伦理的视角对作为新闻传播主体的新闻工作者进行分析，以新闻学、传播学、伦理学、社会学和思想政治教育学等基本理论与方法为学理基础，从新闻传播的多重价值维度来对新闻工作者角色道德自觉问题进行全方位、立体化研究。

第二，理论研究创新。首先，将新闻工作者放在社会学和伦理学视域中进行研究和探讨，分析其在社会中的角色定位、伦理期待、角色道德规范等，建构起新闻工作者角色道德自觉的理论框架体系。其次，立足于新闻工作者个体，在研究中注重个体角色道德规范的建构、个体角色道德自觉心理机制的分析，从小角度入手。同时，在个体分析研究中以道德哲学、新闻学、社会学、伦理学等"形而上"的理论为支撑，围绕现实社会发展中新闻工作者角色道德中的问题，力求做到形上与形下、体与用的统一。

第三，新闻传播实践创新。本书立足于当前新媒体融合时代的新闻传播环境，直面新闻工作者角色道德建设中面临的挑战和问题，对新闻工作者角色道德自觉培育的实现路径进行探讨，从观念、制度和主体三个维度加以论证，并将新闻工作者角色道德自觉纳入新闻传播的不同领域，在新闻价值观建设、新闻文化建设、新闻道德建设、个体道德品质建设等实践领域，从实践层面进行逐层分析和阐发。

第一章　新闻工作者角色道德自觉的概念考察

概念是反映事物本质属性的思维形式，概念的明晰与界定是学术交流对话的平台。正如黑格尔所说："真正的思想和科学的洞见，只有通过概念所做的劳动才能获得。"[①] 研究新闻工作者角色道德自觉问题，首先应当明确新闻的内涵，把握新闻和新闻工作者的特殊性，明确角色道德自觉的价值及其特征，为展开新闻工作者角色道德自觉的研究奠定基础。

第一节　新闻和新闻工作者

在人类社会的发展过程中，生存发展的共同需要产生了社会化的生产劳动，也形成了相互依存的社会关系，在劳动的相互交往中，人们需要相互沟通与交流，由此产生了新闻传播活动。新闻传播作为人类的一种活动形式，是一种将新闻作为特定的信息进行传播的活动，是一种社会性的活动，是一种人与人之间的信息交流活动。新闻工作者是新闻传播系统中的核心要素，是新闻传播活动中的传播主体，承担着将社会客观事实转变为新闻信息并传播给社会公众的职责。研究新闻的概念内涵、新闻工作的性质特征，揭示新闻工作者内在本质、生成与发展机制及其规律的逻辑起点，是研究新闻工作者角色道德自觉的基础。

一　作为人类活动方式的新闻

（一）新闻概念界定

新闻，既是整个新闻学关注的核心问题之一，也是新闻学中最为基

---

① ［德］黑格尔：《精神现象学》上卷，贺麟、王玖兴译，商务印书馆1962年版，第48页。

础的概念，在漫长的新闻学发展过程中，从理论界到业界，形成了对新闻的不同解读。现代新闻学理论对于新闻概念的解读大体分为两个方面：一方面为传播态的定义，强调新闻是一种人类的信息传播活动。1943 年，陆定一同志在《我们对于新闻学的基本观点》中写道："新闻的定义，就是新近发生的事实的报道。"① 美国新闻学者约斯特认为："新闻是已经发生和正在发生的事情的报道。"② 另一方面为本源态的定义，强调新闻是发生在人类社会中的客观事实。徐宝璜在《新闻学》中提出："新闻者，乃多数阅者所注意之最近事实也。"③ 范长江在1961 年发表的《记者工作随想》中对新闻的定义是："什么算是新闻呢？我觉得，新闻是广大群众欲知、应知而未知的重要的事实。"法国新闻学者贝尔纳·瓦耶纳认为："新闻即刚发生和刚发现的事物。"④ 随着时代的发展、科技的进步和价值观念的变化，新闻的定义一直在不断得到补充和开拓。本书认为，陆定一同志提出的新闻定义："新闻是新近发生的事实的报道"，运用辩证唯物主义原理对客观事实和新闻的关系作了科学分析，认为事实是新闻的本源，新闻是事实的反映，有利于分清新闻与信息，指导新闻工作实践，是对于新闻概念的较为科学的解释。

（二）新闻的本源：事实

人类有明确目的的，即出于某种需求而传播或收受新闻的活动，称为新闻传播行为。人类出于何种动机激发新闻传播行为，涉及新闻起源的问题。研究新闻起源问题，能够回答新闻传播活动发生和发展的最初动因。在新闻起源问题上，唯心论或不彻底的唯物论者提出了"群居说"与"好奇说"，认为新闻传播行为起源于人类的群居生活和人类的好奇心和求知欲，这两种观点同革命的唯物论者有着不同的认识。革命的唯物论者认为，新闻传播行为起源于人类社会化的生产劳动和生活活动的需求，这种活动直接产生于人类生存发展的共同需要。在原始社会，生产力水平极为低下，人们为了生存和发展的需要，首先要解决的是物质需要，生产活动是当时人类最基本的实践活动。马克思、恩格斯在《德意志意识形态》中指出，"我们首先应当确定一切人类生存的第

---

① 陆定一：《陆定一新闻文选》，新华出版社 1987 年版，第 2 页。
② 郑保卫：《新闻学导论》，新华出版社 1990 年版，第 3 页。
③ 徐宝璜：《新闻学》，中国人民大学出版社 1994 年版，第 10 页。
④ 郑保卫：《新闻学导论》，新华出版社 1990 年版，第 3 页。

一个前提，也就是一切历史的第一个前提，这个前提是：人们为了能够
'创造历史'，必须能够生活。但是为了生活，首先就需要吃喝住穿以
及其他一些东西。因此第一个历史活动就是生产满足这些需要的资料，
即生产物质生活本身"。① 在进行物质生产活动中，人类逐渐认识到只
有齐心协力，相互合作才能战胜恶劣的自然环境，这样，一种相互依存
的社会关系开始形成，在劳动的相互交往中，人们需要相互沟通与交
流，由此产生了新闻传播活动。因此，正是人类生存与发展的需求产生
了群居，而群居又必须相互交流沟通，所以，生存与发展才是人类交流
即新闻传播行为发生的本质动因。以"群居说"解释新闻传播行为的
发生，只是从现象上作了分析，而脱离了最初的、本质的考察，因而不
可能是彻底的唯物主义的观点。同群居性一样，正是人们对生存与发展
的关注，才产生了好奇心，这只是人们传播行为发生的间接原因，其根
本动因仍然是人类生存发展的需求。马克思、恩格斯在论述人类原始时
代的精神交往的特征时指出：思想、观念、意识的生产最初是直接与人
们的物质活动，与人们的物质交往，与现实生活的语言交织在一起的。
人们的想象、思维、精神交往在这里还是人们物质行动的直接产物。这
说明，人并不是一开始就具有纯粹的精神交往意识的，而是在长期的劳
动实践中，为了生存与发展的需要进行社会行为和新闻传播行为。所
以，在新闻本源问题上，要坚持唯物主义路线，要摆正事实和新闻的位
置。陆定一在《我们对于新闻学的基本观点》中指出："新闻是什么？
对于这个问题有两种回答。由于对于新闻的本源理解不同，一种人对于
新闻是什么，作了唯物论的解决，另一种人则作了唯心论的解决。唯物
论者认为，新闻的本源乃是物质的东西，乃是事实，就是人类在与自然
斗争中和在社会斗争中所发生的事实。因此，新闻的定义，就是新近发
生的事实的报道。新闻的本源是事实，新闻是事实的报道，事实是第一
性的，新闻是第二性的，事实在先，新闻（报道）在后，这是唯物论
者的观点。"② 这一论述批判了在新闻本源问题上的唯心主义观点，提
出了事实是新闻的本源这一观点，体现了无产阶级新闻事业的唯物新闻

---

① 《马克思恩格斯选集》第一卷，人民出版社 1995 年版，第 78—79 页。
② 中国社会科学院新闻研究所编：《中国共产党新闻工作文件汇编》（下），新华出版社
1980 年版，第 188 页。

观。长期以来不断发展的人类的新闻传播行为也表明，新闻来源于人类认识世界和改造世界的客观物质活动，来源于人类在同自然界和人类社会自身作斗争的过程中所发生的各种事实。没有事实，就无以发生新闻传播行为，新闻传播就成了无源之水、无本之木。因此，在新闻传播行为中，一定要坚持先有事实，后有新闻；事实第一，新闻第二的马克思唯物主义新闻观。

（三）新闻工作的性质

新闻工作，有的学者称其为"新闻业"或"新闻事业"，两者也都是把新闻传播活动作为社会上一种专门的社会职业来分析，所指与"新闻工作"具有一致性。新闻工作是一种以传播新闻信息及其他各种信息产品为主要内容的社会职业，是"新闻从业人员通过新闻媒介进行的社会最新信息与舆论的传播活动，以及时反映人类社会最新发生的社会变动"。[1]"新闻传播事业是指各种新闻传播机构及其各项信息传播活动和经营管理活动的总称。"[2]"新闻业就是新闻机构或新闻媒介组织及其活动的总称。"[3] 具体而言，新闻工作是新闻传播者通过新闻传播机构所进行的传播新闻、引导舆论和经营管理的社会活动。其实体为各种新闻传播机构，其活动内容包括信息的生产、加工及传播，新闻媒介组织的经营管理活动。作为人类新闻活动的历史产物，新闻工作有其形成的基本标志，也有其特定的产生和发展的历史过程。

新闻工作同其他职业一样，是人类社会发展到一定阶段的产物，是社会发展需要的产物，其产生有着深厚的历史背景。人区别于动物的一个最基本的特点，就是人的社会性。自人类社会诞生之初，由于生产力水平低下，人们为了维持生存，人们往往群居在一起，进行生产活动，在生产活动的过程中，相互交往，形成了一定的社会关系。这种关系就是马克思所说的"人们在自己生活的社会生产中发生一定的、必然的、不以他们的意志为转移的关系"。[4] 在交往的过程中，人们需要彼此交流，从而产生了早期的新闻信息的传播活动，但那时新闻工作只是融合在一般性的社会生产活动中，尚未形成一种专门的社会职业。随着社会

---

[1]　黄瑚：《新闻伦理学》，新华出版社 2001 年版，第 29 页。
[2]　童兵：《理论新闻传播学导论》，中国人民大学出版社 2000 年版，第 118 页。
[3]　杨保军：《新闻理论教程》，中国人民大学出版社 2005 年版，第 156 页。
[4]　《马克思恩格斯选集》第二卷，人民出版社 1972 年版，第 82 页。

生产力的发展和传播技术的提高，人类社会的新闻信息日益增多，新闻信息传播活动也日益频繁。14—15 世纪，在地中海沿岸和西北欧的一些地区，农业、手工业和商品经济有了进一步发展，资本主义生产关系开始萌芽和发展，意大利东北部的威尼斯城是当时最大的商业都会，地处东西方交通枢纽和贸易中心，由于商业活动的需要，在威尼斯出现了一批专门收集与报道新闻的人，其产品是手抄新闻，最早的新闻媒介——报刊由此问世。而这些集采集、编辑、发行于一体的手抄新闻作者成为世界上最早的以新闻报道为谋生手段的职业新闻工作者。17—18 世纪，欧洲爆发了资产阶级革命，建立了资本主义制度，推翻了封建专制统治，新闻工作进入了快速发展阶段，与此同时，随着资本主义的对外侵略和扩张，报刊等新闻媒介开始从欧洲走向世界。进入 20 世纪后，社会经济和科学技术高度发展，广播、电视等新的大众传媒相继问世，计算机的发明、网络技术的使用、多媒体和数字技术的蓬勃发展，使互联网络成为新闻信息传播的新平台，也促成了各种新媒介的不断诞生。进入 21 世纪以后，基于网络技术发展起来的新媒体，改变了传统的收视结构，颠覆了传统的媒介传播模式，各种媒介融合的步伐不断加快，使新闻信息传播更为快速、丰富和多元化，新闻工作也迈入了传统媒介与新媒介共生的新时代。

1. 新闻工作的性质

新闻工作的性质，即新闻工作在社会有机系统的整体结构中所属的领域、地位、角色，是指导新闻工作实践的原则性问题。马克思主义新闻学主要从经济基础与上层建筑的相互关系中来认识和理解新闻工作的性质，认为新闻工作属于上层建筑思想意识形态的范畴，通过新闻传播活动对一定社会的经济基础产生影响。

从哲学角度看，新闻工作属于一定社会上层建筑的意识形态范畴。马克思主义哲学认为，一切观念形态的东西，根源于物质的生活关系，都要从社会的经济基础出发去考察："人们在自己生活的社会生产中发生一定的、必然的、不以他们意志为转移的关系，即同他们的物质生产力的一定发展阶段相适合的生产关系。这些生产关系的总和构成社会的经济结构，即有法律的和政治的上层建筑竖立其上并有一定的社会意识形式与之相适应的现实基础。"① 新闻工作虽然有一定的经济活动和经济行为，但从本质上看，它属于上层建筑，由社会的经济基础所决定，反映并服务于这一经济基础。马克思主义关于经济基础与上层建筑辩证关系的科学论断，指出了新闻工作在社会活动中的方向，即新闻工作是一定社会的经济基础通过新闻传播活动的反映，是作为主体的人通过新闻手段对作为客体的自然、社会中的最新变化的反映。同政治制度、法律制度以及国家、军队、法庭、监狱等政治上层建筑相比，新闻工作属于思想上层建筑意识形态范畴。它主要运用新闻手段，即新闻、评论、图片等新闻文体和编排手法及"用事实说话"的传播方式，反映一定社会的经济基础。在新闻传播活动中，新闻传播者往往在形式上隐藏自己的意见，但却通过对新闻事实的精心选择和对事实的客观陈述，把自己的思想立场和倾向巧妙地渗透和传达给受众，发挥引导舆论、影响舆论的强大作用，是一种重要的思想武器。在思想上层建筑的各种形式中，新闻工作比哲学、文学、艺术等更接近政治，它直接宣传和维护一定阶级的政治路线，反映所属社会的经济制度和政治制度的合理性，通过说服教育，引导人们自觉拥护社会制度，遵守社会法律，维护社会稳定，反映社会生活，为社会生活服务。所以，新闻工作，是"以新闻手段为一定社会的经济基础服务的新闻舆论机构，它以传播新闻和引导舆论为其经常性的社会活动。在阶级社会中，总是一定阶级的新闻舆论工具"。②

2. 新闻工作的特征

新闻工作是伴随着新闻传播活动的发展而逐渐形成的一种社会职业。"职业作为一种社会现象，是与社会分工和生产内部的劳动分工相联系的。……它是一种以劳动分工为纽带的社会形式和社会关系。……所谓职业，就是人们由于社会分工和生产内部的劳动分工，而长期从事的具有专门业务和特定职责，并以此作为主要生活来源的社会活动。"③每一种职业活动都贯穿着特定业务的要求，体现着与其他行业相区别的职业特征。新闻工作作为一种专门的社会职业，在其产生和发展的历史

---

① 《马克思恩格斯选集》第二卷，人民出版社 1995 年版，第 32 页。
② 童兵：《理论新闻传播学导论》，中国人民大学出版社 2000 年版，第 118 页。
③ 罗国杰、马博宣、余进：《伦理学教程》，中国人民大学出版社 1985 年版，第 293—294 页。

过程中，同样，也形成了不同于其他职业的鲜明特征。具体而言，主要有以下四个方面。

第一，纪实性。新闻来源于客观事实，新闻的基本属性就是真实性。新闻报道必须尊重从事实到新闻、主客观相符合的基本规则。这是由新闻自身的规律所决定的，也是这一职业能够立足于社会的基础。所以，用事实说话也就成为新闻工作最鲜明的特征。

第二，社会性。人类在自己的生存和发展中，需要及时了解周围世界的变动，与其他任何一种意识形态子系统相比，新闻工作与社会生活联系得最紧密和最全面，对社会生活的影响也最及时和最普遍。新闻工作能够有目的、有系统、有组织地将社会领域发生的一切具有新闻价值的变动通过各种新闻媒体进行传播，以全天候的方式关注着自然、社会的最新变动，反映人的社会活动，其触角伸向社会人群的每一个角落，其眼光投向社会生活运行的一切领域，以无时不在的信息传播影响着整个人类社会。因此，这一行业的社会影响力较之于其他行业更为深刻，能够影响和引导社会舆论。

第三，阶级性。在阶级社会中，新闻事业是一定阶级、一定社会集团用来宣传自己的政治路线和世界观，进行政治斗争和思想斗争的武器，新闻工作总是在一定政治思想指导下，以表现一定的政治内容和思想内容为目的的，具有鲜明的阶级性。1957年3月，毛泽东在同新闻出版界人士座谈时曾对新华社的同志说："在阶级消灭之前，不管通讯社或报纸的新闻，都有阶级性。"[1] 不同社会制度下的新闻工作，是为实现特定的社会目的服务的工具，往往通过对新闻事实和新闻报道的不同解释和评价，体现一定阶级的特定利益和意志运行。

第四，艰苦性。新闻工作与其他职业不同，它有着特殊的使命——记录今天并书写历史。这一特殊使命决定了新闻工作者工作范围的广阔，他们要以整个人类社会为舞台，真实地记录历史，记录影响人类生活和历史进程的一切重大事件。因此，无论工作环境多么险恶，都要争取到新闻发生的现场去，必须及时、准确、没有遗漏地采访报道重大事件，哪怕是战场，哪怕会有牺牲。

---

[1] 中共中央文献研究室、新华通讯社编：《毛泽东新闻工作文选》，新华出版社1983年版，第191页。

二　作为新闻传播主体的新闻工作者

探究新闻工作者角色道德自觉，要对作为新闻传播活动主体的"新闻工作者"进行明晰的界定，这是揭示新闻工作者内在本质、生成与发展机制及其规律的逻辑起点。对这一概念进行科学的阐发，才能对新闻工作者所扮演的社会角色进行正确定位，为进一步研究其角色道德自觉奠定坚实基础。

新闻传播作为人类的一种活动形式，既是一种将新闻作为特定的信息进行传播的活动，也是一种社会性的活动，更是一种人与人之间的信息交流活动，即新闻信息传播者与收受者之间双重主体的互动性活动。只要是社会性的人，就必然会从事或参与传播和收受新闻信息的活动。作为新闻传播活动主体的职业新闻工作者及其职业新闻活动是新闻学关注的核心对象。对于"新闻工作者"这一称谓，新闻学理论主要是从新闻传播活动主体的人群范围和主体范围两个标准来界定的。不同学者对新闻工作者概念的表述不尽相同，但主旨相似，均以其新闻传播活动中的地位为基点，把新闻工作者理解为新闻传播活动的主体，不同之处在于其涵盖范围，即广义和狭义之分。本书也以此为标准来进行探讨。在新闻学理论中，人们通常使用"新闻从业者""新闻传播者""新闻职业工作者""职业新闻传播者""职业的新闻报道者""新闻工作者"等多个概念来表述新闻传播活动主体。

新闻传播活动是一个有机系统，在这个系统中，不同要素相互影响和作用，共同构成了特定的信息传播。关于新闻传播活动的要素，新闻学界的看法不完全一致，有三要素说、四要素说、五要素说，但差别不是太大，大多是在三要素的基础上，加上了新的要素。本书倾向于新闻传播的三要素说，即构成新闻传收行为的要素有三个：作为传播内容的事实（信息）、新闻传播者和新闻收受者。"现代社会的新闻传播是一个有机的系统。在这个系统中，新闻传播者、新闻事实和新闻收受者是三个最基本的要素，这些要素的相互影响和作用，构成现代社会生生不息的新闻传播过程。"[①] 即新闻信息源（客观事实）→新闻传播者→新闻收受者。由此可见，在新闻传播活动中，新闻传播者居于中介地位，是新闻传播的主体。其主要作用是对客观存在的具有新闻价值的事实进

---

① 何梓华主编、成美副主编：《新闻理论教程》，高等教育出版社 2008 年版，第 37 页。

行采集和选择，制成传播符号，通过一定的传播手段传递给受传者，在新闻传播过程中起着积极能动的"桥梁"和"纽带"的中介作用。本书所要探讨的"新闻工作者"正是建立在"新闻传播者"这一概念基础上的，虽然两者都是新闻传播活动主体，但又有着不同含义。

何梓华主编的《新闻理论教程》一书提出："新闻传播者、新闻事实和新闻受众是三个最基本的要素，这些要素的相互影响和作用，构成现代社会生生不息的新闻传播过程。……新闻传播作为一种特定的信息传播，新闻事实、新闻报道者、新闻接收者是构成新闻传播过程的三个基本要素。"[①] 在此，"新闻传播者"和"新闻报道者"是同一个概念。"事实转变成为新闻，必须要有一个中介，这就是新闻报道者。……类似的新闻传播活动，自从人类社会产生就开始存在，但在新闻事业产生以前，基本上没有以传播新闻为职业的新闻报道者，人们的新闻传播行为，就传播者个体来说只是一种偶然的行为，新闻传播也大多是以一些特定的人群为其对象。新闻事业产生以后，新闻事业的从业人员成了职业的新闻报道者，他们在更为广阔的空间连续不断地采集事实……"[②] "17世纪，周刊和日报的出现，标志着近代新闻事业的诞生。资本家出资成立了专门采集、发布新闻的机构，雇用了专职工作人员，机构内部采编印发各有分工，具有鲜明职业特征的新闻工作者由此诞生。"[③] 因此可以看出，在本书中，"新闻传播者""新闻报道者""职业的新闻报道者""新闻工作者"都被认为是新闻传播活动主体，三者所指为同一概念。

童兵所著的《理论新闻传播学导论》提出："新闻传播者是新闻传播的主体，他将事实转变为新闻，制成符号，通过媒介传递给受传者。……在现代社会，新闻传播者在一般情况下并非只是一个个单独的个人，从总体上说，传播者往往是组织起来的新闻发布机构。"[④] 在此，"新闻传播者"概念的外延扩大了，既包括"一个个单独的个人"，也包括"新闻发布机构"。"随着新闻事业的发展，以记者和编辑为主体

① 何梓华主编、成美副主编:《新闻理论教程》，高等教育出版社2008年版，第37页。

② 同上书，第38页。

③ 同上书，第36页。

④ 童兵:《理论新闻传播学导论》，中国人民大学出版社2011年版，第57页。

的新闻传播者队伍不断扩大，门类越来越多，专业性也越来越强。"①此处的"新闻传播者"指的是以记者和编辑为主体的单独的个人。

丛春华所著的《新闻学概论》对"新闻工作者"进行了界定，提出："广义的新闻工作者就是指新闻行业中的所有从业人员。包括采写、编辑、管理、印刷、发行、广告、通联、后勤、广播电视播音员、广播电视节目主持人等各个环节的工作人员。狭义的新闻工作者一般都是指专门从事采写新闻报道的专业人员。"②

程曼丽、乔云霞主编的《新闻传播学辞典》对于"新闻工作者"的解释为："新闻工作者是指新闻机构中从事业务工作的专业人员。主要包括：新闻信息采、编、播的业务人员，新闻产品的技术处理人员，新闻产品的发行人员，新闻传播业的管理人员以及新闻教育和新闻学术的研究人员。"③

杨保军所著的《新闻理论教程》提出："传播者是指进行新闻传播活动的人或主体，指那些在新闻传播活动中主要从事采写编评、制作、主持、传播的工作者。或者更一般地说，传播者就是指通过新闻媒介发出新闻信息的人或主体。在组织意义上说，传播者指的就是新闻媒体。"④"狭义上，人们只把职业新闻工作者看作新闻活动主体，并称为职业新闻传播者。"⑤ 在此，"职业新闻工作者"和"职业新闻传播者"所指为同一概念。"从事新闻职业的人，是严格意义上的新闻活动主体，除此之外的其他人，即使参与了新闻活动，也不被称为新闻活动主体。也就是说，只有那些直接专门从事新闻传播业务的职业工作者，也算是从事新闻采写、新闻编辑等工作的业务人员才是新闻活动主体。……只要参与到新闻传收系统中的人，就可以看作新闻活动者或活动主体。职业新闻活动者自然是参与新闻活动的主体，并且主要充当传播者的角色。……新闻职业工作者以外的其他社会成员或组织，会以不同的方式介入或参与新闻活动，他们介入或参与新闻活动的程度也会有

① 童兵：《理论新闻传播学导论》，中国人民大学出版社 2011 年版，第 27 页。
② 丛春华：《新闻学概论》，西南师范大学出版社 2006 年版，第 145—146 页。
③ 程曼丽、乔云霞主编：《新闻传播学辞典》，新华出版社 2013 年版，第 34 页。
④ 杨保军：《新闻理论教程》，中国人民大学出版社 2010 年版，第 36 页。
⑤ 同上书，第 47 页。

所不同。因而，他们在客观上担当不同类型的新闻活动主体角色。"① 据此，杨保军把新闻传播主体分为"高位主体"和"本位主体"，"在新闻学的视野里，新闻传播主体的构成'事实'上是双重的：其一，新闻媒体（资产）的所有者、经营者和管理者；其二，直接从事新闻传播活动的人，即人们通常所指的新闻传播主体——以采编人员为主的新闻业务工作者。我们把前者称为'高位主体'，后者称为'本位主体'。……本位主体是指直接从事新闻传播活动的主体，即人们通常所说的新闻工作者或传播者，他们是新闻传播活动的核心力量、主体成员。本位主体大致是由两部分人员构成的：一是采写、编辑、制作、播报、主持人员，他们是新闻报道活动的核心人员；二是相关的编辑辅助人员、业务技术人员等，他们属于新闻报道活动得以顺利完成必不可少的非核心人员。"② 由此可以看出，杨保军提出的"本位主体"即"新闻工作者"，两者所指为同一概念。

综上所述，本书认为，《新闻传播学辞典》中对于"新闻工作者"的解释较为全面，其内涵和外延能够涵盖新闻工作者的工作特征、工作内容以及涵盖范围。本书中的"新闻工作者"也将在此定义的基础上使用这一概念，即新闻工作者是指以新闻工作为职业，从事新闻传播活动的所有从业人员。包括采写、编辑、制作、播报、主持人员以及相关的编辑辅助人员、业务技术人员、教育研究人员等。

第二节　角色和道德自觉

角色，原本是戏剧学的一个概念，后来，在心理学和社会学等学科领域被广泛使用，产生了"社会角色"概念。本书所探讨的角色道德自觉，也是以新闻工作者作为社会角色的一种为出发点的。

一　角色及其特征

角色（role），原是戏剧学的一个专有名词，是指演员在舞台上所

---

① "狭义上，人们只把职业新闻工作者看作新闻活动主体，并称为职业新闻传播者。"杨保军：《新闻理论教程》，中国人民大学出版社 2010 年版，第 48 页。

② 杨保军：《新闻理论教程》，中国人民大学出版社 2010 年版，第 51—53 页。

扮演的剧中人物及其行为模式。20 世纪 30 年代，美国社会学家、社会心理学家、哲学符号互动论的奠基人 G. H. 米德把戏剧中的"角色"概念借用到社会心理学和社会学领域，提出了"社会角色"概念，创立了角色理论。米德教授通过研究儿童角色意识的形成，认为角色是人们在交往过程中为了展现个人与社会的关系，以可预见的互动模式形成的。在不同的场合，人们扮演的角色是不同的，每个人所扮演的角色是在人际互动中实现的，这就要求人们学会适时地调整自己所扮演的角色以适应社会环境的变化。社会化的实质就是人们要学会扮演自己的社会角色，要理解社会和他人对于自己角色的定位和期待，并按照这种角色定位和期待进行角色行为活动和实践。后来，戈夫曼又提出了著名的"社会戏剧论"概念，将人与人之间在社会生活交往中的互动比拟为戏剧舞台上的角色扮演。拉尔夫·林顿也对角色作了界定。"地位是权利和义务的简单集合，而角色是地位的体现。在社会关系中，个人处于某种地位并通过与其他地位产生关系而占据这个地位。当他实现构成地位的权利和责任的时候，他就在扮演着某种角色。"① 此后，"角色"便成为社会学的学科概念，角色理论也成为社会学中的重要理论之一。

国内学者也大多从社会学的角度研究角色理论，主要研究内容包括角色概念、角色分类、角色期待、角色冲突及调适等方面。他们对于角色概念的界定方式不尽相同，但在含义表达上却较为一致。奚从清认为："角色是指个人在社会关系中处于特定的地位，并符合社会期待的一套行为模式。换句话说，角色是一定社会关系所决定的个体的特定地位、社会对个体的期待以及个体所扮演的行为模式的综合表现。"② 邱德亮认为："角色是占据一定社会位置、按照社会对这个位置的要求和自己对社会要求理解而行为的人。"③ 魏英敏认为："所谓角色，是指在社会生活中处于一定社会位置，具有一定社会规范的活动个体及行为模式。"④ 郑杭生认为，"社会角色是指与人们的某种社会地位、身份相一

①　［美］乔纳森·H. 特纳：《现代西方社会学理论》，范伟达等译，天津人民出版社 1988 年版，第 441 页。

②　奚从清：《角色论——个人与社会的互动》，浙江大学出版社 2010 年版，第 6 页。

③　邱德亮：《论社会角色责任与角色道德建设》，东北师范大学出版社 2000 年版，第 5 页。

④　魏英敏：《新伦理教程》，北京大学出版社 2003 年版，第 448 页。

致的一整套权利、义务的规范与行为模式，它是人们对特定身份的人的行为期望，它构成社会群体或组织的基础。"① 由此可见，角色是一种模式化的社会行为，其行为模式由其扮演的社会角色所决定，既享有该社会角色的权益，也承担相应的社会责任。其要素包括角色扮演者，即角色主体；角色在社会系统中所处的位置，即社会地位；角色在社会系统中应承担的责任和享有的权益，即权利义务；角色规定的行为模式，即由社会地位和权利义务关系所决定的特定行为模式。具体而言，社会学意义上的角色具有以下四个方面的含义。

第一，角色是社会地位、身份的外在表现。社会地位是人在社会中所处的位置，身份是指人在社会上或法律上的地位、资格。拉尔夫·林顿说，一个人占有的是地位，而扮演的是角色。人在社会中处于什么样的位置，具有哪种身份和地位，就需要扮演什么样的社会角色。

第二，角色是个人权利、义务的规范和行为模式。一个人在社会关系中扮演一定的社会角色，就享有对应的权利，承担相应的义务，并履行角色规定的行为模式。

第三，角色是社会对于处在特定地位的人的行为的期待。马克思说，个人只能为社会和在社会中进行生产。人的社会性决定了其行为模式，即按照社会需要和社会期待承担某些职责并诉诸行动。

第四，角色是社会群体或社会组织的基础。社会是由个体的人以及相同身份和地位的人组成的社会组织或群体构成的，其基本元素是每一个生活在其中的个体的人。个人和群体只要处于一定的社会关系中，就被赋予相应的社会角色。角色是社会组织和群体的要素，也是形成社会关系的基本要素。

社会角色是个人与社会、群体与社会、组织与社会之间相互交往作用的连接点，是一定社会关系的综合反映。具有以下四个特征。

第一，客观性。马克思主义认为，人的本质不是单个人所固有的抽象物，在其现实性上，它是一切社会关系的总和。任何一种社会角色都不是抽象的，而是社会生产和社会发展的产物，是在特定社会关系中形成的，是客观的、现实的。

第二，普遍性。在社会生活中，任何一个社会角色都内含于复杂多

---

① 郑杭生：《社会学概论新修》，中国人民大学出版社 2003 年版，第 139 页。

样的社会关系中，涵盖经济、政治、文化、社会生活等各个领域，每一个社会角色都拥有角色权利和角色义务，并需要践行其角色行为模式。

第三，特定性。在社会现实中，一旦某一社会角色确定，就必然要按照社会赋予这一角色的社会需要和社会期待行事，这种固定性、先在性决定了每一个社会角色，同一种社会角色，都具有特定的与其身份地位相契合的权利义务和行为模式。

第四，多重性。现实生活中，社会角色处于各种复杂的社会关系中。同一个个体在不同情境下往往拥有多重身份，也因此具有与多重身份相一致的多重权利义务及行为模式。比如，一个男人在家庭中可以是子、父、兄、弟等角色，在职业中可以是领导、下属、员工等角色，不同社会角色还会随着年龄、职业多种因素的变化而发生转换。

二　道德自觉

"道德"是一种特殊的社会现象，是人类所特有的一种精神生活，也是伦理学中最为基础的概念。在西方，"道德"源于拉丁文"mora-lis"，是古罗马历史学家西塞罗依据亚里士多德著作中的"伊索思"一词翻译过来使用的，最初是指人类社会生活中形成的道德风俗，其本意为"风尚""习俗"。在词源含义上，与"伦理"一词基本相同，都是指人们应当如何的行为规范，其外化为风俗、习惯，内化为品性、品德。在中国的传统文化中，"道德"一词，古已有之，但最初是两个相互分离的概念。在中国古代文化典籍中，"道"原指人行的道路。后引申为事物运行变化的规律、规则和做人的道理、规矩。"德"字最早见于商代卜辞之中，是表示道路、表示行动的符号，作"值"讲，意思为直视"所行之路"的方向，遵循本性，即为"德"。《许慎·说文解字》中解释为："德者得也，内得于己，谓身心所自得也；外得于人，谓惠泽使人得之也。"主要是指人的内在情感与信念，指人们坚持一定行为准则和社会规范（道）所形成的品德或境界。《四书集注·学而篇》中解释为："德者，得也。行道而有得于心者也。"在此，"德"主要是指"行道"而"得于心者"，即在践行"道"的过程中内心之所得。"道""德"合用始于春秋战国时期。如"故学至乎礼而止矣，夫是谓道德之极"（《荀子·劝学篇》），"道德纯备，智惠甚明"（《荀子·正论篇》），"道德仁义，非礼不成"（《礼记·曲礼》），"上古竞于道德，中世出于智谋，当今争于气力"（《韩非子·五蠹》）。由此可见，在中国古代，"道"是指事物运动变化的规则或规律，"德"是指人在践行道的过程中内心所形成的信念、品德或境界。"道德"的基本含义是人们应当遵循的事物发展规律和顺应事物发展规律而产生的行为规则。《辞海》中对于"道德"一词的解释分为两个方面：一是在中国哲学史上，是指"道"与"德"的关系。这里的"道"是指理想的人格或社会图景，"德"是指立身根据和行为准则。二是以善恶评价的方式来评价和调节人的行为的规范手段和人类自我完善的一种社会价值形态。道德包括客观和主观两方面。客观方面是指一定的社会对社会成员的要求，表现为道德关系、道德理想、道德标准、道德规范等；主观方面是指人们的道德实践，包括道德意识、道德信念、道德判断、道德行为和道德品质等。[1]

在社会发展过程中，道德逐渐成为人类社会生活的一种特殊的规范调解方式，并凝结成为人们的善恶价值观念和价值标准。现代意义上的"道德"也可以从两个角度来解读。其一，道德是社会调节的一种特殊手段，总是作为一种对人的行为进行善恶评价的行为规范而存在。这种特殊规范性体现在其行为"应当"的价值内涵，以行为"该不该"的评价方式而存在和发展。"它借助于人们的传统习俗、社会舆论和内心信念来维系，表现在人们的视听言动、行为品格和习性之中，并通过人们的义务感和良心感，构成人们自我调节、自我约束和自我评价，从而发挥自己特有的社会作用。"[2] 其二，道德是指个体所具备的德性与德行，包含个体道德人格、道德品质及道德境界。"道德是维系和调节伦理关系的方式，同时又是个人应有的德性或操守。"[3] 这两方面相互制约，相辅相成，密不可分，共同构成道德的两个不同维度。

在人类社会中，为了维护正常的社会生活秩序，一定的社会或阶级就需要有一定的规范来约束人们的行为，调整人们的关系。道德就是通过形成特殊的社会秩序和行为准则来实现社会的稳定、和谐和发展的。道德是一种社会意识，属于社会上层建筑和社会意识形态，由社会经济关系决定，是生产关系的反映，并对经济基础有极大的反作用。"从质

---

① 夏征农主编：《辞海》，上海辞书出版社 1999 年版，第 2860—2861 页。
② 唐凯麟：《伦理学》，高等教育出版社 2001 年版，第 38 页。
③ 宋希仁：《西方伦理思想史料》，中国人民大学出版社 2004 年版，第 4 页。

的规定性来看，所谓道德，就是人类现实生活中，由经济关系所决定，用善恶标准去评价，依靠社会舆论、内心信念和传统习惯来维持的一类社会现象。这就是说，道德是社会范畴，属于社会上层建筑和社会意识形态。"①

道德作为一种特殊的社会价值形态，其本质体现在两个方面：一方面，它以善恶评价的方式进行社会调解，是一种规范手段，即道德的规范性；另一方面，它是人类自我完善的精神追求，是一种实践精神，即道德的主体性。两者是有机统一的，既是揭示道德功能机制的一对范畴，又是阐释道德特征的两种规定。道德的主体性就是人成为道德活动主体的规定性，具体而言，"就是指人在一定道德情境中对待所面临的道德客体即以社会或他人的活动为载体的道德准则、行为规范的自主性、积极性和创造性"。② 正是由于道德主体性的存在，作为道德主体的人才能够把外在的道德准则转化为内在的要求，把抽象的行为规范转化为具体的行为实践，体现了人的主体性的规定，人类自我完善的精神追求，即人在实践活动中作为能动的实践者和理性的支配者的自主性、能动性和创造性。道德的规范性即为道德的约束性，即道德对人的行为、活动及其社会关系的调节、教育和导向。道德的规范性是道德的主体性正确发挥的前提和条件。在人类社会长期的实践中，人的活动、人与人的交往及联系会逐渐形成一定的秩序，产生一定的要求，这种秩序和要求逐渐演变为体现关系、意识和秩序的"应当"，经过阶级、国家等群体有意识地加以总结、提炼，就形成了人类社会特有的行为规范。作为道德的行为规范与政治、法律等制度化规范不同，其约束力不是以强迫手段来实现，而是通过传统习惯、社会舆论和内心信念对人们进行教育、评价、引导，唤起人们的义务感和良心感，转化为人们的自我监督、检查、反省和评价来实现。

"自觉"一词，在中西方文化语境中，有着不同的意涵。在中国传统文化中，从字义和词性上看，"自"是一个象形字，指的是鼻子，"自，鼻也"（《说文解字》），这是"自"的本义，也是诸多引申义的基础。其第一层引申义为"始""初"等义，即"初始（的）""原初

---

① 罗国杰等编著：《伦理学教程》，中国人民大学出版社 1986 年版，第 8 页。
② 唐凯麟：《伦理学》，高等教育出版社 2001 年版，第 59 页。

"（的）"，后引申为"开始、开端""从""由"等意涵；第二层引申义为"己也"，即"自己""自我""己身""本人"等意涵。"觉"在《辞海》中有多种含义，即"感觉""觉醒""觉悟""明白""启发""发觉"等。"觉，悟也。从见，学省声。"（《说文解字》）"自"与"觉"合用，即为"自觉"。《辞海》中对于"自觉"的解读：一是指自己有所觉察。《三国志·吴志·吴主传》："人之举措，何能悉中，独当己有以伤拒众意，忽不自觉，故诸君有嫌难耳。"二是同"自发"相对。是指人们正确认识并掌握一定客观规律时的有计划的、有远大目的的活动。① 在中国传统文化中，儒家对"自觉"的解读是从"自省""自反""自讼""自省""反求诸己"等方面，主张通过个体道德修为，如涵养、正心、诚意、格物、致知、修身，领悟人生的意义和价值，达至个体自觉。道家强调的自觉意指"自由"，即顺应事物的本性与发展趋势，无为而治，摆脱一切世俗束缚，达到个体自由的境界。

西方文化侧重于从心理学和哲学的角度对"自觉"进行分析和研究，是指自我觉知、自我觉醒或自我完善、自我实现。从心理学角度而言，自我觉知是个体对自己有所认识或有所意识的内部主观状态。在西方哲学中，"自觉"与"自我意识"含义基本一致。自觉，即自我觉知，是一种积极的状态，是指正确认识并掌握一定客观规律后有计划、有目的的活动。个人能够通过"自觉"实现对自我的理解、评价与反思，最后，对自己有一个清晰的认识。正是有了"自觉"意识，人才能真正成为人。"所谓自我意识的理性的实现，即指它在另一意识的独立性中直观自己与这另一意识的完全统一，或者说，是指它将现成地出现于我之前的，而是我自己的否定物的这种自由的事物性，当作我的存在，当作我的对象，——是要在一个民族的生活里才找得到它的完成了的实在。"②

马克思主义从人类社会实践的范畴考察和认识"自觉"。马克思主义认为，人的实践活动是有意识的，具有目的性和自觉性，这是人与动物的本质区别。在《1844 年经济学哲学手稿》中，马克思提出：人是

---

① 夏征农主编：《辞海》，上海辞书出版社 1999 年版，第 5070 页。

② ［德］黑格尔：《精神现象学》，贺麟、王玖兴译，商务印书馆 1997 年版，第 233—234 页。

类存在物，不仅因为人在实践上和理论上都把类——他自身的类以及其他物的类——当作自己的对象；而且因为——这只是同一种事物的另一种说法——人把自身当作现有的、有生命的类来对待，因为人把自身当作普遍的因而也是自由的存在物来对待①，一个种的整体特性、种的类特性就在于生命活动的性质，而自由的、有意识的活动恰恰就是人的类特性。……人则使自己的生命活动本身变成自己意志的和自己意识的对象。他具有有意识的生命活动。……有意识的生命活动把人同动物的生命活动直接区别开来。② 正是在这种自由自觉的活动中，人类不断完善自身，全面占有自己的本质，实现了自由而全面的发展，也促进人类社会历史向前发展。无论历史的结局如何，人们总是通过每一个人追求他自己的、自觉预期的目的来创造他们的历史（恩格斯）。③ 人作为主体的自觉、自愿、自主的发展，是为了自身人格完善和促进社会进步而发展，是为了自己的发展而发展。④ 这是马克思、恩格斯对人类自觉的最高向往和追求。这种自觉是实现了主体与客体、自由与必然的真正统一的自觉，是认识自由与实践自由的统一。

综上所述，本书认为，自觉就是建立在社会实践基础上的、以自我实现和自我完善为目的的，人类对自身思想和行为的自我觉醒和自我觉悟。主要体现在人对自身、对他人、对社会、对自然的反思与觉悟。就主观方面而言，自觉即主体内在的自我发现、自我创新与自我解放的意识；就客观方面而言，自觉表现为主体在社会实践过程中自身行为所呈现出的一种自为状态。

"道德自觉"，学术界有几种不同的界定。戴茂堂将道德自觉界定为："道德对于时代的伦理使命和教化责任要有一个自觉的担当和深切的认同，也就是说，道德要自觉承担起用先进文化引领社会进步的责任、提高精神境界的使命和责任。"⑤ 段治乾将道德自觉界定为："一种更具'人性'的人类自我约束与自我超越、心灵自律与德行操持、理

---

① 《马克思恩格斯全集》第 3 卷，人民出版社 2002 年版，第 272 页。
② 同上书，第 273 页。
③ 《马克思恩格斯全集》第 4 卷，人民出版社 1995 年版，第 243—244 页。
④ 《马克思恩格斯全集》第 46 卷，人民出版社 1979 年版，第 109 页。
⑤ 戴茂堂：《道德自觉·道德自信·道德自强》，《道德与文明》2011 年第 4 期。

想悬设与道德预期的生活意义的追寻。"① 方世南将道德自觉界定为："主体在与自身相关的道德关系和道德活动中有效地发挥主导性和能动性，自觉地遵循和发展本民族以及社会普适的伦理准则和伦理规范，加强自身的道德践履和道德自律，使自己的道德意识和道德行为与民族和国家乃至全人类普适的伦理环境保持协调并且促使其优化的道德认识和道德实践过程。"② 本书认为，所谓道德自觉，就是个体对道德的"觉醒"和"觉悟"，它是个体在一定社会的道德意识与道德心理的支配下，根据道德发生、发展的必然规律，对道德进行自我觉解，并形成自主道德行为的过程，以及在此基础上所达到的主体自律、自由自觉的道德境界。道德自觉不仅体现为个体对道德必然规律的自觉认知、自我觉解以及形成道德心理和道德行为的过程，而且表现在个体通过内在的道德心理活动和外在的道德实践活动，所达到的道德觉悟程度和道德境界。简言之，道德自觉是个体对道德的自我体认和自觉坚守。

道德作为对人的行为进行善恶评价的行为规范和社会调节的一种特殊手段，无论是从其本质上说，还是在其产生和发展过程中，都蕴含着自觉精神。首先，从其本质上说，道德是人类自我完善的精神追求，是一种实践精神。实现自身的完善化和全面发展始终是人的一种内在要求，人作为道德活动的主体，具有自我的道德意识，这种道德意识表现为利益意识和责任意识。利益意识是主体对自己和社会的生存与发展所产生的意识，也是道德活动主体自主性活动的出发点和归宿。责任意识是主体对自身所担负的义务、职责、使命的意识，是主体自主地从事道德活动的内在动力。人最终要实现道德活动目标，就需要对自身的情感和需要进行自我调节，缺乏这种自我调节，人就无法抑制自己不符合道德准则和行为规范的欲望与冲动，从而在道德活动中丧失其主体性。道德规范对人的约束，是建立在个人的自我约束基础上的，人服从道德规范的约束，其实质是在服从自我，服从理性，是超越自我的一种表现。人们通过自觉的责任和义务系统，可以把道德规范转化为人们自我的监督、检查、反省、评价，是人放弃一部分自身的利益以成全别人和社会群体利益的要求，是人用人自身的理性支配感性的过程，也是促进人道

---

① 段治乾：《伦理自发与道德自觉》，《社会科学》1998 年第 7 期。
② 方世南：《主体道德自觉：价值、功能与实现途径》，《江海学刊》2001 年第 6 期。

德觉悟的高度发展和人自由自觉地追求自身完善的过程。正是通过道德活动，人进行着自由自觉的实践，和外部世界发生相对全面的对象性关系，并充分表现和实现了人的内在统一，完善了自身社会规定性。所以，道德是人类以实践精神认识世界和改造世界的一种特殊方式，是人类自我肯定、自我确证、自我发展和自我完善的表征。

第三节　角色道德自觉

在社会生活中，人们扮演着不同社会角色。作为社会构成的基本要素，社会角色既是社会关系的投射点，也代表着一种社会期望，即社会为了保障其有序运行而为其成员制定的任务、规范以及成员在社会体系中应有的地位、利益。每一个社会成员都处于各自的社会关系之中，在社会生活中扮演着不同的伦理角色，体现着不同伦理关系的道德意向和伦理要求。角色扮演越多，社会关系对其要求也就越多，所体现的道德意蕴也就越丰富，在角色行为和角色实践中，就越能体现出社会关系所承载的"人伦之理"与"道德应当"。社会角色的存在就是建立在这种"人伦之理"和"道德应当"的基础之上的，蕴含着丰富的道德精神和伦理价值，角色道德自觉正是这些道德精神和伦理价值的凸显与升华。所谓角色道德自觉，是指社会角色作为道德活动的主体，能够自觉遵循角色伦理的要求，使其角色意识与道德行为同角色道德规范要求及社会伦理期待相契合的认识和实践过程，并在此基础上达到的自律状态和自由自觉的道德境界。角色道德自觉不仅表现为社会角色对道德必然规律的自觉认知与践行，而且表现为社会角色通过道德实践活动所达到的自由自觉的道德境界。

一　角色道德自觉是角色道德认知与角色道德实践的统一

人类社会生活的各个领域都存在道德，作为一种特殊的社会现象，道德存在于人与人之间的各种社会关系中，其存在是以社会为载体的，社会成员必须遵循共同的行为准则和价值观念，即社会道德，社会才能有序运行。社会道德必须要面向个体，依靠个体的主观意识和具体行动来实现。也就是说，道德既要内化为个体的观念、信仰、良心和荣誉等，又要外化为个体的现实的行为活动。社会道德向个体道德的运动和转化，为社会有序运行提供了道德上的保证。

社会道德向个体道德的运动，是通过社会角色实现的。社会角色作为道德活动的主体，首先要对自己所扮演的角色道德有正确认知，才能使自己的道德行为符合社会赋予该角色的伦理期待和道德要求。角色道德认知是指社会角色在角色扮演中，对与自身社会地位、身份相一致的权利、义务的规范与行为模式的理解和认识，并在内心产生的一种心理趋同。角色道德认知主要包括两方面的内容：一是对角色道德规范、角色权责定位、角色社会期待、角色道德实践的理解和认识，从而将角色行为限定在其所代表的社会道德要求范围之内。二是角色扮演者自觉意识到自己对社会、他人及自身所担当的职责和使命，并以完善社会为旨归，自觉选择、践行这些职责和使命。角色道德认知是角色道德自觉生成与发展的心理基础和基本前提，是角色主体的一种价值取向活动。每个社会角色都有自己的权利和义务，角色扮演者要正确认知自己的角色权利和角色义务，把外在的角色道德规范要求内化为道德自觉，并指导自身的角色实践，扮演好社会生活赋予的各种角色，并最终演好人生大戏。作为人类社会生活中一种重要的主体性活动，角色道德实践主要包括角色道德行为选择、角色道德调节和角色道德评价三方面的内容。其中，角色道德行为选择是其核心和实质。因为，在现实社会生活中，个体扮演社会角色的过程就是进行社会行为选择的过程，而角色道德行为选择就是根据特定角色的道德标准和价值准则所作的自觉、自愿的抉择。所以，它是角色主体的价值观得以充分实现的重要表现形式，既是角色道德认知的具体实现，也是衡量角色道德自觉的客观性标志。

马克思主义认为，人的活动，既是物质的实践活动，也是精神的实践活动，两种活动形式是辩证统一的。角色主体的道德活动，也包括两种表现形式，即角色道德认知（知）和角色道德实践（行）。角色道德认知是观念性的精神活动，是角色主体道德活动的内在方面；角色道德实践是在道德目的支配下的以善恶评价的外部活动，是角色主体道德活动的外在方面，两者相互联系、辩证统一，体现了角色主体对世界的一种"实践—精神"的掌握。在此，知是行的前提，行是知的落实。角色道德实践是在一定的角色道德认知即"知"的支配下，出于一定动机的实践活动。"知"本身即包含"行"倾向，但必须以发展的"行"为根本目标。角色道德自觉就是角色主体的道德意识与道德行为同角色道德规范要求及社会伦理期待相契合的认识和实践过程，是角色道德认知与角色道德实践的统一，即知与行的统一。

二　角色道德自觉是一种自由自觉的道德境界

道德既是调控社会秩序的规范，又是完善个人自我修养的重要方式。角色道德自觉是角色主体把握道德发展的必然性，自觉努力所达到的道德境界。角色道德自觉就是角色主体在道德实践中自觉地从精神上把握世界，不断地促进道德意识的完善、道德人格的养成而最终达到的自由自觉的道德境界。

（一）角色主体精神的自律

古希腊哲学家亚里士多德认为，实践理性能够指导和支配人的道德行为。德国古典哲学创始人康德认为，当人类理性表现为实践理性时，则是"人为自己立法"（道德自律）。马克思主义认为，道德的基础即人类精神自律，即人作为类的"自我立法""自我执法"。道德对于角色个体来说不是一种外在的强制和消极的遵守，而是一种内在的需求，是一种内在自律自觉，它既是社会历史发展的价值形态和必然要求，也是角色个体生存与发展的内在要求和实践保障。没有道德的自律，一切道德规范和原则都将成为虚设，而不能变成实存的道德行为和道德风尚，道德规范要在人的社会生活中实现，就只有通过角色个体的思想和行为，使其转化为角色主体道德的自律。"个人遵守自己社会或者自己阶级的道德的要求，就好像遵守具有宗教的或者形而上学的规则的绝对道德的规条那样。"[1] 这里的"个人遵守自己社会或者自己阶级的道德的要求"，就是角色主体精神的自律。随着角色道德实践活动的发展和深入，角色主体对角色道德规范的领悟、认同和选择能力不断提高，越来越清楚地认识到角色道德规范的重要性和必然性，角色道德规范也逐渐成为角色主体内心的一种需要、一种深刻的责任感和义务感，被动的服从转变成主动的律己，外部的道德要求也随之转化为自己内在良心自主的行动，从异己的外在约束变为"为我"的存在。良心作为角色主体对责任和义务的自觉意识，使个体履行义务不再是为义务而义务，而成为个体自身内在本质的自觉要求。良心在角色主体道德生活中起着自

---

① ［苏联］普列汉诺夫：《普列汉诺夫哲学著作选集》第 2 卷，生活·读书·新知三联书店 1961 年版，第 508 页。

我控制和自我调节的作用，它是角色主体的自我解剖和自我审判，深藏于角色主体的内心，是其思想和行为的"监控器"。角色主体的道德行为必须经历这一过程，才能完整地揭示其道德品质与道德面貌。因此，角色良心是角色道德自觉的表现，其核心就是人类精神的自律、自我约束和自觉遵守。

（二）自由自觉的道德境界

境界是指事物所达到的程度或表现的情况，也指思想、道德等的意境。自由自觉的道德境界是指角色个体在道德活动中自主地选择，在道德实践过程中不受任何阻碍地被实现的状况和境界。在这种境界中，道德行为是出于角色主体的自主和自由的意志，是其自觉地进行道德抉择，在付诸实践中无阻碍的现实状态。

马克思主义认为，人类的解放是社会发展的最终目标，"每个人的自由发展是一切人自由发展的条件"。而人类的解放包括人的解放和社会的解放，人的解放是社会解放的终极目标，社会的解放是人的解放实现的条件，人的解放只有在共产主义社会才能够实现。"代替那存在阶级和阶级对立的资产阶级旧社会的，将是这样一个联合体，在那里，每个人的自由发展是一切人自由发展的条件。"在《1844年经济学哲学手稿》中，马克思提出：共产主义是私有财产即人的自我异化的积极的扬弃，因而是通过人并且为了人而对人的本质的真正占有；因此，它是人向自身、向社会即合乎人性的人的复归，这种复归是完全的、自觉的和在以往发展的全部财富的范围内生成的。

从社会学和伦理学的角度解读马克思关于人的全面发展思想的论述，我们可以看出，人类社会的理想状态是社会中的各个角色能够各得其所，完成自身特定的角色责任，履行相应的角色义务，最终实现角色个体的"自由全面发展"。而角色主体的"全面自由的发展"，是指角色主体能够具有自主和自由的意志，自觉地进行道德抉择，在付诸实践中无阻碍的现实状态。

马克思主义实践哲学认为，自觉的人应该是：每个人都愿意自由地发展和发挥自身各方面的才能，每个人都有追求幸福的权利和自由，但不会因此危及社会，妨碍他人追求幸福的权利和自由。这种自觉性意味着权利和义务的统一、自由和责任的统一、他律和自律的统一。自由、自主、自觉是内在一致的，统一于人的全面发展过程中。一个自觉的人，道德行为不是来自外来的强迫，也不是因为害怕受到惩罚而克制自己，而是完全出于对角色道德认知，通过道德自律达到自由自觉。

在人类道德活动中，角色主体正是通过道德认知、道德实践，对角色道德规范和义务自我觉解、自觉遵守，最终实现了对自身的本质、力量、特征的占有，实现了"自由全面的发展"。正像英国哲学家西季威克所说："如果一个人不是被当下的刺激及其引起的暂时的欲望所决定，而是被目的的观念和理想所决定，被义务和良心所决定，那么我们说这个人的行为是自由的。"① 这是一种道德自由的状态，是角色个体从他律（角色义务）的约束到自律（角色良心），再到无律（角色道德自觉）的状态，"无律"是自律的最高境界，是在自律的引导下进入的自主、自由、自觉的境界，因此，无律境界是值得追求的境界，是处于道德自由的境界，在这样的境界中，角色主体的行为必然合乎道德，但是，他是"自然而然"、自由自在地做应该之事，是一种自由自觉的道德境界。

三　新闻工作者角色道德自觉

在社会大系统中，社会角色具有特定身份，处于特定的社会位置，其角色扮演能否实现，依赖于角色主体自我能动性的发挥。角色主体首先要对自身所承担的社会角色有清晰的认识和把握，才能自觉将自己的所作所为与扮演社会角色的身份地位相契合，发挥自我能动性，正确认识自己所扮演的社会角色权责关系，践行应然职责和道德行为，养成角色道德自觉。所谓角色自觉，就是角色主体自我对自身所扮演的社会角色身份地位、权利义务及行为模式的认知。角色自觉是角色主体性及能动性在社会系统中体现的重要表征，也是角色道德自觉的逻辑前提。因此，自觉到自身的角色，自觉到自己的身份，对于一个职业人来说至关重要。"知道你是谁，就是在道德空间中有方向感；在道德空间中出现的问题是，什么是好的或坏的，什么值得做和什么不值得做，什么是对你有意义的和重要的，以及什么是浅薄和次要的。"②

新闻工作者是新闻信息的传播者，是新闻信息传播中一个重要环

---

① ［英］亨利·西季威克：《伦理学方法》，廖申白译，中国社会科学出版社1993年版，第23页。

② ［加拿大］查尔斯·泰勒：《自我的根源：现代认同的形成》，韩震等译，译林出版社2001年版，第38页。

节，也具有特定社会身份和地位。新闻工作者要想扮演好自身所承担的社会角色，首先要做到角色自觉。所谓新闻工作者角色自觉，是指新闻工作者对自身所扮演社会角色身份地位、权利义务及行为模式的认识、理解、体验与自觉。新闻工作者角色自觉涵括多种含义，是一个整体性概念。既包括角色认知，也包括角色情感、角色行为等多个方面。新闻工作者角色自觉表现为新闻工作者对自身角色的一种敏感、觉醒的内部主观状态，反映了新闻工作者在新闻传播活动中的自觉意识和主体精神。即新闻工作者对自身角色在社会中的地位、在工作中的位置、自身角色的价值与作用、自身角色权利责任和行为准则的认识与理解，并在对自身角色深入认识、理解的基础上，形成稳定而深层的角色观念、角色预期、角色信念，以及深刻的情感体验和心理感受。

新闻工作者角色自觉是一种复杂的动态的过程。主要体现为对角色进行认识、理解、体验与自觉的动态过程；在这一过程中，新闻工作者在社会、媒体、受众等多种因素作用影响下，通过"角色认知—角色实践—角色再认知—角色再实践"的循环反复，使新闻工作者角色中的社会期望与要求转化为个体的内在需要，并将其作为自己的行动指南，成为一种角色信念，使自身角色不断完善、成熟，从而实现角色自觉。

在社会学领域，使用"社会角色"这一概念是为了对社会生活进行深入研究，研究者把社会中具有一定社会地位和身份以及相应的权利义务和行为模式的人称为社会角色。在社会角色的概念中，本身也蕴含着社会对处于特定社会地位和身份的人的社会期待。这就需要角色扮演者发挥自身的主体性。在社会的道德活动中，角色扮演者必然要求角色主体具有道德自觉性，这种道德自觉性正是社会角色的本质体现。

在新闻传播活动中，由于新闻工作者在社会中扮演着"正义使者"的重要角色，社会赋予了其记录历史、传播真实信息，服务社会公众、正确引领舆论导向，传播正能量、维护社会公平正义，倡导文明、教化道德的伦理期待和"铁肩担道义"的责任。新闻工作者只有在角色道德实践中架构起角色道德人格的文化心理结构，形成诚实、公正、智慧、勇敢、自由等角色道德品质，即新闻德行，才能最终达到自由自觉的道德境界。新闻工作者角色道德自觉，是指新闻工作者，在新闻传播活动中自觉遵循角色道德规范要求，使其角色道德意识和角色道德行为同新闻道德规范要求及社会伦理期待相契合的认识和实践过程，以及所达到的自律状态与自由自觉的道德境界。

　　具体而言，新闻工作者角色道德自觉主要有两层意蕴：狭义上讲，新闻工作者角色道德自觉是指新闻工作者在角色道德活动中自觉遵循角色道德规范，优化角色道德认知与实践的过程，主要包括新闻工作者角色道德的自律、自信、自爱、自尊、自强等。广义上讲，新闻工作者角色道德自觉是指新闻工作者自觉承担用先进道德文化引领新闻媒介与社会进步、提升新闻工作者角色道德精神境界的职责和使命，主要包括新闻工作者角色所具有的道德使命感和社会责任感。概言之，新闻工作者角色道德自觉是新闻工作者个体对社会角色道德的自我体认和自觉坚守，既是新闻工作者角色成功扮演的基本保证，也是新闻工作者角色道德人格和职业道德操守的综合体现。新闻工作者角色道德自觉是现代社会文化生活和道德生活的本质要求，也是道德进步与社会发展的必然趋势。

第二章　新闻工作者角色道德自觉的理论渊源

　　新闻工作者角色道德自觉是一个观念系统，其内涵和表现方式是随着新闻传播实践的发展，人们对新闻传播活动的不断自觉、经验总结、理论反思形成的。东西方新闻工作者不断探索、积累而成的关于角色道德自觉的思想和观点，为新闻工作者角色道德自觉提供了宝贵的思想资源；社会学、伦理学、传播学等学科为新闻工作者角色道德自觉提供了学理依据，马克思主义新闻观以及新闻自由与责任理论则为新闻工作者角色道德自觉提供了坚实的理论基础。

第一节　新闻工作者角色道德自觉的学理依据

　　新闻工作者角色道德自觉作为一种道德现象，是新闻传播学与社会学、伦理学等相关学科研究的交叉点和聚焦点。社会学和伦理学透析了新闻传播活动、新闻工作者和社会发展的互动关系及其运行规律，明晰了新闻工作者在社会系统中的角色定位，新闻学和传播学揭示了新闻工作者在新闻传播活动中的地位与功能，从而为新闻工作者角色道德自觉的深入研究提供了相关的学理依据。

一　社会学依据：角色理论

　　威尔伯·施拉姆指出："报刊总是带有它所属社会和政治结构的形式和色彩，特别是报刊反映一种调节个人与社会关系的社会控制的方式。"① 施拉姆在指出报刊这一新闻媒介本质的同时，也引出了新闻工作者角色扮演的社会学理论依据，即社会与个人的关系。人的社会化离不开社会角色的扮演，角色理论就是研究个体在与社会互动过程中扮演

————————

① ［美］威尔伯·施拉姆：《报刊的四种理论》，新华出版社 1980 年版，第 1—2 页。

角色及其活动规律的理论，既是研究新闻工作者扮演社会角色的理论基础和前提，也是研究新闻工作者角色道德自觉的主要学理依据。

（一）角色的双重属性：自然性与社会性

角色，是一个借用语，是从戏剧中借用来的。社会学家把角色的概念进行了广泛的推广，将其引入到了社会研究领域。最初，角色只是社会中人际交往的一个概念，后逐渐在社会学研究中被用于分析社会关系和社会结构。在生活中，每个人都是角色的承载者和扮演者。换言之，角色是以个人为对象，是一个人在社会中的身份和地位。马克思在《政治经济学批判》中指出：人双重地存在着，主观上作为他自身而存在，客观上又存在于自己生存的这些自然无机条件之中。① 马克思所阐明的人的两重性，深刻地揭示了人性的奥秘，也解释了作为社会角色的"个人"所具有的两重性，即自然性和社会性。

1. 角色是自然的存在物，具有自然属性

马克思在《德意志意识形态》中指出："全部人类历史的第一个前提无疑是有生命的个人的存在"。② 人同其他生命物种一样，是自然界的一部分，生活在自然界中，维持着自身生理的需求与发展，人作为物质世界链条的特定环节，是有物质生命的存在，是自在存在或自然存在，如吃、穿、住、行及繁殖后代等。在人的生产和生活实践中，每时每刻都同自然界进行物质、能量、信息的交换，在自然界中具有受动性的一面，作为自然存在物的人，由于一切活动皆起因于自然界因而受制于自然界。承认人是一种实然的存在，也就是承认人是现实的、可感的对象，人作为自然界的一分子，相对于自然来说，处于被动性的角色状态，人无从选择，只能接受大自然的天然安排。同时，人又是为自身而存在着的存在物，与其他自然物不同的是，他能够按照自己的需要，通过对象性活动，去超越各种被给定的自然角色，去打破那种预定的、宿命的存在角色的禁锢，去实现以应然为目的，以一种自为的状态而存在。角色存在决定了角色的本性。就本质而言，角色首先是自然的存在，作为角色主体的人与自然界、宇宙发生着紧密的联系，并且人能够掌握自然规律，利用自然条件，创造出不同于自然的文化世界，但在这

① 《马克思恩格斯全集》第 46 卷（上），人民出版社 1979 年版，第 491 页。
② 《马克思恩格斯选集》第 1 卷，人民出版社 1995 年版，第 6 页。

种创造活动过程中，人作为自然存在物，必然有自然存在物的本能需要和物质生活的需要，没有具体的为人的存在所必需的生命的生产与再生产及物质资料的生产与再生产，就不可能有人类的发展与进步。

2. 角色是社会存在物，具有社会属性

社会是由人群构成的最大群体，个人是社会发展的主体，个体所扮演的社会角色就是个体与社会的联结点，众多的联结点组成了网状结构，形成各种社会关系。马克思说："人的本质不是单个人所固有的抽象物，在其现实性上，它是一切社会关系的总和。"① 社会中的社会角色，就其本质而言，是社会关系中的存在物。马克思还指出："动物不对什么东西发生'关系'，而且根本没有'关系'；对于动物来说，它对他物的关系不是作为关系存在的。"② 在此，马克思着眼于人自身存在的本性，指出人的社会性是人与动物的本质区别。因此，社会角色的本质也不是别的什么，而是人的社会性。人的社会化是通过扮演相应的社会角色来实现的。社会角色的二重性是由角色个体同社会的必然关系决定的。这种存在的二重性决定了人的需要或利益同样具有二重性，社会角色既有物质需要，又有精神需要，既有维持自己生存和发展的需要，又有维持社会共同体存在和发展的需要。

（二）角色的存在和发展：人的社会化

社会关系像是一张网，而个人是网中的一个节点，每一个节点就是一个角色。一个人在社会中从事的职业、活动越广，发生的社会关系越多，其社会身份、地位也越多。就社会学意义而言，人的社会化是"自然人"向"社会人"转化的过程，这一过程是通过角色的社会功能实现的，其目的是培养符合社会发展要求的社会成员。其实质就是社会角色功能不断发挥与完善的过程。没有经过社会化的人，就不是真正意义上的人；没有社会化，也就没有角色的存在与发展。同样，没有角色社会功能的充分发挥，就不可能有人的社会化，也不可能有社会的良性运行和人的和谐发展。一方面，人的社会化是促进个体实现由自然人向社会人转化的必由之路。人类个体要实现由自然人向社会人的转化，首先就要通过社会角色扮演来获得社会成员加入社会生活的资格，也就是

---

① 《马克思恩格斯选集》第 1 卷，人民出版社 1995 年版，第 56 页。
② 同上书，第 81 页。

说，要获得这种社会生活的资格，就必须承担一定的社会角色，并通过角色伦理期待、权责定位和角色道德的领会及学习，掌握必要的知识、技能和规范，扮演好自己所承担的社会角色。另一方面，人的社会化是角色存在和发展的必要条件。任何一个社会的存在和发展，都必须进行物质生产、精神生产和人自身的生产，而这些生产又都是由社会化了的人的分工协作完成的。社会要存在和发展，就必须使人的社会分工进一步明确，而社会角色是社会分工的必然产物。随着社会分工的发展，社会角色也会得到丰富和发展，人的社会化程度也就越来越高，人类社会也就不断进步和发展。

就角色的社会功能而言，角色是社会结构体系的联结点和中枢。通常意义上讲，社会中的每个人以其在社会结构网络体系中的具体位置而获得其社会角色的规定性。社会角色是社会存在和发展的主体元素。人的社会化过程实际上就是社会角色功能进一步发挥与完善的过程。在现实生活中，人们往往通过个体所扮演的社会角色来判断和辨认其社会地位及身份。同时，社会角色使社会规范更加明确。由于社会生活共同体是由个体的相互合作而形成的活动整体，每一社会共同体中的每一个体总是通过扮演特定的社会角色进行活动和运转。而共同体的运转和发展又需要各个成员在扮演社会角色的过程中，必须遵循统一的行为规范和模式，这些行为规范和模式一般通过角色行为规范和模式的方式表现出来。最后，角色塑造了社会中的人。人从自然人转向社会人的一个重要前提，即人开始担当一定的社会角色，在由自然人转变为社会人的过程中，社会角色所起的作用最大。通过社会角色扮演，使每一个社会成员都明确自己所处的社会地位，所具有的权利和义务，应该遵循的行为规范和模式，如何达到社会对自己所扮演的社会角色的期待，从而得到社会的认可。

二　伦理学依据：角色伦理

角色是社会关系之网的纽结，是人的社会地位和身份的显现，人的社会化过程与角色扮演过程密切联系，在个人与社会的互动中，被赋予了相应的社会角色，也因而具有权利和义务、道德规范与伦理行为模式的社会规定性。角色伦理以社会和谐为基础，以社会角色的伦理行为模式、角色道德、角色责任为核心，通过揭示特定角色在社会关系和社会结构中的身份地位和权责关系、伦理期待和行为模式，探讨社会角色存在的价值合理性及其存在方式的合目的性，从而调控角色行为，协调角色与角色、角色与社会之间的交往关系，进而实现和谐有序的社会伦理秩序。

（一）角色的伦理规定：角色伦理行为模式

社会角色是个体在特定社会关系中的标示和定位，社会中的每一个人都处在一定的社会位置中，具有一定的社会地位，这种特定的社会位置也必然会对其产生某种行为要求，即要求其根据社会期望来行使其权利，履行其义务，实际上就是要求其扮演一定的社会角色，因此，也就产生了与其身份地位相契合的一套角色伦理行为模式。角色伦理行为模式是对社会角色行为的一种伦理学诠释，强调角色伦理行为的动态性和持续性，是指个体在角色扮演过程中所表现出来的角色行为的道德应当和伦理期待。具体而言，角色伦理行为模式研究主要关涉角色伦理行为主体、角色伦理关系、角色伦理期待、角色道德规范等各方面。

角色伦理行为主体是角色伦理关系的依托。社会中的个体和群体都是角色伦理行为主体。角色伦理关系是角色伦理行为模式的前提和基础。在社会生活中，每一位角色扮演者总是处于特定的社会关系之中，彼此之间依据自身道德准则和利益取向选择各自交往的活动及其伦理行为模式。任何人扮演某一社会角色，都应该具有与这一角色身份和地位相一致的行为，即认真践行这一角色的行为规范及其权利和义务，这就是角色期待。角色期待是根据特定社会角色的身份和地位，在长期的角色行为实践中抽象概括出来的。人们对承担同一社会角色的群体有着共同的行为期待，对不同的角色群体有着不同的社会期待。"角色伦理期待是社会对处于特定社会关系中的角色个体履行与其身份和地位相一致的职责行为的合乎伦理道德的希望和要求，是角色个体的伦理引导和价值目标。"[1] 角色道德规范是角色伦理行为模式构成的要素，角色行为主体在获得一种社会角色的同时，也就具有了角色本分和角色道德规范的社会规定，这既是角色扮演行为的依据，也是角色伦理行为模式形成和发展的内在条件和根据。

（二）角色的伦理诉求：角色道德

角色道德既包括社会对每个社会角色提出的角色道德要求和道德行

---

① 田秀云：《角色伦理》，人民出版社 2014 年版，第 126 页。

为规范，同时还包括角色主体的道德操守和道德品质。在社会生活中，每个人都扮演着不同的社会角色，社会对于每一社会角色都会有不同的角色定位和期望，对不同社会角色会有相应的道德要求和道德规范。同时，每个社会角色在角色扮演实践中，都必须恪守角色道德行为规范，要在个体角色道德行为实践中，通过角色道德学习和体悟，通过自身心理机制对这些道德要求与道德规范认同和内化，并养成道德行为习惯，最终形成角色自身的道德操守或角色德行。作为调整社会角色之间、社会角色与社会整体之间关系的一种特殊的道德规范、心理意识、行为活动和道德操守的总和，角色道德内容丰富、涵盖面广，从道德哲学的角度而言，大体可将角色道德的结构划分为相互制约、相互影响的四大要件，即角色道德规范、角色道德心理、角色道德实践和角色道德操守。

1. 角色道德规范

规范是人类社会生活中客观的社会要求和人们的主观意识的统一。角色道德规范是社会规范的一种特殊形式，它是指个体在社会角色扮演过程中必须遵守的道德行为准则，是对角色道德行为和角色道德关系及其普遍规律的反映和概括，它是判断、评价角色行为的道德标准。角色道德规范是与个体社会角色所处的社会地位和具体身份紧密联系的，并成为调节人们日常角色道德行为的调控器。它也是构成角色道德的基础。

2. 角色道德心理

角色道德心理是社会角色在角色扮演过程中，在角色主体内心对角色道德规范、角色权责定位、角色社会期待及角色道德实践的理解和认知，并在心理上对其形成爱憎、好恶的角色道德情感，最终升华为发自内心的对这一社会角色道德规范及角色伦理期待的真诚信仰。各种社会角色一旦形成最终的角色道德信念，就会在从事角色道德实践过程中不断地加强角色道德修养，完善自身角色道德人格和角色道德操守。

3. 角色道德实践

角色道德实践是角色主体在社会生活中围绕一定善恶进行的、可以用善恶观念评价的角色活动和角色行为。其中主要包括角色主体在实施角色道德行为时在不同价值准则之间所做的角色道德选择；在发生角色道德冲突时，按照角色道德规范价值内涵的不同层次来协调和调节角色道德行为；对自己或他人的角色道德行为进行善恶褒贬的角色道德评价；自觉按照角色道德规范和道德要求进行自我审视、自我教育和自我改造，从而形成角色道德自觉和自律。

4. 角色道德操守

角色道德操守是指角色主体在长期的、一系列的角色道德行为中形成并通过角色道德行为表现出来的一种较为稳定的内心状况和心理特征。角色道德操守是角色主体内在规格的外在表现，它是角色主体人格的实质内容。其中主要表现为社会角色在履行角色道德行为时基于角色自觉意识所表现出来的比较稳定的、始终一贯的道德特点和倾向，并最终形成为角色主体人格的道德规定。

（三）角色的伦理本分：角色责任

责任一般是指与职位或与职务相关联的义务和责任。按照《汉语大辞典》的解释，责任的含义包括三个方面：使人担当起某种职务和职责；分内应做之事；因做不好分内应做之事，所应承担的过失。角色责任就是社会角色扮演者在角色实践中所应承担的职责和义务。[①]

社会学和伦理学从不同的视野赋予了角色责任两种不同的解读，从社会学的角度来看，角色责任主要是指角色职业责任。职业是一个历史的范畴，是随着社会分工的出现而形成的各种具有专门业务和特定职责的社会活动。对于社会角色个体来说，职业是每个从业者的主要社会活动形式，从事某种职业，既是人们谋生的手段，也是其对社会和他人所承担的责任。不同的职业分工使不同职业的从业人员对社会所承担的责任不同，从而影响着人们对生活目标的确立和对人生价值目标的选择。职业角色责任的不同影响着人们的角色性格，同时，职业角色性质又影响着职业角色责任的履行和实践。而伦理学则从道德责任的角度来解读角色责任。道德责任作为伦理学的一个重要的范畴，是指人们对自己行为的善或恶、是非所应承担的职责和义务。[②]《中国大百科全书》将道德责任界定为："人们在一定的社会关系中所应该选择的道德行为和对社会和他人所承担的道德义务。"[③] 具体而言，道德责任是道德主体以社会客观标准为参考，在社会舆论、传统习惯、内心信念规约下，以道

[①] 沈晓阳：《西方伦理学中的责任根据理论探析》，《杭州师范学院学报》2002年第3期。

[②] 宋希仁等主编：《伦理学大辞典》，吉林人民出版社1989年版，第1048页。

[③] 《中国大百科全书》哲学卷，中国大百科全书出版社1987年版，第131页。

德情感和道德评价为基础，依靠精神上的自制力主动意识到对他人、对社会的道德义务和道德使命以及对自身行为后果的善恶的承当。每一社会角色都应承担相应的角色责任，即社会角色在角色行为和实践过程中所承担的职责和义务。伦理学中的角色责任是指角色道德责任，它是指社会角色扮演者在角色活动和角色实践的过程中对自身角色行为的善恶、是非所应承担的职责和义务。角色道德责任往往与角色良心相联系，可内化为社会角色的道德自觉和道德操守，外化为社会角色的德行。角色道德责任既包括客观伦理关系规定的角色责任要求，即必须履行的角色分内之责，又包括对主体的主观规定和应然之责，即角色的应然之责，它既是客观与主观的统一，又是实然和应然的统一。具体而言，角色责任可以分为三个层次结构。

1. 角色的本然之责：角色权利和义务

社会角色在交往和实践过程中要遵守相应的角色道德规范或角色行为准则，即遵循角色伦理。社会角色获得过程也就是角色伦理关系形成的过程，这种角色伦理关系核心即人的社会化过程中基于一定的角色身份与地位而形成的权利和义务关系，这种角色伦理关系生长的基础，即社会角色的权利和义务，也就是社会所赋予角色的"本然"之责。从本质上讲，角色在社会中存在，社会角色自然被赋予各种特定的权利与义务，这是个人无法推托的。在社会生活中，义务是作为社会角色必须履行的基本职责，权利则是作为社会角色完成义务所必需的权力和应得的利益，角色权利与角色义务往往是相等的。只要个体在社会生活中扮演社会角色，就必须享受并履行社会角色所赋予的角色权利和义务，不仅要使社会成员通过角色明确自己的权利和义务，同时还要在角色实践的过程中以权利和义务来引导人们的行为，调整社会关系，规范社会秩序，引导每一社会角色认真地履行与其角色相对应的本然之责，努力实现社会角色的权利和义务的统一。

2. 角色的应然之责：角色伦理责任

角色本然之责，对于角色个体来讲，只是角色责任的起点；对于个体社会角色而言，应该在此基础上走向更高的层次与境界，也就是角色的应然之责，即角色伦理责任。社会中的每一角色都会以各种道德姿态存在于世，大多数角色只是具有基本的道德水准，但每一社会角色要有更高的道德追求，这种高层次的追求就是倡导社会角色的伦理责任，这种角色伦理责任具有崇高性、超功利性和理想性等特点，没有角色伦理责任，社会角色依然能够存在，而有了这种角色伦理责任，社会角色具有更高的道德追求，角色生活质量会不断提高，整个社会因之变得更为和谐。从根本上讲，角色伦理责任更多地表现为对社会角色的应然要求，即角色道德人格或角色道德操守的培养与提升，社会角色通过履行本然之责来证明角色存在，通过履行应然之责证明角色理想之存在。角色伦理责任作为一种以应然之责为核心的概念，它包含基于社会历史发展必然性和发展利益的价值理想，角色伦理责任包含理想价值，它要求道德上善的事情、行为、品质必须通过现实努力才能实现，其功能在于以角色道德理想和道义的力量不断促进社会进步和个体角色的完善。它对于社会不仅是现实的规范，而且是理想的规范，立足于本然，遵循实然，指向应然，最后达到道德自由境界。

3. 角色的实然之责：角色集的多重责任

角色是社会共同体中的存在，自然被赋予各种特定的权利和义务，这些权利和义务不是空洞的，它们在社会共同体的结构体系中被赋予了丰富的内容。随着社会角色在社会生活中的具体位置的变化而变化，也会产生多重角色要求，拥有社会成员资格的个人在社会结构体系中是多重角色的统一体，这就意味着其拥有多重权利和义务，同时也建构了以权利和义务为基础的实然角色责任体系。这种角色责任是角色关系的综合产物，反映了人的存在样态和人格的关系，这种角色责任是本然与应然的辩证统一，体现社会角色责任的实然要求。

三　传播学依据：传播理论

作为一门社会科学，传播学关注的始终都是人类的社会信息及其传播活动。传播，即"社会信息的传递或社会信息系统的运行"[①]，是研究人类传播行为、活动及其规律的科学。作为一种信息共享活动，传播是在一定社会关系中进行的，是一种社会互动行为，体现一定的社会关系。通过传播，人们会在原有的社会关系基础上建立新的社会关系，从而使自己由自然人转变为社会人，使人与社会保持一致，从而实现了人的求生存、保安全的社会需求，是人的社会化的必要阶段。在长期的共同生活与天然的血缘联系中，人类通过相互之间的交往联络密切了这种

---

① 郭庆光：《传播学教程》，中国人民大学出版社 1999 年版，第 5 页。

共同生活，强化了他们之间的社会关系。新闻传播学属于传播学的一部分，是指"人际、群体内和社区内直接的或通过大众媒介进行的，对于新近发生的事实的报道及意见的相互传受过程"①，是人类重要的社会行为之一，是人不可缺少的社会交往活动，其价值在于通过传播者与受传者的传播交往达到传递信息、沟通情况、交流经验、协调行动等目的。正是随着日益发达的新闻传播活动，人与人之间交往的社会化程度越来越高，作为新闻传播活动主体的新闻工作者在社会关系中有着特定的身份，有着鲜明的本质特征。

1948 年，美国传播学家拉斯韦尔提出了著名的"五 W"模式，明确了信息传播系统的组成。信息传播过程包括传播者、受传者、信息、媒介和反馈五个环节。在传播过程中，传播行为的发起者——传播者通常是信息传播的开始环节，处于主动地位。在新闻传播活动中，新闻工作者是新闻信息传播的承载者，是新闻信息流永不干涸、永不停息的推动力，是新闻传播活动中最具主动性和能动性的"守门人"，有了他们，客观事实才能成为信息而传播。

（一）新闻工作者的信息属性

面向社会公众的新闻工作者，是新闻信息的传播者，是新闻传播过程中最活跃的因素。受众所获知的各种信息，都是由新闻传播者给定和传播的。当今时代，已经进入人人都是传播者的时代，但是，由于新闻媒体在社会系统中公信力较强，受众仍然习惯于从专业的新闻工作者和主流媒体的新闻报道中获知有权威性的新闻信息。所以，新闻工作者又是新闻信息流向和流量的控制者。从这个角度考察，新闻工作者被称为新闻传播活动的"守门人"。因此，新闻工作者要在自己的职业活动中，从浩瀚的信息海洋中选择最有价值、为受众所需求的信息，并对新闻信息的内容与传播形式进行加工处理，使其真实、全面、客观、公正地得到快速传播。同时，还要对新闻信息在社会生活中传播后的效果进行追踪了解，并及时反馈和调整，做到有效传播。

（二）新闻工作者的政治属性

在新闻信息传播活动中，新闻工作者能够对政治活动产生一定的影响和作用，这就是新闻工作者的政治属性。在新闻传播史上，政治活动

---

① 童兵：《理论新闻传播学导论》，中国人民大学出版社 2011 年版，第 13 页。

与新闻传播是密不可分的，在人类进入大众传播时代后，新闻传播对政治的影响力越来越强。当前，随着新媒体技术的发展，人人都是新闻信息的传播者，在这样的媒介生态和传播环境中，从事政治活动的人可以利用各种新闻传播手段和方式传播政治信息，开展政治活动。新闻工作者报道的新闻信息中也涵盖各种政治信息，政治信息也以新闻传播的方式得以广泛传播，成为各种政治力量与社会大众进行政治交流和对话的方式。在新媒体时代，微博、微信等新传播载体广泛运用于各种政治信息的传播中，政治活动日益呈现公开透明、民主平等的趋势，传播者所从事的信息传播，能够为人们持续不断地提供参与政治活动的信息支持，可以动员社会力量，激发人们的政治热情。因此，新闻传播者的社会角色已不仅仅是传播政治信息，同时还是公共权力运行的监督者，新闻工作者可以通过自己的传播，发挥特殊的政治监督作用，通过"让事实说话，用事实说话，为事实说话"的方式，扮演着维护社会正义、政治清明的重要角色。

（三）新闻工作者的经济属性

在人类的社会生活中，经济领域的一些重要活动如经济活动、经济事务、经济现象也是作为新闻传播者所关注的重要内容。新闻传播者的经济属性，是指其能够对社会经济活动产生作用和影响的属性。当今社会是一个经济化的社会，整个社会的经济运行，企业和个人的经济行为，国家经济政策、相关市场需求、各方观点和评价往往离不开新闻传播者传播的新闻信息。随着社会各领域经济活动范围的不断扩大，信息的自由流通在经济交往和经济生活中的作用越来越重要，尤其是自媒体时代，科技的发展与应用的普及，新闻工作者及时向市场投放传播的经济信息，为社会的经济行为提供了直接参考。同时，市场经济作为一种自由经济，各方利益主体具有市场自主性和行为选择自由，新闻工作者可以利用新闻媒体的监督作用，通过有关经济新闻信息的传播揭露市场经济发展中存在的弊端，对不遵循市场秩序、违反市场规则的行为进行谴责，呼吁市场各方注意诚信经营、正当竞争，呼吁建立良性的市场经济循环模式，促进经济秩序的健康发展。

（四）新闻工作者的文化属性

美国文化传播学者詹姆斯·凯瑞曾经说过，传播即文化。的确，传播是文化的表现，也是文化的存在方式、承继方式。新闻工作者传播的是事实信息，事实信息，在广义上说，就是一种知识，"信息可以看作一种流动的知识，而知识就是信息的相对静态的表现，是信息的一部分"。① 传播者采写、制作、播出的任何一则新闻信息，都可以看作一个知识文本，人们通过阅读、收看、收听新闻可以获取一定的知识。在新闻工作者传播的新闻信息中，还有一些专门的知识性新闻、科技新闻，更是能够直接向人们传授相关的最新知识。因此可以说，新闻信息本身就是文化的载体，就是文化世界的特有形式，新闻文本、新闻作品同时也是文化文本、文化作品。新闻工作者从事的新闻信息的传播，在传播事实信息的同时，更是在传播文化、传承文化，扮演着知识传播和知识教育的社会角色。

新闻记录着时代每一个有意义的变动，也为明天留下了有价值的历史，新闻传播作为人类把握世界的一种特有方式，实现着最新的现实与历史的信息、知识、精神和文化交流。新闻传播者就是跨地域、跨文化交流的桥梁，以传播新闻信息的方式发挥着文化交流作用。当人们说报刊是一个国家、民族乃至人类的文化日记时，反映的正是每一个新闻传播者实现的知识、文化、社会遗传作用，正是这种特有的传承途径，使人类在历史性的遗传转变中懂得了自身与自然的一致与统一。

（五）新闻工作者的舆论属性

传播者传播的新闻信息，其本身是具有传播价值的客观事实，既不是意见，也不是舆论。但是，新闻工作者可以把自己的观点和意见放在精心选择的典型事实中，既增加新闻信息内容自身的吸引力，又可以让公众在接收信息时潜移默化地接受其观点。此时，新闻事实就可以通过传播者的报道，通过再现和反映事实而激发公众意见，形成舆论，从而为社会公众所关注。由这些新闻事实引发的舆论，又会成为新闻工作者的报道内容和报道对象，再次引发公众的持续关注，从而产生声势更大的新的舆论。这种"新闻—舆论"和"舆论—新闻"效应，是新闻传播者发挥舆论属性的重要机制和表现方式。正是在这样的传播过程中，新闻工作者发挥了潜在的意见引领作用，能够对社会公众的观念和行为形成指导。

---

① 刘文静：《政府信息公开制度的制度经济学分析》，《中国社会科学文摘》2007 年第 5 期。

第二节 新闻工作者角色道德自觉的理论基础

马克思曾经指出，随着国际交往的增进，各民族的精神产品成了公共财产。新闻工作者角色道德自觉的形成同样也需要各民族精神产品的滋养。在新闻工作者角色道德自觉形成和发展的过程中，汲取了那些中外新闻事业发展中保留下来的思想资源和新闻理念，这些思想资源和新闻理念经过新闻实践的检验，最后形成了滋润新闻事业发展的理论支撑。因此，梳理新闻工作者角色道德自觉形成的理论基础，将其内化为当代新闻工作者的信念，能够推动新闻事业的良性发展并引领社会前进。

一 马克思主义新闻观

马克思主义是中国共产党的指导思想，也是我国新闻事业的指导思想，马克思主义新闻观是新闻工作者的灵魂，是精神家园和力量源泉。马克思和恩格斯是马克思主义新闻观的最早阐发者。新闻工作是马克思走上社会后的第一个职业，也是他一生中所从事过的唯一的正式职业。1842 年，马克思担任《莱茵报》主编，同年，恩格斯在柏林成为《莱茵报》的通信员。1848 年，两人共同创办了《新莱茵报》。他们一生的著述，始终伴随新闻工作。马克思和恩格斯在几十年的革命生涯中，一起创办、主办过四种报刊，协助创办、参与主编过五种报刊，指导编辑方针的报刊达十余种，撰稿的超过 200 家，在其论著中提到的报刊有1500 家左右，当时欧美的主要媒体，几乎都被提及、引用或评价。因此，就其从事的社会职业而言，可以称其为新闻工作者。

在长期的新闻实践活动中，马克思、恩格斯十分重视新闻工作者的职业道德问题，从多个角度阐述了他们对于新闻传播活动所应遵循的原则、新闻工作者所应扮演的社会角色及其道德规范，尖锐地批评了当时许多报刊与报人的不道德行为，以他们自身在新闻传播实践活动中的高尚品行，为新闻工作者树立了一个光辉的职业道德典范。马克思、恩格斯作为最早的无产阶级新闻工作者，他们对新闻传播现象、当时的新闻传播媒介——报刊的运作特点，以及影响新闻传播活动的政治、经济、文化等因素进行了深入的思考，对于当今的新闻工作实践具有深刻的指导意义。正确理解和把握马克思主义新闻观，是研究和探讨新闻工作者角色道德自觉生存与发展的重要理论基础。

（一）"我们的全部论述都建立在事实的基础上"

真实是新闻的生命，传播客观事实是新闻传播活动的首要原则，也是新闻工作者履行自己社会角色的最起码的道德要求。马克思曾多次强调新闻报刊要用事实说话，要把"我们的全部叙述都建立在事实的基础上，并且竭力做到只是概括地表明这些事实"。[①] 在《好报刊和坏报刊》中，马克思指出：究竟什么样的报刊（"好的"或"坏的"）才是"真正的"报刊？谁根据事实来描写事实，而谁根据希望来描写事实呢？谁在表达社会舆论，谁在歪曲社会舆论呢？因此，谁应该受到国家的信任呢?[②]

据此强调新闻信息真实传播的重要性，既是新闻行业存在的基础，也是其获得人民和社会信任的基石。1842 年，马克思就《莱茵—摩塞尔日报》做的关于《莱比锡总汇报》被查禁后的歪曲事实的报道一事，在报纸上发表评论说：《莱茵—摩塞尔日报》以自己本身的例子证明了不真实的思想必然地、不由自主地要伪造不真实的事实，因此也就会产生歪曲和撒谎。[③] 马克思和恩格斯对虚假新闻、歪曲事实的报道深恶痛绝，认为"自然，事实并不排斥思想，正如思想不排斥事实一样"。[④] 强调了新闻应该"用事实说话"，不真实的思想是新闻真实最大的敌人，要维护新闻真实，新闻记者必须具备恪守新闻传播真实性的角色道德品质。

恩格斯将维护新闻真实性作为新闻工作者传播活动的核心理念。他提出：使读者确立无可争辩的信念，只有明显的、无可争辩的事实才能做到这一点，特别是在一个被无穷的"祖先智慧"迫使人们持怀疑论的世纪里，仅凭空洞的说教，哪怕是很高明的权威的说教，都不能使人产生这种信念。[⑤] 这一论述有力地说明了离开了事实的新闻传播是软弱

① 《马克思恩格斯全集》第 1 卷，人民出版社 1956 年版，第 223 页。

② 同上书，第 191 页。

③ 同上书，第 200 页。

④ 中国社会科学院新闻研究所编：《马克思恩格斯论新闻》，新华出版社 1985 年版，第 110 页。

⑤ 《马克思恩格斯全集》第 42 卷，人民出版社 1979 年版，第 277 页。

无力的，最好的新闻传播总是根据最近发生的、对社会大众有重要意义的事件而引发的事实才能让人信服。恩格斯在《〈新莱茵报〉审判案》一文中，对新闻的真实性与报刊的关系做出了深刻的论述，他说：如果禁止报刊报道它所目睹的事情，如果报刊在每一个有分量的问题上都要等待法庭的判决，如果报刊不管事实是否真实，首先得问一问每一个官员——从大臣到宪兵——他们的荣誉或他们的尊严是否会由于所引用的事实而受到损伤，如果要把报刊置于二者择一的地位：或是歪曲事件，或是完全避而不谈，那么，诸位先生，出版自由就完结了。[①] 在恩格斯看来，新闻真实是报刊的生命，要维护新闻真实性就必须排除来自法庭、大臣和宪兵等各种官僚机构和外力的限制与干扰，新闻工作者要防止权力对于新闻传播活动的影响。

在马克思和恩格斯的论述中，鲜明地表达了新闻工作者对待真实性原则的态度，"完全立足于事实，只引用事实和直接以事实为根据的判断，——由这样的判断进一步得出的结论本身仍然是明显的事实"。[②] 他们倡导的新闻传播的真实性原则，也成为当代新闻工作者恪守的道德准则。只有在新闻传播中确保新闻的真实性，新闻工作者才能做到对历史负责、对人民负责，实现社会公众对新闻工作者传播真实信息的角色期待。

（二）"无处不在的耳目"

马克思和恩格斯非常注重当时的新闻媒介——报刊在社会中所处的地位和职责，而新闻媒介职责的实现需要依靠新闻工作者，因此，报刊在社会中所处的地位和职责即新闻工作者的地位和职责。在长期的创办报刊和编撰工作中，马克思和恩格斯揭示了当时社会的意识——新教的资本主义性质，同时也汲取它的"使命"观念（在某个劳动领域的终身使命）来考察当时新闻行业的主要媒介——报刊，对于报刊和新闻工作者在革命斗争和社会生活中的重要地位有了清醒的认识，他们认为，报刊，特别是政治性报刊，总要传播自己的观点，把影响舆论作为自己的目的。"报纸是作为社会舆论的纸币流通的"[③]，但是，报刊工作本身

[①] 《马克思恩格斯全集》第 6 卷，人民出版社 1961 年版，第 285 页。
[②] 《马克思恩格斯全集》第 42 卷，人民出版社 1979 年版，第 413 页。
[③] 《马克思恩格斯全集》第 7 卷，人民出版社 1959 年版，第 52 页。

是社会活动，只强调自己特殊观点的报刊是沙漠中的布道者，因此，报刊总体上是广泛的无名的社会舆论机关，是作为舆论的纸币流通的，是社会运动的强有力因素，报刊的性质使它们在总体上履行着它的职责（使命）——社会的无处不在的眼睛（无处不在的耳目）。报刊按其使命来说，是社会的捍卫者，是针对当权者的孜孜不倦的揭露者，是无处不在的耳目，是热情维护自己自由的人民精神的千呼万应的喉舌。① 在此，马克思和恩格斯所说的"使命""职责"，是同一个德文词（Be-ruf），这是近代欧洲新教所特有的一个概念，指在一个特定的劳动领域的终身使命，它包含对尘世日常行为的积极评价，即把完成世俗事物的义务尊为一个人道德行为所能达到的最高形式。他们提出的报刊和新闻工作者的使命是扮演"无处不在的耳目"的社会角色，是站在社会利益和人民利益的角度审视报刊的定位的，把为社会服务、为人民服务作为新闻传播活动的最终落脚点，作为新闻传播活动的价值追求。

马克思很早就认识到了新闻工作者在社会中应该承担的角色责任，并在自己的革命实践中坚持贯彻，他和恩格斯都认为：报纸的最大好处，就是它每日都能干预运动，能够成为运动的喉舌，能够反映出当前的整个局势，能够使人民和人民的日刊发生不断的、生动活泼的联系。② 在马克思看来，"真正的报刊即人民的报刊"，以此为职业的新闻工作者应该生活在人民当中，它真诚地和人民共患难、同甘苦、齐爱憎。它把它在希望与忧患中从生活那里倾听来的东西，公开地报道出来。③ 人民的利益是报刊进行新闻传播活动的价值依据。"人民相信的只是真正存在的东西"，人民的信任是报刊赖以生存的条件，没有这种条件，报刊就会萎靡不振。④ 由此也可以看出，马克思和恩格斯一再强调，新闻工作者在新闻信息的传播中，其价值和目标应该站在人民的立场上，反映人民的生活，传导人民的心声。

1843 年，马克思在《"莱比锡总汇报"的查封和"科伦日报"》一文中说：在人民报刊正常发展的情况下，总和起来构成人民报刊的实质的各个分子，都应当（起初是单个的）表现出自己的特征……只有在

---

① 《马克思恩格斯全集》第 6 卷，人民出版社 1958 年版，第 275 页。
② 《马克思恩格斯全集》第 7 卷，人民出版社 1959 年版，第 3 页。
③ 《马克思恩格斯全集》第 1 卷，人民出版社 1956 年版，第 187 页。
④ 同上书，第 23 页。

人民报刊的各个分子都有可能毫无阻碍、能独立自主地各向一面发展并各成一行的条件下，真正"好的"人民报刊，即和谐地融合了人民精神的一切真正要素的人民报刊才能形成。那时，每家报纸都完全体现出真正的伦理精神，就像每一片蔷薇花瓣都表现蔷薇的特质并散发出蔷薇的芬芳一样。① 在马克思和恩格斯看来，是为人民利益办报还是为私人利益办报，是检验报刊"伦理精神"的试金石。马克思提倡的报刊的"伦理精神"，其实质是指报刊应该具备的内在品质。办报的人要有人格，反映报人人格的报纸要有报格，记者的人格和报纸的报格就是"真正的伦理精神"。"真正的伦理精神"的体现切实反映人民呼声，把脉人民情感，就是和谐地融合了人民精神的一切真正要素。作为新闻传播承载者的广大新闻工作者，一旦确立了这样的价值原则，认识到了肩负的社会责任，就能够自觉扮演好这一社会赋予的"耳目"角色，将"真正的伦理精神"融入自己的新闻角色道德实践中，培养和形成角色道德自觉。

（三）"报刊的首要职责，即揭发招摇撞骗的职责"

马克思和恩格斯认为，作为信息传播的重要媒介的报刊，担负着重要的社会舆论监督职责。1849 年，恩格斯在为《新莱茵报》辩护时指出：报刊的"首要职责——保护公民不受官员逞凶肆虐之害"。② 1859年，马克思致信德国报纸《总汇报》：当《总汇报》履行在我看来是报刊的首要职责，即揭发招摇撞骗的职责时，绝不会有碍于我尽力帮助它。③ 马克思还把报刊的这种职责比喻为眼睛，他说：自由报刊是人民精神的洞察一切的慧眼。在马克思看来，报刊既是人民的喉舌，要维护和弘扬人民利益，报刊按其使命来说，是社会的捍卫者，是针对当权者的孜孜不倦的揭露者，是无处不在的耳目，是热情维护自己自由的人民精神的千呼万应的喉舌④，报界不仅要撇开个别人的特殊以及来表达人民的信念，而且要证明这种信念的内容是合理的，难道这不是报界对政府的责任吗？⑤ 报刊还可以评价权利组织和社会活动家的言行，报刊不

---

① 《马克思恩格斯全集》第 1 卷，人民出版社 1956 年版，第 189—190 页。
② 《马克思恩格斯全集》第 6 卷，人民出版社 1961 年版，第 280 页。
③ 《马克思恩格斯全集》第 14 卷，人民出版社 1964 年版，第 755 页。
④ 《马克思恩格斯全集》第 6 卷，人民出版社 1961 年版，第 275 页。
⑤ 《马克思恩格斯全集》第 40 卷，人民出版社 1982 年版，第 307 页。

仅有权利而且有义务严密地监督人民代表先生们的活动。……难道有人想剥夺报刊评论人民代表的议会活动的权利吗？那么，又何必要报刊呢？①

1850 年，马克思和恩格斯在论述法国报刊的作用时提出"第三种权力"的概念，认为报刊是与行政权力对抗的第三种力量，并提出：当报刊匿名发表文章的时候，它是广泛的无名的社会舆论的机关，它是国家中的第三种权力。……报纸是作为社会舆论的纸币流通的。② 强调报刊的监督职责，是马克思和恩格斯进行革命斗争的一种手段，报刊监督的力量在于它是公开而广泛地传播信息的机关，因而会对被监督者产生一定的社会压力，也会直接促进各方面工作的改进，从而达到革命者改造世界、促进社会进步的目的。

（四）"鼓舞和推动别人前进"

在 19 世纪中后期，马克思和恩格斯非常重视报刊工作人员的政治素质和政治要求，强调报刊的主要任务还是政治斗争，新闻工作者是决定报刊的政治宣传成功与否的因素之一。马克思指出：如果你想感化别人，那你就必须是一个实际上能鼓舞和推动别人前进的人。③ 恩格斯提出了传播者应当具备的四种素质，即更多的智慧，思想要更加明确，风格要更好一些，知识也要更丰富一些。④ 他们都从新闻工作者的政治素养、思想道德素养、业务素养等方面对新闻工作者提出了要求。"政治素质是指新闻传播者在大量错综复杂的客观事物面前所具有的坚定的政治立场和鲜明的倾向性。"⑤ 马克思和恩格斯提出，无产阶级的新闻工作者"要无条件地掌握无产阶级的世界观"，"要有坚定的进攻立场"，"不要一遇到敌人的打击就逃避、退让，不要哀号、不要呜咽，不要低声下气地求饶，说什么我们并没有什么恶意。我们要以牙还牙，要以两倍、三倍的打击来还击敌人对我们的每一个打击。我们的策略从来就是这样"。

马克思和恩格斯认为，新闻工作者要真正站在人民的队伍中，并以

---

① 《马克思恩格斯全集》第 5 卷，人民出版社 1958 年版，第 203 页。
② 《马克思恩格斯全集》第 7 卷，人民出版社 1959 年版，第 523 页。
③ 《马克思恩格斯全集》第 42 卷，人民出版社 1979 年版，第 155 页。
④ 《马克思和恩格斯全集》第 4 卷，人民出版社 1958 年版，第 304 页。
⑤ 童兵：《理论新闻传播学导论》，中国人民大学出版社 2000 年版，第 33 页。

此作为自己的政治道德标准，这样，才能履行报刊推动社会变革和进步的使命。马克思强调报刊撰稿人的政治道德，反对他们无原则地妥协。少发些不着边际的空论，少唱些高调，少来些自我欣赏，多说些明确的意见，多注意一些具体的现实，多提供一些具体的知识。① 在长期的新闻报刊实践中，马克思、恩格斯发现，一些新闻工作者的政治立场不坚定，常常受到金钱奴役和左右，提出新闻工作者应保持廉洁自律，不讲违心的话，不为金钱丧失立场，作家当然必须挣钱才能生活、写作，但他绝不应该为了挣钱而生活、写作。作家绝不把自己的作品看作手段，作品就是目的本身；无论对作家或其他人来说，作品根本不是手段，所以在必要时作家可以为了作品的生存而牺牲自己个人的生存。② 在此，马克思强调政治立场不能受到物质利益的诱惑，在大是大非面前，要有牺牲精神，维护新闻真实客观的立场，从而为新闻工作者自觉树立廉洁自律、客观公正的新闻传播道德准则提供了坚实的思想基础。

从上面的论述中我们可以看出，马克思、恩格斯对于新闻传播观念的论述和对于新闻工作者社会角色的理解是在不断发展和演变的，但其一切的发展都没有离开新闻传播的内在规律，他们对于新闻职业的认识，也深刻地影响了以新闻传播为职业的新闻工作者，不管是在过去的革命年代，还是在现代社会，都闪烁着理性的光辉，对于新闻工作者做好新闻传播工作具有启迪意义。因此，作为新闻工作者，应该从整体上把握他们的新闻思想，把握他们关于新闻工作者所扮演的社会角色的理论，并将其内化为新闻工作者的角色道德规范和伦理期待，以此来指导自身的新闻传播实践，形成和实现新闻工作者的角色道德自觉。

二　马克思主义新闻自由与责任理论

"19 世纪，自由主义作为资产阶级思想的重要组成部分，已经成为一种完整的观念体系。"英国思想家约翰·弥尔顿和詹姆斯·密尔曾系统地阐述言论自由、思想自由，并对后来者产生深远影响。新闻自由是自由主义理论的重要组成部分，也是马克思新闻理论体系中的重要组成部分。在长期的从事报刊撰稿工作的实践中，马克思和恩格斯认识到了资产阶级新闻自由理论的虚伪，逐步形成了具有无产阶级思想的新闻自

---

① 《马克思恩格斯全集》第 27 卷，人民出版社 1956 年版，第 436 页。
② 《马克思恩格斯全集》第 1 卷，人民出版社 1956 年版，第 87 页。

由理论体系。在这一思想体系中，马克思、恩格斯不仅论述了新闻自由的思想，同时还强调了新闻自由并非绝对自由，新闻自由的实现是有限度的，新闻工作者在自由地报道和传播新闻信息时，还要时时认识到自由背后的社会责任，要受到责任与义务的制约，新闻自由与责任是辩证统一、相辅相成的关系。

（一）新闻自由："出版的类的本质"

马克思的新闻自由思想主要蕴含在马克思早期在对书报检查制度的批判中。在《评普鲁士最近的书报检查令》和《第六届莱茵省议会的辩论》中，马克思集中阐释了新闻自由思想。1841 年 12 月，普鲁士政府颁布了新书报检查令，马克思随后发表了一系列抨击封建书报检查制度的文章，标志着其新闻自由思想开始逐步形成。在这些文章中，马克思对反动新闻政策做了深刻剖析和抨击，阐释了他的新闻自由思想。马克思指出，新的书报检查令也是自相矛盾的。它一方面以思想方式为对象，反对人们斥责国家行为、攻击个人及党派的思想方式；另一方面却又让检察官用这种思想方式对他人的思想方式进行制止和打击。"倾向的书报检查和书报检查的倾向，这就是自由主义的新检查令带来的礼物。"① 这是马克思对书报检查令的讽刺和无奈。同时，检查令的约束剥夺了人们的监督权。检查令不允许发表对个人和阶级进行怀疑和攻击的作品。这显然是剥夺了人们利用报刊对官员、某阶级或者某种制度进行监督的权利。"从思想的观点来看，不言而喻，出版自由和书报检查制度的根据是完全不同的，因为出版自由的本身就是思想的体现、自由的体现，就是肯定的善；与此相反，检查制度是不自由的体现，是以表面的世界观来反对本质的世界观的斗争，它只具有否定的本性。"为新闻出版自由作了有力的声辩。

在《第六届莱茵省议会的辩论》中，马克思指出，自由是人类精神存在的本质，也是"出版的类的本质"。出版自由是普遍权利。出版自由代表着相关等级的利益。无论议会辩护方是否拥护出版自由，他们代表的都是特定等级的信念。自由是一直存在的，只不过有时表现为特权，有时则为普遍权利。而出版自由是人类精神的特权，是人的普遍权利。书报检查制度不仅侵害了人民的个人权利，而且侵蚀着人民的思

---

① 《马克思恩格斯全集》第 1 卷，人民出版社 1956 年版，第 15 页。

想。出版物体现的是历史中人民的精神。由于具有自由思想的作品不被允许出版，国家精神也被书报检查制度所扼杀。同时，出版物是联结人民和国家的纽带，而通过政府检查的出版物只能让政府听到自己的声音。长此以往，政府将变得独断专行，终将失去人民的拥护和支持。

（二）社会责任："报刊的实质是人民的政治精神"

就个人与社会的关系而言，新闻自由是整体的自由。人的自由是在社会经济关系基础上的有条件的自由。就新闻自由权利而言，新闻自由是社会整体的新闻自由。新闻自由是具有人类普遍性的，即具有社会性。新闻自由不仅是个人的，也是社会整体的。而个人的新闻自由权利并不能超脱于或者凌驾于社会集体之上。个人新闻自由的实现必须依托于社会新闻自由的大环境。因此，新闻自由是辩证的自由观。新闻自由并非绝对自由。新闻自由的实现是有限度的。新闻自由与责任是不可分的。"自由是相对的。权利与义务辩证统一，二者的存在是对等的。在享有社会赋予的自由的同时，必将承担相关的社会责任；在行使自由权利的同时，必将尽到相应的社会义务。"①

权利的背后是社会责任。权利的滥用最终将导致权利的丧失。新闻自由承担着社会责任，因此，要受到责任与义务的制约。以自由报刊为例。由于摩塞尔河沿岸地区问题的特殊性，在 1843 年年初发表的《摩塞尔记者的辩护》中，马克思认为，为了更好地发展国家与社会的关系，需要第三个因素介入。这个因素应是政治的、市民的因素。为此，他提出了"自由报刊"概念。根据他在 1842 年《〈莱比锡总汇报〉的查封》中的表述，报刊应具有人民性、批评性和客观性。人民性是指，真正的报刊是人民日常思想的表达媒介，与人民融为一体。报刊的实质是人民的政治精神。报刊存在于政府和人民之间。批评性，是指报刊代表着公民普遍利益，在各等级权利平等的情况下，报刊可以对国家及政府进行批评。客观性是指，报刊运用非官方的语言，客观地反映毫无差别的公民的疾苦，直接将其送至国家权力之处。② 这里始终强调的是，报刊存在的基础是人民的信任。没有人民的信任，报刊就失去了存在的意义。在报刊反映舆论、制造舆论的同时，它承载着人民的信任和社会

---

① 周清卿：《在马克思主义自由观视阈下谈新闻自由》，《学理论》2009 年第 27 期。
② 《马克思恩格斯全集》第 1 卷，人民出版社 1995 年版，第 378 页。

的责任与义务。报刊的内容是受到社会责任与义务的制约的。

从上面的论述中我们可以看出，马克思和恩格斯对于新闻传播观念的论述和对于新闻工作者社会角色的理解是在不断发展和演变的，但其一切的发展都没有离开新闻传播的内在规律，他们对于新闻职业的认识，也深刻地影响了以新闻传播为职业的新闻工作者，不管是在过去的革命年代，还是在现代社会，都闪烁着理性的光辉，对于新闻工作者做好新闻传播工作具有启迪意义。因此，作为新闻工作者，应该从整体上把握他们的新闻思想，把握他们关于新闻工作者所扮演的社会角色的理论，并将其内化为新闻工作者的角色道德规范和伦理期待，以此来指导自身的新闻传播实践，形成和实现新闻工作者的角色道德自觉。

第三节　新闻工作者角色道德自觉的思想渊源

美国传播学者 E. M. 罗杰斯曾经说过："任何涉入一条新的河流的人都想知道这里的水来自何方，它为什么这样流淌。"任何一种思想都有其自身的形成过程，是通过一定方式、途径积淀而形成的。新闻工作者角色道德自觉是一个观念系统，其内涵和表现方式是随着新闻传播实践的发展，在人们对新闻传播活动的不断自觉、经验总结、理论反思中形成的。

一　中国新闻工作者角色道德自觉的思想渊源

新闻职业在不同的国家、不同的时代，其产生、发展的过程也是不尽相同的，呈现出了不同的历史性的新闻图景，这意味着不同国家、不同时代的新闻工作者的角色道德意识和角色道德规范也会存在不同程度的差异，其新闻观念、新闻道德观念有着不同的历史表现和历史建构方式。在中国新闻传播的发展过程中，许多进步的新闻工作者在西方新闻学术思想的影响与启迪下，结合自己的新闻实践，提出了新闻工作者所应遵循的角色道德规范与道德要求，其思想和观点凝聚了中国新闻事业在百余年的历史发展过程中孕育、积聚和发展中形成的精神风貌和价值取向，也是中国新闻事业持续发展的价值导向和精神动力，这些历经风雨不断探索、积累而成的丰厚精神资源，至今有着深远的借鉴意义。

（一）近代中国新闻工作者角色道德自觉思想

在新闻传播实践活动中，角色道德自觉的形成是一个历史的生成过程，当每一个新闻工作者能够认识到新闻传播应该是一种怎样的新闻传播活动、应该在什么样的范围内讲新闻传播职业道德时，他们实际上已经形成了基本的新闻道德观念，并逐渐外化或固化为角色道德规范。随着新闻传播活动逐渐发展成为一种社会职业，相应的新闻工作者的角色道德规范也在逐步建立和完善。"职业道德不是在一般社会实践的意义上形成的，而是在特定的职业实践、角色实践的基础上形成的。"① 在社会发展的过程中，专门性的新闻传播活动和从业人员是随着人们对于信息需求和新闻需求的逐渐增加，社会生产力不断提高，规模化和组织化的信息生产、传播达到一定程度后才可能出现的。因此，新闻工作者的角色道德自觉必然也要经历这样的从无到有的演变过程。新闻工作者角色道德自觉的生成过程，就是新闻传播道德意识生成的过程，更进一步地讲，则是新闻道德观念生成的过程。

我国的新闻传播事业诞生于封建社会末期，发展于半封建半殖民地社会中，一直受到帝国主义和国内封建势力双重压迫，曾经的新闻传播活动中也出现了许多不道德现象，不少反动势力主办或支持的报刊等媒体甚至成了藏污纳垢之地，但也有许多进步力量主办或支持的报刊等媒体和进步的新闻工作者，出淤泥而不染，抗风雪而愈坚，表现出崇高的道德品质和道德追求，在中国新闻传播史上留下了可歌可泣的动人业绩。近代中国新闻工作者不断探索、积累而成的丰厚的精神资源，至今有着深远的借鉴意义，是当今新闻职业道德建设的思想渊源之一。

19 世纪以来，西学东渐的潮流在近代中国风起云涌，国人参与社会生活的热情开始显现，自主办报的呼求越来越强烈，近代报业开始萌芽，中国新闻职业群体也随着起步发展。"作为一种社会类型的职业工作者的出现，受到现代教育、现代经济和技术、现代大众传媒、社会中知识分子的新观念、职业发展的模式以及西方的影响"。与此同时，在救亡图强的历史背景下，中国新闻的职业精神也开始孕育、生长。近代中国新闻工作者对于自身角色的认知以及角色道德规范和责任的践行，

---

① 龚群：《社会伦理十讲》，中国人民大学出版社 2008 年版，第 164 页。

都蕴含在他们的办报理念和新闻传播的实践中，对于不良新闻传播行为的批评中，以及他们的学术研究成果中。综观近代新闻工作者有关新闻职业角色的认知与新闻职业角色道德规范的思想和观念，主要有以下三个方面：

1. 新闻职业角色责任：以国民最多数之公益为目的

新闻行业作为一种社会职业，其在社会系统中的地位和作用，直接影响到新闻工作者对于自身角色的认知和践行。近代中国报人从办报伊始，就开始了对新闻职业的定位及其理念的探索。近代中国从闭关自守到被西方的洋枪大炮打开大门，知识分子开始睁眼看世界，中国的新闻工作者也从激烈的社会变革中寻找新闻职业的价值追求。在近代中国新闻事业发展中，以国家民族社会利益至上的精神一直主导和指导着新闻行业的发展，从宏观上规定了中国新闻工作者履行使命的方向。这一时期，新闻工作者对于自身职业的认知可以解读为两个方面：其一，以服务国家民族社会的理念主导新闻业；其二，以社会公共事业作为新闻业的基本特质。"中国报人早期对于报刊社会责任的认识，一是出于知识阶层几千年来一脉承继的忧国忧民情怀，二是出于对报刊巨大社会影响力的体验。"[1] "在80多年来中国新闻史上，不少新闻工作者与新闻事业本身，都表露他们为国家、为社会服务的专业目的与从业者的使命感。"[2] 徐宝璜在《新闻学》中指出："新闻事业，为神圣之事业；新闻记者，对于社会，负有重大之责任。"[3] 梁启超曾提出："若为报者能以国民最多数之公益为目的，斯可谓真善良之宗旨焉矣。"[4] 1896年，梁启超在《论报馆有益于国事》中，这样论述自己选择新闻记者职业的襟怀："虽蚊虻之力，无取负山；而精禽之心，未忘填海。上循不非大夫之义，下附庶人市谏之条；私怀救火弗趋之愚，迫为大声疾呼之举；见知见罪，悉凭当途。若听者不亮，目为诽言，摧萌拉蘖，其何有焉？或亦同舟共艰，念厥孤愤，提倡保护，以成区区，则顾亭林所谓'天

---

① 童兵、林涵：《20世纪中国新闻学与传播学》（理论新闻学卷），复旦大学出版社2001年版，第103页。

② 马骥伸：《新闻伦理》，三民书局股份有限公司1997年版，第157页。

③ 徐宝璜：《新闻学》，中国人民大学出版社1994年版，第9页。

④ 梁启超：《本馆第一百册祝辞并论报馆之责任及本馆之经历》（原载《清议报》1901年第100号），载《中国新闻事业史文选》（724—1995年），中国人民大学出版社1999年版，第38—39页。

下兴亡，匹夫之贱，与有责焉'已耳。"① 1901 年，梁启超在《清议报》创刊一百期时撰文："清议报之事业虽小，而报馆之事业则非小。……能纳一切，能吐一切，能生一切，能灭一切。西谚云：'报馆者国家之耳目也、喉舌也。人群之镜也，文坛之王也，将来之灯也，现在之粮也。'伟哉，报馆之势力！重哉，报馆之责任！"② 以梁启超、徐宝璜等人为代表的近代中国新闻报人既继承了中国传统知识分子的国家兴亡、匹夫有责的精神，又借鉴了西方新闻学的传播理念，在他们的言论和著作中，充满着忧国忧民的情怀和报业救国的理想与服务社会的责任意识。1926 年，张季鸾在新记《大公报》的发刊词中写道："报业天职，应绝对拥护国民公众之利益，随时为国民贡献正确实用之知识，以裨益国家。业言论者，宜不媚强梁，亦不阿群众。"他还指出："况国事败坏，报纸实亦负有责任。"报纸应当服务于公共利益，并独立地提供新闻和言论，这一思想与梁启超"有益于国事"的表述是一脉相承的，且更加具有新闻专业性的理念。李金铨教授曾经指出，"在 20 年代，中国报业已经发展出一套相当成熟的新闻理念，与西方报业追求新闻客观、言论独立的意识相通，其中以天津《大公报》'不党、不私、不卖、不盲'四大原则为翘楚，实则效法《纽约时报》'无私无惧'（without favor, without fear）的纲领，这正是今天所谓媒介专业主义的基本精神"。③ 从此，在社会发展的重要时期，中国新闻工作者开始作为一个独立的职业群体登上了历史舞台，他们以强烈的"位卑未敢忘忧国"的爱国精神和政治热情，把自己的职业理想和政治抱负相结合，投身到新闻传播的实践之中，通过办报对民众进行思想启蒙，维护国家和社会的利益。

2. 新闻从业人员角色道德素养：品性第一

张季鸾曾经说过，"察民国以来新闻事业失败之历史，其原于环境

① 梁启超：《论报馆有益于国事》（原载《时务报》1896 年第 1 期），载《中国新闻事业史文选》（724—1995 年），中国人民大学出版社 1999 年版，第 20 页。

② 梁启超：《本馆第一百册祝辞并论报馆之责任及本馆之经历》（原载《清议报》1901 年第 100 号），载《中国新闻事业史文选》（724—1995 年），中国人民大学出版社 1999 年版，第 37—38 页。

③ 李金铨：《香港媒介专业主义与政治过渡》，《新闻与传播研究》1997 年第 2 期。

者半，原于己身者亦半"。① 既强调了社会环境对于新闻事业的影响，也强调了新闻工作者自身的道德素养制约职业责任承担的重要性，由此也可以看出，早期的中国新闻工作者已经在思考与新闻职业使命紧密相连的新闻从业人员的职业品质问题。1859 年，洪仁玕在《资政新篇》中提出，新闻官必须是"性品诚实不可阿者"。② 其中对于新闻官的品性的论述已经涉及新闻工作者的道德品质问题。1876 年，我国早期报人和政论家王韬发表《论日报渐行于中土》一文，系统地阐述了新闻工作者在扮演新闻信息传播的角色时所应遵循的道德准则，"西国之为日报主笔，必精其选，非绝伦超群者，不得预其列"；"顾秉笔之人，不可不慎加遴选，其间或非通才，未免识小而遗大，然犹其细焉者也；至其挟私讦人，自快其忿，则品斯下矣，士君子当摈之而不齿"。要求秉笔之人，必精其选，记事持论"其居心务其诚正"，反映"人心之趋向"。"如英国之泰晤士，人仰之如泰山北斗。国家有大事，皆视其所言以为准则，盖主笔之所持衡，人心之所趋向也。"③ 郑观应也对新闻工作者的道德品质作了详尽的阐释。郑观应在《盛世危言·日报》中这样写道："执笔者尤须毫无私曲，暗托者则婉谢之，纳贿者则峻拒之，胸中不染一尘，惟澄观天下之得失是非，自抒伟论。倘有徇私受贿，颠倒是非，逞坚白异同之辩，乱斯民之视听者，则援例告官惩治。"④ 由于时局战乱，新闻界也处于起步发展阶段，当时的新闻行业也存在各种问题，如"纯驳不一，信口雌黄，好恶从心，笔锋妄逞"等。梁启超也认为，报章记事"闭门以造，信口以谈"，究其原因，"由于从事斯业之人，思想浅陋，学识迂愚，才力薄弱，无思易天下之心"。在此，明确提及新闻从业人员的思想道德问题，为此，梁启超致力于报业从业人员道德规范的阐释和订立，强调论说必须"公、周、要、适"，纪事务求"博、速、确、直、正"。徐宝璜在《新闻学》一书中强调，新闻从业人员"应有大无畏之精神，见义勇为，宁牺牲一

①　张季鸾：《本社同人之志趣》（原载《大公报》1926 年 9 月 1 日），载《中国新闻事业史文选》（724—1995 年），中国人民大学出版社 1999 年版，第 381 页。

②　洪仁玕：《资政新篇》，参见《太平天国史料》，开明书局 1951 年版，第 41 页。

③　王韬：《论日报渐行于中土》，载《中国新闻事业史文选》（724—1995 年），中国人民大学出版社 1999 年版，第 6—7 页。

④　郑观应：《盛世危言·日报》，辽宁人民出版社 1994 年版，第 77 页。

身以为民请命，不愿屈于威武而噤若寒蝉"。① 这些思想都对当时的新闻工作队伍以及当时的新闻传播实践产生了直接的影响。

民国初期，著名记者邵飘萍从明代义士杨椒山"铁肩担道义，妙手著文章"的著名诗句中，提炼出"铁肩辣手"四个字，意在激励新闻从业人员秉笔直书、宣达民意，他指出："外交记者精神上之要素，以品性为第一。""所谓品性者，乃包括人格、操守、侠义、勇敢、诚实、勤勉、忍耐及种种新闻记者应守之道德。贫贱不能移，富贵不能淫，威武不能屈，泰山崩于前，麋鹿兴于左而志不乱，此外交记者之训练修养最不可缺者。"② 蔡元培认为："新闻自有品格也。"王小隐曾在《新闻学刊》发表的《新闻事业浅论》说："新闻记者亦应自知其地位之重要，修养其品德才能，同为文化上之宣力者。"徐宝璜指出："新闻纸应站立在社会之前，导其入正常之途径，故提倡道德，亦为新闻纸之职业之一。"③ 语言表述不同，但对于新闻精神与新闻工作者角色道德的追求是一致的，这些新闻前辈强调的都是新闻行业对社会公正的维护、新闻工作者对社会责任的积极承担。这些论述对于规范新闻工作者的言行，引导他们坚守良知，恪尽职守地从事新闻传播活动起到了良好的导向作用。

3. 新闻从业人员角色道德信念：坚持真理，追求正义

在近代中国新闻事业发展中，众多的新闻工作者怀抱坚定的服务国家民族、社会大众的理想和信念，在激烈动荡的社会变革中寻找新闻工作者的价值追求。在他们为实现救亡图存的理想和信念而奉献的过程中，逐渐形成了新闻工作者的角色道德信念，即坚持真理，追求正义。"知识分子以高尚人格渗入报刊之中，形成光辉耀射的报格，反映了新闻学者所揭橥的专业道德理想。"④ 在当时恶劣的报业生态环境下，邵飘萍、林白水、史量才等一大批新闻工作者宁可牺牲自我，也要捍卫为国家民族社会服务的理想，始终坚持真实、正义、独立、公正的新闻精神，凸显了报人为追求真理、追求正义而甘愿牺牲的气节。郑观应在《日报》中指出："盖秉笔者有主持清议之权，据事直书，实事求是，

---

① 徐宝璜：《新闻学》，中国人民大学出版社 1994 年版，第 120—121 页。
② 邵飘萍：《实际应用新闻学》，中国新闻出版社 1987 年版，第 388 页。
③ 徐宝璜：《新闻学》，中国人民大学出版社 1994 年版，第 8 页。
④ 赖光临：《中国新闻传播史》，三民书局股份有限公司 1978 年版，第 86 页。

而曲直自分，是非自见，必无妄言谰语、子虚乌有之谈以参错其间，然后民信无疑。"① 梁启超也在其撰写的上海《〈时报〉发刊例》中列举了该报有关新闻的真实、全面、客观、公正问题的实施细则："本报论说，以公为主；不偏徇一党之意见。……本报论说，以周为主。凡每日所出事实，其关于一国一群之大问题，为国民所厝意者，必次论之。……本报纪事，以正为主。凡攻讦他人阴私，或轻薄排挤，借端报复之言，概严屏绝，以全报馆之德义。"②

1933 年，史量才被国民党政府暗杀。此前蒋介石曾经找史量才谈话，蒋介石说，我手下有百万兵！而史量才冷冷地回答，我手下也有一百万读者！③ 面对国民党政府的威胁，史量才表现出了一个新闻人的铮铮傲骨，彰显了新闻工作者为追求正义的新闻传播事业而甘愿牺牲的气节。邹韬奋作为一代报人，为了新闻传播正义事业而不惜牺牲自己。1933 年，国民党政府下令查禁《生活》周刊，当年 12 月 16 日，邹韬奋发表了《与读者诸君告别》，重申了自梁启超、邵飘萍等新闻前辈所倡导的新闻自由原则，他说："记者所始终认为绝对不容侵犯的是本刊在言论上的独立精神，也就是所谓报格。倘须屈服于干涉言论的附带条件，无论出于何种方式，记者为自己的人格计，为本刊报格计，都抱有'宁为玉碎，不为瓦全'的决心。记者原不愿和我所敬爱的读者遽尔诀别，故如能在不丧及人格及报格的范围内保全本刊的生命，固所大愿，但经三个月的挣扎，知道事实上如不愿抛弃人格、报格便毫无保全本刊的可能，如此保全本刊实等于自杀政策，决非记者所愿为，也不是热心赞助本刊的读者诸君所希望于记者的行为，故毅然决然听任本刊之横遭封闭，义无反顾，不欲苟全。"④ 在史量才、邹韬奋身上，展现出了一代报人对于新闻职业的坚定信念，一种为追求事实真相、追求真理的正义精神以及崇高的道德境界和人格素养。

---

① 郑观应：《日报》（下），载《郑观应集》上册，上海人民出版社 1982 年版，第 350 页。

② 梁启超：《〈时报〉发刊例》，载《中国新闻史文集》，上海人民出版社 1987 年版，第 66—67 页。

③ 转引自徐铸成《报海旧闻》，上海人民出版社 1981 年版，第 13 页。

④ 邹韬奋：《与读者诸君告别》（原载《生活》第 8 卷第 50 期，1933 年 12 月 16 日），载《中国新闻事业史文选》（724—1995 年），中国人民大学出版社 1999 年版，第 400 页。

（二）中国共产党人新闻工作者角色道德自觉思想

20世纪初期，中国大地兴起了共产主义运动，中国共产党领导的新闻事业也开始起步。中国共产党的新闻思想以马克思主义新闻观为指导思想，同时又与中国革命和建设的具体实践相结合，在不断探索和前进的过程中，形成了独具特色的理论体系。中国共产党的新闻思想主要表现为以下三个方面。

1. 用事实说话

新闻的本源是新近发生的客观事实，事实第一，新闻第二，是辩证唯物主义的哲学观点与方法在新闻传播实践中的具体体现，也是中国共产党人新闻传播的首要道德原则。1925年，毛泽东在《〈政治周报〉发刊理由》中提出："我们反攻敌人的方法，并不多用辩论，只是忠实地报告我们革命工作的事实。敌人说：'广东共产。'我们说：'请看事实。'敌人说：'广东内哄。'我们说：'请看事实。'敌人说：'广州政府勾联俄国丧权辱国。'我们说：'请看事实。'敌人说：'广州政府统治下水深火热民不聊生。'我们说：'请看事实。'政治周报的体裁十分之九是实际事实之叙述，只有十分之一是对于反革命派宣传的辩论。"① 提出了事实胜于雄辩，"用事实说话"是回击敌人言论的最好方法。1943年，陆定一在《我们对于新闻学的基本观点》一书中明确提出："新闻的本源是事实，新闻是事实的报道，事实是第一性的，新闻是第二性的，事实在先，新闻（报道）在后，这是唯物论的观点。因此，唯物主义的新闻工作者必须尊重事实，无论在采访中，在编辑中，都要力求尊重客观的事实。"② 陆定一不仅从辩证唯物主义的角度阐释了新闻的本源，也强调了客观事实对于新闻传播的重要性。胡乔木也在《人人要学会写新闻》中写道："学写新闻还叫我们会用叙述事实来发表意见。我们往常都会发表有形的意见，新闻却是一种无形的意见，从文字上看上去，说话的人，只要客观地、忠实地、朴素地叙述他所见所闻的事实，但是因为每个叙述总是根据一定的观点，接受事实的读者也就会接受叙述中的观点。"他认为，这样一种"用叙述事实发表意见"

① 毛泽东：《〈政治周报〉发刊理由》（1925年12月5日），《中国共产党新闻工作文件汇编》下卷，新华出版社1980年版，第14页。
② 陆定一：《我们对于新闻学的基本观点》（原载《解放日报》1943年9月1日），《中国新闻事业史文选》（724—1995年），中国人民大学出版社1999年版，第265页。

的新闻写作对于全部工作有极大好处，而且是"每个工作人员的工作品质"。① 刘少奇在《对华北记者团的谈话》中对新闻工作者提出了要求："你们的报道一定要真实，不要故意添油加醋，不要戴有色眼镜。群众对我们，是反对就是反对，是欢迎就是欢迎，是误解就是误解，不要害怕真实地反映这些东西。唯物论者是有勇气的，绝不要添加什么，绝不要带着成见下乡。党的政策到底对不对，允许你们去考察。如果发现党的政策错了，允许你们提出，你们有这个权利。"② 在这些共产党人对于新闻工作的论述中，鲜明地指出了新闻传播的方法，即"用事实说话"，这也成为当时的新闻工作者所遵循的传播方法和传播原则。"在我国的新闻实践中，把新闻传播的这一特殊功能称为'用事实说话'。"用事实说话是指"在忠实地报道事实的基础上，通过对事实的适当选择与表述，巧妙地表达传播者的立场与观点的一种报道原则与报道方法"。③ "用事实说话"是一个别具中国特色的新闻传播理论命题，是中国新闻人在实践中总结出来、具有方法论意义的新闻传播原则规范，是新闻职业操守的实践起点。

在新中国成立后的中国新闻事业发展过程中，中国共产党人一直坚守"用事实说话"这一新闻传播原则，尊重事实、讲真话成为新闻工作者的普遍共识。在"文化大革命"期间，这一优良传统一度发生了改变，报纸沦为了"阶级斗争的工具"，报道浮夸，"事实"发生了质变，真话被假话、大话、空话替代，使那些"富有优良传统、曾为革命战争和社会主义建设做出重大贡献的新闻工作者""时时受到职业责任感与职业良心的常常责备"。④ 改革开放以来，实事求是的思想重新被确立，新闻行业也恢复了"用事实说话"的作风，"用事实说话"回归为指导新闻工作者的原则，成为新闻工作者精神建构中的方法论。1978 年，当代著名记者穆青就指出："新闻要用事实说话，这是新闻的特点。过去对'新闻要用事实说话'的批判是错误的。现在应该拨乱

① 胡乔木：《人人要学会写新闻》（原载《解放日报》1946 年 9 月 1 日），《中国共产党新闻工作文件汇编》下卷，新华出版社 1980 年版，第 226 页。

② 刘少奇：《对华北记者团的谈话》，载《中国共产党新闻工作文件汇编》下卷，新华出版社 1980 年版，第 256 页。

③ 童兵：《理论新闻传播学导论》，中国人民大学出版社 2000 年版，第 49 页。

④ 童兵：《主体与喉舌——共和国新闻传播轨迹审视》，河南人民出版社 1994 年版，第 177 页。

反正，替它恢复名誉。"① 跟党的第一代、第二代领导集体一样，党的第三代领导集体也十分注重新闻工作者"用事实说话"的原则。江泽民谈到新闻宣传如何贯彻实事求是的问题时，指出："新闻的真实性，就是要在新闻工作中坚持党的一切从实际出发、实事求是的思想路线。""我们的新闻工作者要做到真实地反映生活，就要深入进行调查研究，不仅要做到所报道的单个事情的真实、准确，尤其要注意和善于从总体上、本质上以及发展趋势上去把握事物的真实性。"② 李瑞环则在《坚持正面宣传为主的方针——在新闻工作研讨班上的讲话》中直截了当地强调："用事实说话，这是我们新闻报道的基本原则。"③ 2008年，胡锦涛同志在考察人民日报社时，强调："要注重在报道事实中体现正确导向，在同群众交流互动中形成社会共识，在加强信息服务中开展思想教育，用事实说话，用典型说话，用数字说话，化解矛盾，理顺情绪，引导各方面群众共同前进。"④ 2009年，胡锦涛同志在世界媒体峰会开幕式上指出："要切实承担社会责任，促进新闻信息真实、准确、全面、客观传播。"⑤ 这不仅是中国共产党人对新闻工作者的基本要求，也是对世界媒体界的庄严承诺。

1994年，中央电视台推出《焦点访谈》栏目，其栏目定位是："时事追踪报道，新闻背景分析，社会热点透视，大众话题评论。"到2000年4月1日，在该栏目开办六周年之际，调整了栏目的宣传语，即"用事实说话"，也许这正是中国新闻人在21世纪对世界的承诺。按中央电视台新闻评论部自己的理解来看："用事实说话，一要说'事'话，遵循新闻规律，突出时代感和主旋律，报道生动鲜活的事件。二要说'实'话，真实地反映事实的真相，报道社会生活中的'真材实料'，而不是'人造材料'。"⑥ 对待新闻事实的客观态度与高超的传播艺术相

---

① 穆青：《新闻散论》，新华出版社1996年版，第145页。

② 江泽民：《关于党的新闻工作的几个问题——在新闻工作研讨班上的讲话提纲》，载《中国新闻事业史文选》(724—1995年)，中国人民大学出版社1999年版，第817—818页。

③ 李瑞环：《坚持正面宣传为主的方针——在新闻工作研讨班上的讲话》，载《中国新闻事业史文选》(724—1995年)，中国人民大学出版社1999年版，第801页。

④ 胡锦涛：《在人民日报社考察工作时的讲话》，《人民日报》2008年6月21日。

⑤ 胡锦涛：《在世界媒体峰会开幕式上的讲话》，《人民日报》2009年10月10日。

⑥ 袁正明、梁建增：《用事实说话》，载《用事实说话——中国电视焦点节目透视》，上海人民出版社2000年版，第3页。

结合，是用事实说话的实践路径。赵月枝教授曾经谈道："焦点访谈'用事实说话'的口号就是对客观性的某种宣称。这一宣称及其具体新闻实践正体现了在中国特定新闻体制下特定的新闻文化形式和话语权力关系。"① 应当承认，正反两方面的经验和教训表明，用事实说话具有强大的生命力，可以也应当成为新闻工作者的指导原则，成为新闻传播工作者世界观的基础。

2016年2月19日，习近平同志在同人民日报社、新华社、中央电视台等新闻媒体的新闻工作者座谈时指出："坚持团结稳定鼓劲、正面宣传为主，涉及怎样看待真实性这个重大问题。'忠信谨慎，此德义之基也。虚无谲诡，此乱道之根也。'真实性是新闻的生命，事实是新闻的本源，虚假是新闻的天敌。新闻的真实性容不得一点儿马虎，否则最真实的部分也会让人觉得不真实。要根据事实来描述事实，不能根据愿望来描述事实，同时要坚持马克思主义立场、观点、方法，搞清楚是个别真实还是总体真实，不仅要准确报道个别事实，而且要从宏观上把握和反映事件或事物的全貌。我们这么大一个国家，十三亿多人口，每天发生着大量事件，也存在大量问题。新闻媒体是新闻舆论的发射器，也是社会舆论的放大器。如果只看到黑暗、负面，看不到光明、正面，虽然报道的事情是真实发生的，但这是一种不完全的真实。一叶障目、不见泰山，攻其一点、不及其余，尽管这一叶、这一点确实存在，但从总体上看却背离了真实性。同时，除了一因一果，更要注意一因多果、一果多因、多因多果、互为因果、因果转换等复杂情况，避免主观片面、以偏概全。有些事情特别是一些没有什么意义的事情，不报道不会产生什么社会影响，而一旦经过媒体传播和放大就会造成相当大的社会影响。"② 从新闻真实性对于国家和社会影响力的角度，重申和强调了作为新闻工作者在新闻传播过程中要坚持马克思主义新闻观，坚持新闻真实性传播的基本理念。

2. 为人民服务

全心全意为人民服务是中国共产党的宗旨，也是中国共产党一贯奉

---

① ［加拿大］罗伯特·哈克特：《维系民主——西方政治与新闻客观性》，沈荟、周雨译，清华大学出版社2005年版，第7页。

② 习近平：《在党的新闻舆论工作座谈会上的讲话》，载《习近平总书记重要讲话文章选编》，中央文献出版社2016年版，第425页。

行的新闻理念和新闻工作者的角色规定。"为人民服务""做人民公仆",作为新闻工作者的价值坐标和评判尺度,是其为之不懈奋斗的目标和理想。

1925 年,毛泽东在《〈政治周报〉发刊理由》中写道:"为什么出版《政治周报》?为了革命。为什么要革命?为了使中华民族得到解放,为了实现人民的统治,为了使人民得到经济的幸福。"① 提出了"为人民服务"的办报方针,此后,这一思想一直贯穿着中国共产党的新闻传播工作,并成为其核心价值观念和理想追求。

20 世纪 40 年代,共产党人多次强调新闻工作者首先应当是人民的公仆,其基本的价值定位应当是为人民服务。陆定一指出:"我们新闻工作者,必须时刻勉励自己,做人民的公仆,应知我们既不耕田,又不做工,一切由人民供养,如果我们的工作,无益于人民反而毒害人民,那就比盆虫还要可恶,比二流子还要卑劣。"②"要以小学生的态度、虚心请教的精神去接近群众,我们不是无冕之王,要做一个新闻战士,勤勤恳恳为人民服务。"③ 刘少奇在《对华北记者团的谈话》中指出,"你们是给人民办报,是人民的记者、通讯员","要全心全意为人民服务"。④

中国新闻史上,重庆《新华日报》就曾经多次发表社论强调为人民服务的理念,其中 1942 年和 1945 年的两次最为明确。在《记者节谈记者作风》一文中,将"人民的忠仆"列为新闻记者的责任内涵和风格要求,该社论指出:"'为人民喉舌',这是每一个新闻记者所用以自负的。然而,要真能负得起这样一个光荣的称号,就得像董狐那样,紧握住自己这一管直笔,作真理的信徒,人民的忠仆。一方面,凡是真理要求我们说,要求我们写的,就不顾一切地说,不顾一切地写人民心里所想说,所认为应当写的,就决不放弃,决不迟疑地给说出来,写出来。另一方面,凡不合事实和违反民意的东西,不管有多大的强力在后

① 毛泽东:《〈政治周报〉发刊理由》,载《中国共产党新闻工作文件汇编》下卷,新华出版社 1980 年版,第 3 页。
② 陆定一:《我们对于新闻学的基本观点》(原载《解放日报》1943 年 9 月 1 日),载《中国新闻事业史文选》(724—1995 年),中国人民大学出版社 1999 年版,第 291 页。
③ 郑保卫主编:《中国共产党新闻史》,福建人民出版社 2005 年版,第 249 页。
④ 刘少奇:《对华北记者团的谈话》(1948 年 10 月 2 日),载《中国共产党新闻工作文件汇编》下卷,新华出版社 1980 年版,第 254 页。

面紧迫着或在前面诱惑着，我们也必须有勇气，有毅力把它抛弃，决不轻着一字。"①《人民的报纸》一文则对"为人民服务"做了解释："人民的报纸必须以人民的利害为依归。对人民有利的，我们要坚决地主张，对人民不利的，我们要毫不容情地反对。"② 人民新闻观，深刻地体现了党的新闻观，是中国共产党领导工农大众从事解放运动的产物，是带领人民争自由、争民主、建立人民当家做主的无产阶级新型国家的必然结果。从此，全心全意为人民服务体现了社会主义新闻事业的工作宗旨和工作方针，也包含着党和国家对社会主义新闻工作者的道德要求，成为马克思主义新闻观的基本内涵和核心内容。

邓小平历来强调新闻工作要保持与群众密切联系，坚持人民是一切工作的评价标准。1950 年，他在西南区新闻工作会议上指出："报纸真的同实际、同群众联系好了，报纸办好了，对领导是最大的帮助。常常有这样的情况：党和政府听不到的，报纸能听到，它能摸到社会的脉搏。"③ 作为改革开放的总设计师，邓小平始终坚持实践标准第一，要求包括新闻工作者在内的思想政治工作者，要树立人民意识，在新闻工作中，要以人民高兴、人民赞成、人民拥护作为新闻传播的基础，要树立共产主义世界观。他说："世界观的重要表现是为谁服务。一个人，如果爱我们社会主义祖国，自觉自愿地为社会主义服务，为工农兵服务，应该说这表示他初步确立了无产阶级世界观，按政治标准来说，就不能说他是白，而应该说是红了。"④

代表中国最广大人民群众的根本利益，是第三代中央领导集体新闻思想的核心内容。1989 年，江泽民在新闻工作研讨班上的讲话中指出："社会主义的新闻事业，同社会主义的文学、艺术、出版等事业一样，虽然各有自己的特点和具体发展规律，但是它们作为意识形态领域的组成部分，都要为社会主义服务，为人民服务。尽管服务的具体形式、内

---

① 《记者节谈记者作风》（原载《新华日报》1943 年 9 月 1 日），载《中国共产党新闻工作文件汇编》下卷，新华出版社 1980 年版，第 59—60 页。

② 《人民的报纸》（原载《新华日报》1946 年 10 月 11 日），载《中国共产党新闻工作文件汇编》下卷，新华出版社 1980 年版，第 76 页。

③ 邓小平：《在西南区新闻工作会议上的报告》（1950 年 5 月 16 日），载《邓小平论新闻宣传》，新华出版社 1998 年版，第 77 页。

④ 邓小平：《在全国科学大会开幕式上的讲话》（1978 年 3 月 18 日），载《邓小平论新闻宣传》，新华出版社 1998 年版，第 63 页。

容、方法不尽相同，但都必须遵循这个基本方针。"他还说："现在为社会主义服务同为人民服务，是完全一致的。离开了社会主义道路，也就从根本上脱离了人民，违背了人民的最高利益。"① 发展为了人民，发展依靠人民，发展的成果由人民共享，胡锦涛进一步深化了中国共产党"为人民服务"的新闻传播要求，提出了"以人为本"的根本要求和实践路径。2008 年，胡锦涛同志在考察人民日报社时，全面阐述了这一思路："必须坚持以人为本，增强新闻报道的亲和力、吸引力、感染力。要把实现好、维护好、发展好最广大人民的根本利益作为新闻宣传工作的出发点和落脚点，把体现党的主张和反映人民心声统一起来，把坚持正确导向和通达社情民意统一起来，多报道人民群众的工作生活，多反映人民群众的利益要求，多宣传人民群众中涌现的先进典型，激励全体人民信心百倍地创造美好生活。"②

习近平同志在谈及新闻工作时，多次提到了"为人民服务"的理念。2016 年 2 月，在同《人民日报》、新华社、中央电视台等新闻媒体工作者座谈时曾寄语广大新闻工作者，在基层心里才有群众，在现场心里才有感动。要把实践和基层当作最好的课堂，把群众当作最好的老师。他提出："迈进群众的门槛容易，走进群众的心坎不易。如今，交通工具越来越发达，可以千里边关一日还、一日看尽长安花，但不能走马观花、浮光掠影。要坚持百姓情怀、人民本色，忧患着人民的忧患，欢乐着人民的欢乐，感动着人民的感动，努力推出有思想、有温度、有品质的作品。要用群众耳熟能详的语言、喜闻乐见的方式、普遍认可的道理、有目共睹的事实教育引导群众，既教育人、引导人、鼓舞人，又尊重人、理解人、关心人，达到润物细无声的工作效果。"③ 要求广大新闻工作者与党和人民同呼吸，反映群众呼声，反映人民伟大实践和精神风貌。

从人民中来，到人民中去，新闻工作者务必秉持为人民服务的宗旨，甘做人民公仆。这不仅是马克思主义新闻观的核心价值，也是人类

---

① 江泽民：《关于党的新闻工作的几个问题——在新闻工作研讨班上的讲话提纲》，载《中国新闻事业史文选》，中国人民大学出版社 1999 年版，第 812 页。

② 胡锦涛：《在人民日报社考察工作时的讲话》，《人民日报》2008 年 6 月 21 日。

③ 习近平：《在党的新闻舆论工作座谈会上的讲话》，载《习近平总书记重要讲话文章选编》，中央文献出版社 2016 年版，第 437 页。

新闻事业的共同追求。只不过在不同的意识形态下，有为公众服务、为大众服务等不同表述方式的差异，其本质并没有改变。

3. 政治家办报

"政治家办报"是一个带有意识形态话语特征的专业用语，它包括两方面的内涵：其一，专指新闻工作者的素质，包括政治意识、全局眼光等；其二，突出强调新闻工作者的立场，即具有坚定的政治立场和正确的政治方向。这一表述明确地定位了我国新闻工作者在社会中应扮演的社会角色及承担的社会责任。

作为新闻工作者，在新闻工作中必须坚持党性原则，在宣告党的诞生的第一次全国代表大会上就已经被提出，在《中国共产党的第一个决议》的宣传部分中，明确要求任何中央地方的出版物均不能刊载违背党的方针、政策和决定的文章。1942 年，延安《解放日报》总结了党的新闻工作的经验教训，丰富和发展了新闻工作党性原则的内涵。《解放日报》社论《党与党报》指出："所谓集体宣传者、集体组织者，决不是指报馆同仁那样的'集体'，而是指这个党组织而言的集体，得经过报纸来宣传，经过报纸来组织广大人民进行各种活动。在党报工作的同志，只是整个党组织的一部分。"① 同年 10 月，毛泽东为中共中央书记处起草的给各中央局、中央分局的指示中提出："抓紧对通讯社及报纸的领导，务使通讯社及报纸的宣传完全符合于党的政策，务使我们的宣传增强党性，拿《解放日报》所发表的关于如何使报纸增强党性的许多文件去教育我们的宣传人员，克服宣传人员中闹独立性的错误倾向。"② 从这一原则出发，党的新闻工作者应当在思想上以马克思主义为指导思想，在政治上正确地宣传党的路线、方针、政策，在组织上坚持民主集中制，应当做一个"政治家"。这是有关"政治家办报"的思想源头，强调党性是新闻工作者的立场。

1959 年 6 月，毛泽东指出："新闻工作，要看是政治家办，还是书生办。"他主张："搞新闻工作，要政治家办报。"过去的旧知识分子办报，虽然有一定的办报理想，但"多端寡要，没有要点，言不及义"的情况客观存在，共产党的新闻工作"要一下子看到问题所在。要多

① 毛泽东：《毛泽东新闻工作文选》，新华出版社 1983 年版，第 97 页。
② 毛泽东：《毛泽东新闻工作文选》，第 97 页。

谋善断"。① 对广大新闻工作者提出了要求，寄托了期望。"政治家办报"的"核心思想是指，办报人，特别是新闻单位的领导者要有政治家的胸襟和见识，要能够从政治上总揽全局，抓住事情的要害，使新闻宣传紧密配合国内外的政治形势，为全党和全国工作的大局服务"。② 也就是说，要求新闻工作者培育敢于直面社会现实的职业使命感和社会责任感，具有全局意识、政治意识，体现在新闻工作中，就是指新闻记者要以国家和人民的利益为先导。

1980 年，邓小平在《目前的形势和任务》的讲话中明确指出："要使人们的报刊成为全国安定团结的思想上的中心。"从社会安定团结的高度强调了新闻工作的重要性。他始终将新闻工作放到整个思想战线的领域加以看待，他认为，新闻工作者是思想战线的战士，更应具有高尚的品质。穆青在《创建有中国特色的社会主义新闻学》一文中对新闻记者应当具有什么样的素质进行了深入的分析："我认为，培养名记者，首先要培养记者的素质，就是要培养他坚定的共产主义信念、坚强的党性、坚强的意志、坚韧的性格。我们说，记者首先应该是一个政治工作者，党的工作者，这并不是说让记者去直接做党的工作、政治工作，而是指记者关心大局，要时时刻刻把党的事业、国家的前途、人民的疾苦放在心上。一个名记者，首先要具备这个品质，要同党、同国家、同人民同呼吸、共命运、齐爱憎。记者看到党的事业和利益受到损害、祖国的形象受到玷污、人民的利益受到损失要心痛，并奋起捍卫。一定要有强烈的事业心和责任感。我认为，全心全意热爱党的事业，全心全意为人民服务，这是名记者应当具备的素质。"③ 1996 年年初，江泽民在接见解放军报社师以上干部时的讲话中强调指出："毛主席过去讲过：'搞新闻工作，要政治家办报。'这一指示精神至今仍然具有重要的指导意义。新闻作为一种意识形态，作为宣传、教育、动员人民群众的一种舆论形式，总是直接或间接地反映我们党和国家的政治立场、政治主张和政治观点。"④ 胡锦涛特别强调新闻工作者在新闻传播中的

---

① 毛泽东：《毛泽东新闻工作文选》，新华出版社 1983 年版，第 215—216 页。
② 郑保卫：《当代新闻理论》，新华出版社 2003 年版，第 369 页。
③ 穆青：《新闻散论》，新华出版社 1996 年版，第 274 页。
④ 江泽民：《在接见解放军报社师以上干部时的讲话》，载《新闻工作者必读》，文汇出版社 2001 年版，第 63 页。

重要作用，指出："必须坚持党性原则，牢牢把握正确舆论导向。舆论引导正确，利党利国利民；舆论引导错误，误党误国误民。要牢固树立政治意识、大局意识、责任意识、阵地意识……做好新闻宣传工作，关键在班子、在队伍、在人才。……确保新闻宣传工作的领导权牢牢掌握在忠于马克思主义、忠于党、忠于人民的人手里。要坚持马克思主义新闻观，深化"三项学习教育"活动，引导广大新闻宣传工作者不断提高思想政治水平、增强业务本领，努力建设一支政治强、业务精、作风正、纪律严的新闻宣传队伍。"[1]

2016 年 2 月，在党的新闻舆论工作座谈会上，习近平总书记发表重要讲话："提出了'高举旗帜、引领导向，围绕中心、服务大局，团结人民、鼓舞士气，成风化人、凝心聚力，澄清谬误、明辨是非，联结中外、沟通世界'的 48 字党的新闻舆论工作方针，为广大新闻工作者在新形势下做好新闻传播工作，履行职责、践行使命，提供了强大的思想武器和根本遵循。担负起新闻舆论工作的职责和使命，必须把坚持正确政治方向放在首位。坚持正确政治方向，就是要牢牢坚持党性原则这一根本原则，自觉在思想上、政治上、行动上同党中央保持高度一致；就是要牢牢坚持马克思主义新闻观这个灵魂，引导广大新闻舆论工作者做党的政策主张的传播者、时代风云的记录者、社会进步的推动者、公平正义的守望者。"[2] 在座谈会上，习近平同志指出："要适应新形势、新任务的要求，加快培养造就一支政治坚定、业务精湛、作风优良、党和人民放心的新闻舆论工作队伍。"新闻传播工作是政治性、政策性很强的工作，从来不是单纯的义务工作，讲政治是第一位的。没有清醒的政治头脑，就会缺乏政治敏锐性和政治鉴别力，无法做到从政治上看问题，把政治导向、政治要求体现到工作中去。"检验是不是做到了政治家办报，主要看五个方面：一是看是不是确立了马克思主义新闻观，认同党性和人民性的高度一致性，认清西方所谓'新闻自由'的虚伪性和欺骗性。二是看是不是有坚定的政治意识、大局意识、核心意识、看齐意识，自觉在思想上、政治上、行动上同党中央保持高度一致。三是看是不是忠实宣传党的理论和路线方针政策，让党的主张成为时代最强

---

① 胡锦涛：《在人民日报社考察工作时的讲话》，《人民日报》2008 年 6 月 21 日。

② 习近平：《担负起新闻舆论工作的职责和使命》，《人民日报》2016 年 2 月 19 日。

音，促进筑牢全党全社会团结奋斗的共同思想基础。四是看是不是把纪律挺在前面，严格遵守党的政治纪律、宣传纪律和长期形成的规矩。五是看是不是具有政治定力，在大是大非面前旗帜鲜明，在重大原则问题上敢于发声、敢于斗争。"①

当然，"政治家办报"并非要求在新闻活动中以政治代替新闻，而是要处理好新闻同政治的关系，善于从政治的高度发现、处理和传播新闻。理解这一点对于当前新闻业的发展尤其重要，无论何种媒体的新闻工作者，既要处理好新闻规律与政治的关系，又要把握政治方向，加强政治修养；站在政治的立场上培养全局观念、责任意识；还要在实践中讲求传播艺术，提高引导水平。正如范长江所说："新闻工作与政治工作结合起来。从此我们新闻工作者不怕谈政治，不要有意表面避开政治，而重要的在于能不违反时代性。'识时务者为俊杰'，一个报纸只要抓住了时代政治要求，是会受欢迎的。"②

二　西方新闻工作者角色道德自觉的思想渊源

在西方新闻事业的发展过程中，对于新闻工作者应该在社会中扮演何种角色、承担哪些社会责任、遵循哪些角色道德规范、形成何种角色道德品质等问题的认识、思考与研究，经历了一个漫长的过程。出于对西方资本主义新闻事业发展状况的强烈不安，以哈钦斯为首的新闻自由委员会开始了修正传统自由主义新闻理论的尝试，并在研究报告中首次提出新闻事业要对社会承担责任。从此，社会责任理论逐步取代了传统的自由主义理论，成为西方新闻理论的新坐标。

（一）背景：自由的扭曲与狭隘

进入 20 世纪初后，资本主义社会的高速发展在思想上不断冲击着人们的观念，对西方新闻界而言，资本主义社会的固有矛盾导致新闻自由的理想不断与其他权利与自由发生冲突，新闻工作者为了经济利益或政治私利，滥用新闻自由现象严重泛滥，公众利益受到损害。与此同时，传播新技术给全国性杂志、唱片、电影、广播和电视产业带来了迅猛的发展，大众传媒的影响力日渐壮大，新闻业在社会中的作用也越来

---

① 习近平：《在党的新闻舆论工作座谈会上的讲话》，载《习近平总书记重要讲话文章选编》，中央文献出版社 2016 年版，第 435 页。
② 范长江、沈谱编：《新阶段新闻工作与新闻从业员之团结运动》，载《范长江文集》，新华出版社 2001 年版，第 823—842 页。

越大，变成了高度集中的产业和巨大的利润机器。而在资本主义自由竞争进入垄断阶段之后，新闻自由变得更为扭曲与狭隘。一方面，传媒的高度垄断、话语权的高度集中与超乎想象的影响力最终变成了一个结果，社会公众话语权有限，利用报刊表达自己意见和看法的渠道较少，言论市场为少数经济、企业财团把控，危害到社会公众利益及民主政治基础。另一方面，新闻传媒对权力听之任之，放任自流，掌握新闻自由权的媒介精英常常以貌似客观的手法，传播、宣传他们尊崇的价值观。在面临传媒行业激烈的竞争中，只要能够吸引更多的关注，媒体可以不惜降低职业道德标准来迎合受众的需要，满足受众的感官。因此，随着传媒的膨胀与扩张，对西方民主政治曾有着贡献的自由主义，渐渐地为社会大众所不满，并遭到了广泛无情的抨击，西方新闻界面临着前所未有的信任危机，在西方占据了三个世纪的新闻自由理论面临着种种置疑与批评。

（二）内容：自由而负责

经过近 20 年的争论和发展，20 世纪初，西方新闻界的责任意识开始逐渐觉醒，主要标志是以美国报业巨子普利策为代表的一些报人开始强化新闻的专业化。此后，美国新闻界对这一问题，在观念上逐渐觉醒，并付诸行动。1904 年，普利策在《北美评论》杂志上撰文，批评报纸的商业化倾向，提出报业应该把公众利益放在首位，新闻工作者应该认识到自己在社会系统中的身份和作用，具备道德责任感。1908 年，密苏里大学新闻学院院长威廉制定《记者信条》，强调新闻记者要为公众服务，对公众尽责。该信条后来被世界报业大会确定为新闻界的职业规范。1923 年，美国报纸主编人协会制定了《新闻法规》，号召报纸要对公众福利、真实、公正、节制、尊重个人隐私负责。

1946 年，由罗伯特·哈钦斯和 12 位当时美国最有权威的一流学者共同组成的新闻自由委员会（又称哈钦斯委员会）起草了一份长达 133 页的研究报告，在九易其稿之后发布，即《一个自由而负责的新闻界》，正式提出社会责任理论。这份报告广泛披露了美国新闻媒介的种种弊端，对前人倡导的社会责任理念做了深入阐述和概括。报告明确指出："新闻机构的自由应以推动民主政治、承担社会责任为目的，如果新闻机构逃避它的社会责任则意味着丧失自由；呼吁新闻机构要从道德、民主和自律方面改进自己的工作。委员会提出，理想的传媒应该是：①对事情做真实、正确而完整的报道并赋予其意义，不但对事实报道，真理背景也很重要。②意见交换的论坛：应视大众媒介为公正讨论的园地，形成一个交换、讨论及批评的场所。③呈现社会现实情况：对社会及团体的活动实况作出确实反映。④阐明社会目标及价值标准：澄清社会共同奋斗的目标，表扬社会上善良的一面，使社会大众建立社会高尚的价值标准观念。⑤充分随时供应消息：对社会大众所需要知道的最新消息，做最充分而周全的报道，使大众能透过报道对公众事务做出明确的决定。"① 新闻自由委员会还认为，要挽救自由主义所造成的危机，必须由政府、新闻界和社会大众三方面合作努力，才能成功。这份报告系统地阐述了新闻自由是负有义务的道德权利的思想，阐述了自由与责任的关系，从根本上奠定了大众传媒社会责任理论的基础，标志着社会责任理论的诞生。

1956 年，韦尔伯·施拉姆、弗雷德·赛博特、西奥多·彼得森三位学者应美国教会全国委员会之请撰写了《报刊的四种理论》一书，包含集权主义传播理论、苏联共产主义传播理论、自由主义传播理论以及社会责任论，揭示了新闻媒介与社会的关系，对报刊的社会责任进行了全面规范和系统总结，被普遍认为是传统自由主义新闻理论的修正版本。次年，施拉姆著《大众传播的责任》一书，对社会责任理论作了进一步发展和阐述，自此，社会责任理论不断走向系统化，并逐渐取代传统的大众传媒的自由理论，成为整个西方新闻事业的重要指导理论。

（三）影响：自由的延续与困境

社会责任理论从提出发展到现在，其理念已经深入人心，对于新闻行业和广大新闻工作者产生了深远的影响，为确立新闻传播活动的社会责任原则提供了理论依据，许多国际组织及各国新闻行业组织都将其纳入职业道德行为规范中，为新闻道德建设提供了理论基础，因此，有着重大的意义。其一，社会责任理论明确了新闻自由的界限，使新闻工作者的新闻传播活动融入了责任和道德的理念。新闻自由不是一个为自私目的而要求的理念，它应充分考虑公共权利和公众利益。其二，要有外在的约束力量来保障新闻自由的权利，因为人性是复杂的，新闻工作者

---

① ［美］新闻自由委员会：《一个自由而负责的新闻界》，展江、王征、王涛译，中国人民大学出版社 2004 年版，第 21—22 页。

时刻需要被提醒注意其社会责任，否则传媒的权利就会被滥用。其三，新闻自由权利是传播媒介、公众和政府共享的权利，不是与生俱来的绝对的自然权利，而是附有道德义务的有限制的道德权利。

然而，在长期的发展中，社会责任理论也面临着理论和实践中的困境。如新闻从业人员如何负责以及向谁负责。如果新闻工作者是不自由的，他就不可能对其行为负责，至少不可能对社会公共事业负责，只有在自由的前提下，传媒才可能作为独立的道德主体承担起为公众利益服务的责任。同时，在责任的主体方面，社会责任理论设定的责任主体不明确，即究竟由谁来负责和承担责任？在很多时候，对于新闻工作者来说，"责任"一直都没有一个明确的界定。身处不同社会、不同意识形态、不同历史发展阶段的新闻工作者对社会责任的理解各异。这些问题的存在使明确匡定社会责任及其原则变得尤为艰难。

总之，社会责任理论是西方对于新闻作为一种职业定位的主流理念，包括以服务社会公众为目标，独立于政府、公众、财团，通过真实、客观、公正地报道新闻，承担特有的社会责任等一系列行业规范和行业标准。作为一种理念，其不仅规定了新闻工作者在新闻传播过程中需要遵循的行业规范和行业标准，同时也包括社会对于新闻工作者的伦理期待和角色道德规范。从西方的社会责任理论中汲取可资借鉴的思想资源和理论，对于新闻工作者认识和扮演好社会赋予其职业角色和社会角色，形成和实现角色道德自觉有着重要意义。

第三章　新闻工作者角色道德自觉的基本论域

在新闻工作者角色扮演实践中，何为道德自觉、对何自觉、有何价值？这是研究新闻工作者角色道德自觉必须回答的基本问题，也是本书的基本论域。因此，厘定新闻工作者角色道德自觉的本质和特征，明确其在整个新闻传播活动中和在人类社会关系中的地位和价值，是对其进一步研究的依据和基础。新闻工作者角色道德自觉就是对与其身份地位相契合的角色社会定位、权责关系的自觉，对其角色伦理期待以及角色道德原则和规范的自觉。

第一节　新闻工作者角色道德自觉的本质及特征

明确新闻工作者角色道德自觉的意涵，揭示新闻工作者角色道德自觉的本质及特征，既是开展本书研究的理论前提，也是后面展开相关研究的逻辑铺垫。

一　新闻工作者角色道德自觉的本质

在新闻传播系统与社会系统的互动过程中，新闻工作者居于中介地位，是新闻传播的主体，是新闻传播系统中的核心要素，其主要作用是对客观存在的具有新闻价值的事实进行采集和选择，制成传播符号，通过一定的传播手段传递给受传者，从而实现其传播社会最新新闻信息与舆论的传播活动，反映人类社会最新发生的社会变动的价值追求，在社会中扮演着正义使者的重要角色，其本质主要体现为社会赋予其记录历史、传播真实信息，服务社会公众、正确舆论导向，传播正能量、维护社会公平正义，倡导文明、教化道德的伦理期待和"铁肩担道义"的责任。新闻工作者只有对自身所承担的社会角色的本质有清晰的认识和把握，才能自觉将自己的所作所为与扮演社会角色的身份地位相契合，发挥自我能动性，正确认识自己所扮演的社会角色权责关系，践行应然职责和道德行为，养成角色道德自觉。

马克思主义认为，道德的本质即"人类精神自律"，是人对道德规范和伦理要求的自觉分析、理解、认同、把握和遵守。道德是人以善恶判断、道德评价及道德律令把握现实世界的一种特殊方式，它是通过把社会现象区分为善恶、正义与非正义来实现的，通过道德向人提出要求和命令，人又以对这些道德要求和命令做出回应与自觉遵循来实现。从本质上讲，角色道德自觉是角色个体精神的自律、良心的"道德法庭"和道德自我的净化与升华。它反映了角色个体道德发展的必然趋势，彰显了扮演社会角色的人的道德自主性和创造性。新闻工作者角色道德自觉，是新闻工作者个体对社会角色道德的自我体认和自觉坚守，是新闻工作者在新闻传播活动中，为了能够有效地发挥主体性和能动性，自觉遵循角色伦理要求，不断地使其角色意识和行为同新闻道德规范要求及社会伦理期待相契合的认识和实践过程，以及所达到的自律状态与自由自觉的道德境界。在本质上，它是新闻工作者角色的个体精神自律、良心的"道德法庭"和道德自我的净化与升华。

二　新闻工作者角色道德自觉的特征

新闻工作者角色道德自觉是现代社会文化生活和道德生活的本质要求，是新闻工作者对社会角色道德的自我体认和自觉坚守。就新闻工作者角色道德自觉的特征而言，新闻工作者角色道德自觉是受动性与主动性的统一、角色道德认知与角色道德行为的统一和角色道德情感与角色道德理性的统一。

（一）新闻工作者角色道德自觉是受动性与主动性的统一

人的本质是社会关系的总和。社会中的人从一出生就置身于外在的自然环境和社会环境之中，而这一环境是不以个体的主观意志为转移的。现实的社会环境产生现实的道德要求，在现实的社会中扮演多种社会角色的道德实践活动，也要受到外在条件和社会环境的影响及制约，角色道德自觉的生成与发展也要受到角色道德规范、社会环境等多种因素的共同影响和作用。新闻工作者也处于一定的社会关系中，被赋予了相应的社会角色，其新闻传播行为也是社会化的，也要受到与角色一致的角色道德规范体系的影响和制约。新闻工作者角色道德自觉首先来自外在的蕴含在新闻传播活动中的社会道德关系和其角色道德规范体系。从这个意义上讲，新闻工作者角色道德自觉是一个受动过程，在其进行角色道德实践中，要受到社会赋予其角色的社会期待和角色道德规范体系的制约。然而，在现实的社会生活中，角色个体又具有主观能动性和创造性，每个社会角色都是一个独立的个体，对于角色道德规范体系有着不同的认识和体验，其建构的角色道德自觉体系也有所不同。作为"有生命的自然存在物……具有自然力、生命力，是能动的自然存在物"。① 每一个角色个体在社会道德关系和道德活动中，是通过自身的道德实践，通过自我意识作为心理机制来实现角色道德的内化的。在新闻传播活动中，新闻工作者也要正确认知和把握新闻信息传播过程中的角色道德规范体系，通过对角色道德规范体系的践行，形成对于自身扮演社会角色的正确认知，才能将其内化为自身的角色道德观念和角色道德态度，并坚定自己的角色道德信念，形成自己的角色道德人格。这一过程体现了新闻工作者角色个体的主动性与自觉性，也体现了新闻工作者角色道德自觉生成与发展过程的主动性。所以，新闻工作者角色道德自觉是受动性与主动性的有机统一。

（二）新闻工作者角色道德认知与角色道德行为的统一

新闻工作者作为社会角色，其进行的新闻传播活动，是以传播新闻信息为内容的人类实践活动。在新闻传播过程中，特定的社会角色赋予新闻工作者特定的社会角色道德，新闻工作者在新闻传播中的道德活动，也表现为角色道德认知和角色道德行为两种形式。

首先，个体角色道德认知是角色道德自觉生成与发展的前提。新闻工作者要对其扮演社会角色的角色道德规范、角色道德原则及角色道德必然性正确认识，自觉意识到对社会、他人的角色责任和使命，并以自觉履行这些角色责任和使命作为自己进行新闻传播活动的道德信念和道德理想。这种对于角色道德规范、角色道德原则、角色道德责任和使命的认知可以从外在方面约束新闻工作者的传播行为，将其限定在其角色道德所设定的范围之内。

其次，在角色道德认知的基础上进行角色道德实践，即角色道德行为。在角色道德实践中，遵循和把握角色道德生成与发展的必然规律，

---

① 马克思：《1844 年经济学哲学手稿》，人民出版社 2000 年版，第 105 页。

依据角色的道德标准和价值准则进行自觉、自愿的抉择，将外在的角色道德规范要求转化为内在的角色道德自觉，从而实现道德实践中的角色扮演。新闻工作者角色道德自觉的最终形成就是角色道德认知与角色道德行为的统一。

（三）新闻工作者角色道德情感与角色道德理性的统一

角色道德自觉发源于角色个体现实的道德情感，其实现既需要角色道德理性的约束和指导，又需要角色道德情感的激励和参与。一般而言，角色道德情感是伴随着角色主体的道德认同而产生和发展的，对其角色道德行为起着重要的调节作用。同时，角色道德自觉又指向理想的道德理性。在道德活动中，角色道德理性能够对角色个体进行调控，鼓励积极的、遵循角色道德行为准则的情感，避免不合乎角色道德要求和社会道德必然性的角色道德情感，来确保角色道德行为正确践行。在新闻传播活动中，新闻工作者的角色道德自觉也是发源于他们对于自身所从事的新闻传播活动的热爱、认同等内心情感，一个不愿在新闻传播实践中自觉自愿践行角色道德规范，而仅将其看作职业责任与义务外化为对自己的要求的新闻工作者，是不具有新闻德行的新闻工作者，是不具有角色道德自觉的新闻工作者，"德行是行为主体的一种内在品质，标识的是个体的道德人格和某种精神境界，它包含道德认知、道德意志与道德情感等因素"。[①]

情感是角色个体在长期的社会实践和自觉体验中形成的，通过角色的认识活动在角色内心产生的体验。在道德领域，道德情感是角色道德心理中最深沉稳定而持久的情感，直接影响着角色个体的思想观念、生活方式及行为习惯，也是角色个体自我完善的一个方面。"角色道德情感是角色主体按照一定社会的角色道德规范、社会伦理期待去理解、评价社会角色之间、社会角色与社会整体之间的角色关系及角色现象时产生的一种具有善恶评价性质的道德情感。"[②] 角色道德情感不仅是新闻工作者角色道德自觉生成与发展的直接心理基础，而且也是其角色道德自觉生成与发展的助力。

在人类的社会生活中，人既是感性存在者，又是理性存在者，是理

---

① 李佑新：《走出现代性道德困境》，人民出版社 2006 年版，第 10 页。
② 田秀云：《角色伦理》，人民出版社 2014 年版，第 127 页。

性和感性的统一体。康德认为，人作为理性存在者，其行为应当遵从自由的规律，人的自由，就是通过理性为自身立法，使自己的行为服从理性的普遍法则。新闻工作者的角色道德生活也是其角色道德情感和角色道德理性的反映，是感性和理性的统一。新闻工作者角色道德自觉的生成与发展，需要其角色道德理性的约束、规范和引导。

对于新闻工作者个体而言，幸福感和愉悦感的产生基于自己在新闻传播中的道德行为是否符合角色道德理性的要求，角色道德情感中蕴含着理性的自觉，要实现自身角色道德自觉，不仅需要角色道德理性的指导，更离不开角色道德情感的参与和推动。新闻工作者的角色道德自觉就是角色道德情感和角色道德理性交融合一的过程和境界。

第二节　新闻工作者角色道德自觉的价值

道德始终是人的道德，人是任何道德活动中的主体。主体，只有充分自觉到自己应该对某种事物的变化、发展和结果承担责任时，才会以优秀的品质支持自己的行为。新闻工作者是新闻传播活动能够成为道德性活动的最终保障。新闻工作者角色道德自觉，能够使其自觉意识到自己作为社会角色的存在，自觉反思自己肩负的社会责任，在新闻传播活动中，充分发挥自身的主观能动性，涵育新闻精神，塑造新时代的新闻工作者形象，从而实现新闻行业作为社会公器，服务社会、服务公众的价值追求。与此同时，科技的发展给当今时代带来了巨大的冲击，社会的政治、经济、文化各个领域出现了不同程度的矛盾和冲突，新闻工作者所从事的新闻传播活动能够进行比较充分的信息沟通，有利于化解矛盾冲突，建构和谐社会秩序，维护社会各领域良性运行，因此，新闻工作者角色道德自觉既能够涵育新闻工作者的新闻精神和正义追求，也能够完善其角色道德人格，促进新闻行业和社会伦理秩序的优化。

一　涵育新闻精神和正义追求

新闻传播活动作为一种客观存在，既是一种将新闻作为特定的信息进行传播的活动，也是一种社会性活动，更是一种人与人之间的信息交流活动，其自身追求和价值目标对社会政治、经济、文化有着非常深刻的影响。新闻传播活动在其历史演变过程中逐渐形成了自身的传播观念和价值取向，即反映客观世界的最新变动状况，形成人与人、人与社会之间的事实信息交流与分享，为社会生活的良性运行提供信息上的保障，其价值目标就是为社会公众服务，为公共利益服务，为人民服务。当新闻传播活动逐渐发展成为制度化的、事业化的活动方式，成为一种社会职业，新闻传播主体即新闻工作者便负有为所有人提供新闻信息服务的社会职责和义务，当这样的目标成为基本目标和社会共识后，蕴含在新闻传播活动中的新闻精神也随之形成。"所谓新闻精神，是指新闻活动者（主要是职业新闻活动者）对待新闻传播业的态度、从事新闻工作的基本理念以及通过新闻传播所要实现的追求和理想。"[1] 为社会公众服务、为公共利益服务既是新闻传播活动的价值目标，也是新闻精神内含的目标要素。新闻精神指引着新闻工作者的传播活动和追求，对于新闻工作者的行为起着引导、规范和约束作用，是新闻工作者的信念和精神支柱。其本质是关于新闻传播的价值观念系统。人作为主体的实践不是盲目的，而是自觉的。从哲学的角度看，新闻精神是作为新闻传播主体的新闻工作者在新闻实践中进行创造性活动的一种思想、情感与进取意识，是一种意识到自己的主体地位的人才具有的思维活动或精神活动，其本质是一种道德理念的表达，是自觉性、目的性和创造性的统一。新闻工作者是新闻精神的承载者，是新闻精神的主体，其主观的精神世界不仅包括自身的知识、情感、意志等要素观念，也包括责任意识、道德良心和价值目标等价值形态。新闻精神一旦形成，就具有稳定的结构和内容，新闻工作者就会把它作为追求的目标和理想，作为行为的准则和规范。

由于社会分工的不同，每一种职业都有与其他职业相区别的自身特质，其职业角色也相应拥有与其他职业角色所不同的独特的精神气质。一个社会人，要想成为某一职业的一员，扮演好职业角色，必须经过一定的精神濡染，获得一定的精神气质，内化一定的职业的精神要求。作为从事新闻传播工作的新闻工作者，也要拥有新闻精神，才能扮演好自己的职业角色。所以，新闻工作者能否正确认知新闻精神，并将新闻精神内化于心，直接影响新闻传播效果，进而影响新闻传播活动的目标和

---

① 杨保军：《新闻精神论》，中国人民大学出版社 2007 年版，第 28 页。

追求。新闻工作者只有具有新闻精神，才能热爱其从事的新闻工作，才能自觉将为社会公众服务、为公共利益服务、为人民服务作为新闻传播的基本理念和价值追求。

新闻精神不是抽象虚无的，它体现在每一个新闻工作者的传播实践中，落实在每一个新闻传播者的心灵里，因此，新闻工作者是新闻精神的承载者。新闻精神的生成与实现需要一个由低级到高级、由他律到自律再到自由的道德自觉实现过程。在新闻传播实践中，良好的精神素质与道德品质追求的是真善美，而非假恶丑，随着实践活动的深入，新闻工作者个体不断地批判和否定有悖于新闻传播活动的价值观念和道德准则，确立符合新闻传播实践要求的价值观念和道德准则。在新闻传播实践的推动下，新闻工作者个体不断努力和进步，其思想、情感和意志与客观现实的要求逐渐趋向一致，其个体的道德自觉性、主观能动性逐步得到发挥，能够主动学习、理解、认可、接受、信奉、实践新闻精神中蕴含的新闻传播的道德规范和要求，将这些道德规范和要求视为自己生命的本质，并最终从自身内在价值的角度来认知新闻传播的道德规范和要求，通过道德内化转化为个体内在的道德需要、道德情操、道德义务和道德信念，并且支配个体道德行为与道德实践，从而达到"从心所欲不逾矩"的自觉境界。

二 完善新闻工作者道德品质和道德人格

道德人格是角色个体在社会化过程中形成的比较稳定的内在道德精神世界，体现着一定社会道德的特质，是角色个体在社会道德生活中的地位和作用的统一。道德人格为角色个体自身提供了思想和行为模式，从而成为角色道德自觉的内在依据。从伦理学的角度来讲，"道德人格是指个体人格的道德规定性，是一个人做人的尊严、价值和品格的总和"。① "所谓道德人格，就是人们通过道德生活意识到自己的道德责任和道德义务以及人生的价值和意义，从而自觉地选择自己做人的范式，培养自己的道德品质，丰富和完善自己的内心世界，体现出人区别于动物的内在规定性。"② 在人类的道德活动中，角色个体要经历一个由低到高、由他律到自律再到自由自觉即价值目标形成和完善的过程，在这

---

① 唐凯麟：《伦理学》，高等教育出版社 2001 年版，第 182 页。
② 魏英敏：《新伦理学教程》，北京大学出版社 1993 年版，第 494 页。

个过程中，角色个体的道德人格也会随之不断地得到发展和提高。从道德哲学的意义上讲，道德人格的生成和发展和角色个体道德自觉的生成和发展是同步的。在道德的他律阶段，道德的规范性本质和功能发挥着主导作用，角色个体对道德规范和要求的认同，仅仅体现在对其必要性的认识，尚未完全出自自身的道德意向。角色个体根据客观的责任来进行道德行为，道德对于角色个体而言是一种外在的强制力量，角色道德自觉在这一阶段尚未达到生成的条件。而在道德的自律阶段，随着角色道德实践的多样化，角色个体认识到社会道德规范与伦理要求的必要性，自觉意识到应有的使命、职责和任务，并逐渐将此内化为自己心灵的需要，升华为实现自身价值、获得自尊的道德需要，这一过程所生成的道德人格，即自律道德人格。这是角色个体道德人格发展的最高境界，在从道德他律阶段上升到自律阶段的过程中，角色个体道德的主体性得到充分的发挥和发展，并最终达到了他律与自律的统一。此时，社会道德规范与伦理要求不仅内化为角色个体的内心行为准则，更进一步凝结为角色个体的道德价值目标。角色主体能够出于其道德人格，使道德行为成为自我本性的一部分，从而自主自觉地做出道德选择。因此，角色个体对自己道德责任和使命的自觉意识，是角色道德人格生成的内在动力，它不断促进角色道德人格的生成与发展，促使道德自我不断发展与完善。

在新闻传播实践中，每一位新闻工作者都不可避免地会遇到矛盾与冲突，心态失衡与思想上的苦闷、彷徨与空虚等各种问题，尤其是在当今价值观多元化，思想意识多元多样多变，新闻工作者面临世界范围思想文化交流交融交锋的新形势和各种价值观较量的新态势，其价值取向和道德追求直接影响到社会发展的舆论和方向。在这种新形势下，外在的强制性措施对于新闻工作者新闻传播行为的约束和引导作用是极其有限的，新闻工作者自我的角色道德认知与反省、亲身践行的角色道德实践，能够帮助他们正确分析社会中的各种现实矛盾和问题，建立崇高的社会道德责任感，自觉纠正与新闻角色道德规范相悖的各种思想和行为。因此，新闻工作者的角色道德自觉作为人的主体性的观念内涵和实质，是客观世界对人的要求的一种主体建构，不仅能够促使新闻工作者在新闻传播活动中逐步提高精神境界，获得道德价值，培养良好德行，自觉完善自身道德人格，同时还能够引导、激励和鞭策新闻工作者以更大的努力投身于新闻事业的发展进步之中，强化其职业使命感，通过职业理想的实现获得精神的幸福，是新闻工作者将角色道德人格及角色价值的终极追求内化为其职业观念和外化为其行为模式的有机统一。在中外新闻史上，许多优秀的新闻工作者自觉的角色道德追求和高尚的角色道德情操，对后来的新闻工作者角色道德品质的养成和角色道德人格的完善，发挥着积极的、不可忽视的指向功能。正是这种精神，使民国时期的报人邹韬奋在被国民党政府追杀之际，提前一年多就写出了《与读者诸君告别》，发出了"宁为保全人格报格而绝不为不义屈"的呐喊。可以说，正是这种新闻工作者主体的有意识的、自觉的活动，能够让其自觉认识到自己作为社会角色的存在，自觉反思自己肩负的社会责任，形成义无反顾的自觉的道义担当，从而塑造新时代的角色道德人格。

三 优化新闻行风与社会伦理秩序

在社会这个大系统中，各行各业都有自己特定的价值目标和道德追求，如医护人员旨在救死扶伤、军队与警察旨在护国安民、律师与法官旨在匡扶正义，等等。这种道德追求和价值目标就是一个行业的精神内核。新闻传播行业引领社会风尚，掌握舆论导向，其利益追求和价值目标对整个社会发展意义重大。新闻传播活动的最终价值应该是促进人类的发展、促进社会的进步，应该是一种善的活动。因此，新闻行业同样也应该成为善的存在、善的事业。

新闻行业能否实现自身的利益追求和价值目标，与新闻工作者的职业素养密切相关。从行业发展的历史来看，拥有健康道德的从业者是行业持续发展的重要条件。如果一个行业的从业者普遍缺乏道德，是无法造就一个健康发展的行业的。对于新闻行业来说也是如此。如果新闻工作者个体之间没有建构起合理的新闻伦理道德关系，新闻行业就不可能健康发展。新闻工作者是时时刻刻向社会和公众提供有着特殊社会影响力的新闻产品的职业人，一定社会中新闻行业的健康，是以新闻工作者组成的共同体的健康为基本标志的，在新闻信息的传播过程中，如果每一个新闻工作者个体都能够有效地发挥主体性和能动性，自觉遵循角色道德规范要求，不断使其角色意识和行为同新闻道德规范要求及社会伦理期待相契合，进而达到自律状态与自由自觉的道德境界，就能够使整个新闻职业群体、整个新闻行业成为道德的、健康的行业。

新闻传播活动作为社会系统的一个子系统，与社会各个领域、各个子系统有着不可分割的关系，与社会大众的生产、生活更是有着天然的密切关系。在人类的社会生活中，无论战争年代还是和平时期，新闻信息的传递始终贯穿于各种错综复杂的社会关系中，并发挥着重要作用。特别是在当今社会，随着高科技进步所带来的技术支持的不断更新，新闻信息的传递更加及时和广阔，新闻活动对于整个社会的作用与影响也越来越大，人们对新闻媒介的依赖程度越来越高，新闻传播与社会的关系变得越来越紧密，新闻传播活动中各种关系和矛盾也日益复杂，矛盾的解决也需要新闻工作者自觉依靠新闻职业道德进行调节和规范。法国媒介伦理学者贝特朗提出，媒体对个人的影响现在已经贯穿人生的全过程。在这个时代里，新闻传播的内容与方式、质量与水平、追求与价值取向，不仅影响受众个体的认知、价值判断，而且对于社会的意识形态、社会伦理秩序的建构以及人类生活方式的变化、社会的稳定与发展等都具有重要的影响。新闻传播活动早已通过自己的优势和特征与社会结成了全方位的沟通和联系，以真实新鲜、及时公开、客观公正的新闻理念和精神，广泛渗透到社会各个领域之中，成为影响社会大系统实际运行的重要因子。

在整个社会体系中，新闻职业是一个特殊的职业，新闻工作者也因此占有特殊的社会位置，起着特殊的"监察员"的社会角色，有着独特的社会影响力和引领作用。新闻工作者的职业行为和道德操守也具有独特的社会意义和价值。新闻工作者作为具有信息传播、舆论引导与社会教育功能的传播主体，其新闻传播行为在客观上具有广泛的示范效应。他们可以根据自己的情感好恶、利益需要和价值取向来选择新闻信息，决定向社会大众传播什么，并在传播过程中用各种方式把自己的观点与态度融入新闻信息之中，从而影响社会的方方面面。由此可见，新闻工作者对一个社会的精神文明和物质文明的建设都有着巨大的影响力。正是因为这一点，每一位新闻工作者较之其他行业的人员应该具有更高的角色道德水准，在角色道德实践中具有更鲜明的典范性。反之，如果新闻工作者自身道德素质低下，就会通过手中的舆论工具，向社会传递错误信息和负能量，甚至会给社会带来重大损失。而每一位新闻工作者的角色道德自觉，是促进社会道德的进步、建构并优化社会伦理秩序的个体基础。新华社记者朱玉，在回答一位读者"新闻记者的背后是什么？责任是什么？"的问题时，很好地诠释了这一点。她说："支持我的就是责任，尤其在看到一些非常弱势的群体，当面临非常悲惨的状况的时候，每一个有良知的人，不单是记者，都会产生义愤，我作为记者有义务、有责任把这个东西写出去，所以有一种力量就是责任。职业道德应该有正义、无私、责任感，悲天悯人的情怀，包括俯仰天地的胸怀，以及大彻大悟的智慧。"①

新闻传播实践的历史与现实告诉人们，职业的新闻工作者采集、制作、传播的新闻，有时也会产生破坏性的作用和影响。在中国新闻传播事业发展史上，也曾出现过违背新闻真实性、客观性的时期。

因此，肩负起对社会、对公众的职责和使命，为社会提供文化良知，为人类的道德文化和精神文明生活负责，这既是新闻工作者的角色道德责任，也是其角色道德义务。新闻工作者应该摆脱他律性的道德要求，将外在的对于自身扮演的社会角色道德的客观要求内化为主观的道德自觉意识，出于明确的理性意识而自愿自觉地选择有道德地传播新闻，实现由外在的道德义务的他律向内在自由自觉的道德良心的自律转换。新闻工作者对自己的工作特征、角色特点、角色道德树立必要的自觉，在新闻传播的道德生活中不是依靠外部约束而是凭借内心道德信念自觉进行道德选择和道德判断，就能够充分意识到自己作为职业新闻工作者拥有特殊的社会影响方式，自觉对自己的传播行为提出严格要求，在道德上作出更大的努力，为社会公众的各种判断，包括道德判断提供信息基础；就能够促使新闻传播活动成为为社会普遍利益或共同利益服务的良好的、独特的手段，建构良好的社会伦理秩序，促进社会的良性发展与运行。

第三节　新闻工作者角色道德自觉的内容

新闻工作者角色道德自觉的内容，既包括与新闻工作者社会地位和身份相一致的权利、义务规范和行为模式的角色自觉，又包括新闻工作

---

① 张征：《新闻发现论纲》，中国人民大学出版社2006年版，第107页。

者角色的权责伦理定位、伦理期待和道德规范及品质的道德自觉。

一　新闻工作者的角色定位与伦理期待

（一）新闻工作者的角色定位

在社会学中，地位是指社会成员在社会系统中所处的位置以及围绕这一位置所形成的权利和义务关系。人既是个体的人，更是群体的人、社会的人。考察新闻工作者的社会地位，要从其所在的各种系统中进行分析，才能把握其在不同社会系统中所处的位置，从而认清其权利和义务关系，明确其在社会中所发挥的作用。具体而言，可以从两方面进行分析。一是社会系统与新闻传播系统。在社会层面或社会大系统中，新闻传播系统是传播新闻信息的社会职业，作为人类新闻活动的历史产物，新闻工作同其他职业一样，既是人类社会发展到一定阶段的产物，也是社会发展需要的产物，以传播新闻和引导舆论为其经常性的社会活动，在社会大系统中占有重要地位，发挥着重要作用。二是新闻传播系统与新闻工作者。新闻传播活动是一个有机系统，在这个系统中，不同要素相互影响和作用，共同构成了特定的信息传播。新闻工作者是其中的一个重要因素，在新闻传播过程中扮演着重要的角色。在这一过程中，新闻工作者需要将具有新闻价值的客观事实通过新闻媒体传播给受众，其承载的是将客观事实转变成为新闻的中介角色。

因此，新闻工作者是社会系统的中介，是社会实现自身目的的中介或手段，是一定历史意志、社会意志的体现者和实现者，并不是绝对独立的主体。从系统论角度看，一个小系统出了毛病，就会影响到大系统的正常运行。作为新闻传播行为的具体实施者，新闻工作者的每一句话、每一种态度，在经过传媒的放大后，会传递出整体效应的错觉，并对新闻传播系统，进而对社会系统的运行产生一定影响，从而可能发生全局性的震荡。因此，新闻工作者还要明确自身在社会中的定位，认清自己在社会系统中的特殊使命。

1. 新闻的发现者

作为客观事实存在的新闻首先是先在于和外在于新闻工作者的，这是新闻获得客观性的逻辑根源，从本体论的角度来说，新闻事实像其他任何客观事实一样，是自在性的存在，但自在的事实要转化为新闻传播信息，转化成为新闻作品中主观化的、符号化的、形式化的新闻事实，离不开新闻工作者的认识，离不开新闻工作者对事实的发现。从认识论的角度来说，新闻是对发现了的客观事实的报道，是对发现了的客观事实的再现和塑造，即新闻事实的客观存在是发现的前提。但这同时也说明，有了客观事实的存在，并不一定有新闻，新闻既是属于世界的新闻，是所有人的新闻，同时也是属于发现者的新闻，甚至首先是属于发现者，即新闻工作者的新闻。

在人类历史发展过程和新闻传播的发展历程中，我们可以做出这样的认知和判断，人类之所以创造新闻传播活动，并持续不断地进行新闻信息的交流与分享，就是要通过新闻传播方式，认识客观世界，了解客观世界，把握客观世界，并通过对其认识和把握，能动地改造客观世界。新闻信息对于特定社会和整个人类都是具有历史性的存在，具有新闻价值的客观事实，首先需要被发现，才能被传播，需要经历从潜在性向现实性的一种转换，否则可能会被"掩埋"或者"遮蔽"，历史事实之所以能够在偶然的机会中成为被人们认知的新闻，除了在于其对于人类发展的价值，还有赖于新闻工作者的发现与记录。因此，新闻工作者被称为记录历史的人，这从某个方面反映了新闻工作者在历史长河中的作用，历史是昨天的新闻，新闻是明天的历史，同时也反映了新闻工作者在人类社会发展变迁中的作用。

对于新闻传播活动的认识，需要经历一个揭示和挖掘的过程，是一个需要充分发挥主观能动性、创造性的过程。新闻信息从潜在的客观事实到成为受众接收的新闻作品，这一过程需要转化，而新闻工作者就是能够进行转化的中介力量。因此，作为新闻信息接收者的社会公众能够得到什么样的新闻、看到什么样的新闻图景，与新闻工作者拥有什么样的新闻理念、具备什么样的新闻价值追求、采用什么样的新闻传播方法，都是密切相关的。新闻工作者在社会系统运行中的作用也主要体现于这一中介化的角色之中，实现于这一中介化的过程之中。

2. 新闻的再现者

新闻传播的本质是对具有新闻价值的客观事实的再现与传播，这一本质要求新闻叙述逻辑与事实逻辑的一致性，要求新闻工作者在传播中努力在新闻的主观逻辑中再现新闻事实的客观逻辑，尽可能减少各种中介因素的干扰，确保新闻的真实性、准确性和全面性，这是新闻理念的核心，也是新闻实践的基本任务和目标。

新闻工作者作为新闻传播的主体，其作用的发挥不仅在于能够发现具有新闻价值的客观事实，还要再现客观事实的本来面目，即对客观事实进行采集制作加工，并以新闻作品的形式传播出去。因此，新闻工作者在社会系统运行中的作用就是对新闻本体进行再现，直接呈现事实本体的真相，以最大限度地满足社会公众对于事实真相的需求。作为对新闻本体的呈现方式，再现是从客观世界过渡到主观世界的过程，这一过程既受到社会客观条件的限制，也受到新闻工作者自身观念的限制。所以，从客观性来说，新闻工作者无法达到全部还原事实真相，新闻也无法达到事实的纯粹再现。但是，我们应该认识到，新闻传播活动其实也是主体与客体在一定环境条件下相互作用的结果，新闻信息并不是新闻工作者对本体的纯粹的、绝对的再现，而是一种主客体相互作用的生成物。因此，再现在本性上诉求新闻工作者的价值中立性，即新闻工作者在报道自身之外的客观事实时，保持对事实的价值无涉或价值中立的态度，尽可能地避免各种可能意识形态因素对本体事实的遮蔽或放大，不以自己的意识、意志、情感等改变客观事实的本来面目，这既是对新闻工作者在认识论意义上的要求，也是价值论意义上的要求。

3. 社会的建构者

在现实社会中，由于新闻传播大系统只是社会大系统的一个子系统，其运作必然受到社会大系统的制约。西方新闻学研究者认为，新闻是依据一定的文化构建的，是特定社会中的社会成员共同创造出来的，新闻传播观念与特定社会的文化环境、文化传统息息相关。所以，新闻传播系统是由不同时空中的人们生活于其中的社会建构的，新闻工作者的传播活动离不开社会环境的作用和影响，离不开新闻活动中各种类型主体的作用和影响，必然要受到各种社会条件的限制，要遵守一定的社会原则，是一定社会意志的体现者和实现者。

但是，新闻工作者对新闻事实的认识不是大脑对新闻事实的机械复制，也不是新闻事实单独作用于新闻工作者大脑后留下的印记或印象，而是新闻工作者与新闻事实在一定认识环境下相互作用的结果，是经过一系列复杂的感觉、观察、思维、理解的结果，在这种结果中，必然融进了新闻工作者的解释或理解，必然渗透着新闻工作者的情感和意志的影响。他们是以自己的能动的主观性去反映客观事实的客观性的，其传播的新闻信息、意见，是面向社会大众的，有可能迅速影响一定范围的社会大众，影响社会舆论的形成，影响社会公共事务的变化，从这一角度来看，新闻工作者扮演的是公共传播者、社会化传播者的角色，是社会的建构者。这就意味着他必须承担更多的社会责任，如正确舆论导向、文化传承、道德教化等。这就要求新闻工作者要在对社会环境的监测和守望中发挥特殊的作用，对社会整体面貌的反映和具体新闻事实的报道要真实全面，使社会大众有机会多角度、多层面地立体化了解自身和他人的生存状态，了解一定社会环境的变动状况和发展趋势。

（二）新闻工作者角色扮演中的伦理关系

社会角色存在于一定的社会关系和社会结构中，社会角色的存在离不开社会关系，无论是个人个体还是组织个体都是以角色的形式存在于社会关系和伦理体系之中的。也就是说，无论是个人还是群体或社会组织，在角色实践中，都要以特定的社会关系和伦理关系为基础，根据社会对社会角色的权责定位、伦理期待以及伦理行为模式，扮演自己所承担的社会角色，在社会角色与社会的互动中实现角色与社会的和谐互动。因此，明确社会角色的伦理关系，是扮演好该社会角色的基础。这样，既能对其扮演的社会角色进行伦理评价，也能够让角色扮演者学习领会其权利、责任和义务，从而在角色扮演实践中，能够进行正确的价值判断和行为选择。新闻工作者角色扮演中的伦理关系主要表现在以下三个方面。

1. 新闻工作者与新闻媒介的伦理关系

这是新闻工作者与自己服务的新闻媒介之间的关系。新闻行业是社会大系统中一个特殊的子系统，与社会的政治、经济、文化及人们的日常生活有着普遍的、直接的、密切的联系。构成新闻行业实体运行组织的新闻媒介就具有了实体属性，也成为一种伦理实体或者道德实体。因此，作为道德实体的新闻媒介与其所属的工作人员即新闻工作者就构成了特定的伦理关系，相互之间能够达到价值认同和道德认同，是新闻工作者能否在所属的新闻媒介中有效展开工作的前提。

新闻工作是上层建筑、意识形态领域的一个重要工作部门，也是宣传思想战线的一个重要舆论阵地，具有特殊的地位和性质，在社会发展中肩负着政治责任、社会责任与道德责任，但其最核心的也是最重要的职责是为公众传播新闻信息。作为道德实体的新闻媒介，必然有自身的伦理道德原则，拥有自己的道德价值目标和价值理想，要求所有的新闻工作者按照这样的要求在自己的岗位上进行工作。因此，新闻媒介要依据自身的发展目标和发展要求，对从业人员即新闻工作者进行科学有效管理，通过新闻工作者对信息的采集、加工及传播，进行社会最新信息与舆论的传播活动，及时反映人类社会最新发生的社会变动，发挥新闻行业报道新闻、传播信息、监测社会、引导舆论、传播知识的社会作用。

新闻工作者作为在新闻媒介中工作的人员，既是新闻传播活动中最具有主体性和能动性的"守门人"，也是社会事实转变为新闻信息的中介，有了他们，传播活动才能得以运行，新闻媒介才能发挥作用。但是，作为新闻媒介组织成员的新闻工作者又是一个独立个体，有自己的道德追求和道德理想，在新闻媒介和新闻工作者之间，其价值追求和道德理想既有一致性又有差异性，对新闻传播活动的功能、意义和价值可能会有不同的理解。因此，新闻媒介和新闻工作者都要认清双方之间的伦理关系，才能达到新闻行业职业目标的实现。作为新闻工作者，要认识到新闻媒介与新闻工作者之间是管理与被管理者的关系。在这种关系中，新闻工作者要做到以下两点。首先，应该对自己服务的新闻媒介负责，忠诚履行自己的职责，在新闻信息的采、编、播环节都要做好自己的本职工作；其次，应该对在新闻媒介工作的同事和同行负责，在工作中以诚相待，互相尊重，公平竞争，不得为同行故意设置障碍，制造困难，尊重著作权，不抄袭、剽窃他人的劳动成果。

2. 新闻工作者与受众的伦理关系

新闻传播活动中的受众，既是新闻信息的接收者，也是新闻产品的消费者和检验者，是新闻传播流程的终端。在新闻信息的传播过程中，新闻工作者是传播主体，受众是传播受体，两者之间是传受关系。作为新闻信息传播的"把关人"，新闻工作者往往掌握着信息能否发布和传播以及如何发布和传播的选择权，在传播过程中，他们个人的观点和态度又会以不同的方式和手法融入新闻信息中传达给受众。因此，受众通过新闻媒介所获知的各种新闻信息，实际上是被"过滤"了的信息。新闻工作者在新闻信息传播系统中，作为传播主体具有主观能动性，而受众则是被动地接受。虽然受众可以主动选择使用媒介和信息以满足个人需求，但在传播中仍然处于相对弱势地位，一条虚假新闻可能引发社会动荡，一则虚假广告可能导致消费者遭受损失，一篇内容不健康的文章可能毒害青少年的心灵。新闻工作者所传播的信息会影响受众的思维方式和价值判断，对受众的精神文化生活产生重要影响，所以要对受众负责。

现代社会已经进入新媒体传播时代，互联网和手机都成为传播的新媒体，受众既可以利用这些新媒介收受新闻信息，也可以主动发布自己获得的新闻信息，"每个人都是记者，都是编辑"，既是受者，也是发布者，这对于新闻工作者的信息传播提出了新的要求。由于新闻工作者供职的新闻媒体具有较强的公信力，依然是社会公众获得真实信息的首选。因此，新闻工作者应该及时了解受传者的信息需求，并对其合理性、合法性、合道德性作出判断，进行适当把握，使受众接收信息后可以体会和感觉到新闻信息中所蕴含的社会认同的道德规范和价值规范，并能自觉按照这种规范和标准去理解社会现象，判断和约束他人及自己的行为。

3. 新闻工作者与社会的伦理关系

新闻传播是人类社会一种特殊的认识与反映形式，具有促进社会有序发展、推动社会全面进步的重大作用，新闻工作者肩负着为社会传递新闻信息的责任，新闻工作者就成为社会各阶层、各行业所不可缺少的联系环节，而只有新闻工作者的具体职业行为才能实现这种社会功能。从某种意义上讲，全社会既是新闻工作者的工作对象，也是新闻工作者的服务对象。社会生活的方方面面，从经济基础到上层建筑，从国际政治的风云变幻到寻常市井人家，都可能成为新闻工作者密切关注或采写报道的对象。因此，新闻工作者是与现实社会保持最广泛、最紧密的联系的"社会活动家"，也是公众舆论的表达者和引导者。他们传播的新闻信息在干预社会生活、引导社会舆论、针砭社会时弊、促进社会公平正义、反映社会民意等方面有着深刻的影响，对于社会舆论，社会主流意识形态的价值导向，社会的稳定、进步和发展具有重要意义，其职业行为关系到社会上的千家万户，与这个社会生活息息相关。因此，新闻工作者要具备强烈的社会责任感和高尚的道德人格，在传播过程中，考虑到全体社会成员在内的社会整体利益，对社会的稳定、发展与未来承担责任。①

（三）新闻工作者角色的伦理期待

在社会角色扮演中，社会对角色主体都抱有一定的角色期望，希望

---

① 魏茹芳、宁克强：《新闻工作者的角色伦理冲突与调控》，《道德与文明》2013 年第 4 期。

他们以一定的行为方式完成一定的职责，这就是角色伦理期待。角色伦理期待是社会道德要求具体化的表现。新闻工作者角色的伦理期待是新闻媒体和社会大众对新闻工作者履行职责行为的合乎伦理道德的希望和要求，是新闻工作者的伦理引导和价值目标。由于新闻工作者的职业特点和社会责任有别于其他职业，因而也有着不同的伦理期待。

1. 记录历史，传播真实信息

新闻工作者是新闻信息的传播者，其角色的伦理期待必然要求其随时观察自然、社会的最新变动状况，及时记录并传播具有新闻价值的客观事实，从而守望社会、监测环境，使社会形成正常的、良性的信息秩序、生活秩序、运转秩序，这是新闻工作者始终如一的基本职责，即提供真实的新闻。新闻传播活动是人类认知客观世界的一种基本方式，其直接目的在于反映和报道现实世界中有意义的最新变动情况，为人类自身的生存和发展提供最新的信息安全保障。"新闻活动的目的就是向人们提供所需要的公开而准确的信息。"① 因此，新闻工作者要及时记录并传播新闻信息，在进行新闻信息的传播时，要做到守土有责，提高业务修养，掌握新闻传播规律，在采访、写作、编辑、制作、播出等环节，都要做到严谨认真，不出差错。如果隐瞒不报，或者报道不及时，对新闻工作者来说，就是失职。新闻工作者的角色就是要关注社会，关注人类发展，真实地记录影响人类生活和历史进程的一切重大事件，传播社会最新信息和事实及其深刻的社会意义。

2. 服务公众，正确舆论导向

新闻工作者的工作性质决定了他们是与社会生活的各行各业、各阶层接触最广泛的社会角色，因此要承担好服务社会、服务公众的社会角色。为社会服务，是指新闻工作者要发挥自身的传播优势，特别是在报道新闻、监督社会、引导舆论文化教育等方面，积极推动社会的物质文明、精神文明、政治文明、生态文明的协调发展。在新闻传播活动中，新闻工作者信息传播的使命是双向的，既要上情下达，又要下情上达。一方面，要从社会公众的利益出发，在新闻采访和报道中针对实际情况，向社会公众宣传和解释党和政府的方针、政策，做到上情下达。如

---

① ［美］罗纳德·叶芝：《美国新闻业的角色定位》，转引自武汉大学新闻传播学院等主编《新闻与传播评论》（2005 年卷），武汉出版社 2006 年版，第 2 页。

在 2016 年 3 月全国"两会"召开期间，新闻工作者通过各种途径来解读国家的最新政策，让社会公众对于国家发展的"十三五"规划及其他重要纲领性文件等有所了解和认知。另一方面，还要使下情上达，在传播新闻信息的过程中，注重收集群众对于新闻事件的反馈意见，关注民众对国家政策、社会舆论的呼声，积极向有关部门反映问题，努力使自己成为政府、社会与群众之间信息沟通的桥梁。同时，新闻工作者还应该把社会公众作为新闻报道的主体对象，反映社会公众的生活，满足社会公众的需求，充当社会公众的耳目喉舌，永远把社会公众的共同利益置于崇高的地位。

新闻媒介是舆论的载体，新闻工作者还应该成为社会舆论的引导者，扮演好把握正确舆论导向的角色。在新闻实践中，一条新闻，该抢还是该压；一篇报道，该热处理还是冷处理，都需要新闻工作者认真思考，否则可能会导致传播方向偏离，导向失控。社会生活中有许多重大事件，涉及公众切身利益并存在诸多置疑的问题，常常会成为舆论关注的热点，由于人们所处地位不同、思想认识不同、涉及利益不同、文化背景不同等原因，往往会产生不同的看法和意见，正确的舆论，能够凝聚人心，振奋精神，促进团结，维护社会稳定；错误的舆论，往往混淆视听，涣散人心，成为社会不稳定的隐患。新闻工作者要及时地作出正确的判断，果断抓住有利时机，掌握舆论引导的艺术和水平，通过对事实的报道和评论促进引导正确舆论的形成，在同公众交流中引导其形成社会共识，在加强信息服务中开展思想教育，化解矛盾，统一思想，传播正能量，使社会公众的思想观念和言论行动，朝着正确健康的、有利于社会利益的方向发展。

3. 传播正能量，维护社会公平正义

公平正义，从古至今，始终是人类追求的境界和目标，被看作"百德之总"，是一种最高的价值观念。美国学者约翰·罗尔斯在其著作《正义论》中开宗明义地指出："正义是社会制度的第一价值，正像真理是思想体系的首要价值一样。……作为人类活动的首要价值，真理和正义是绝不妥协的。"[①] 公平和正义同样是人类新闻传播事业追求的伟大理想，对社会正义的追求一直贯穿着新闻传播的历史，在社会的发展

---

① ［美］约翰·罗尔斯：《正义论》，中国社会科学出版社 1988 年版，第 3—4 页。

中，新闻媒介作为社会公器的地位与作用日益凸显，人们越来越希望通过新闻传播手段，维护社会正义，实现社会公正。"作为新闻媒体，其基本的社会道义，同样是维护社会正义，揭露和鞭挞社会丑恶，推动社会的发展和进步，这是公众的社会道德期望，也是媒体存在和发展的社会道德基础。"① 而这一切首先必须以新闻传播自身的公正为前提，以新闻工作者自身的正义精神为支撑。新闻工作者是新闻公正的主体根基，更是新闻行业通过新闻传播手段，维护社会公平正义的根基。这也正是社会对于新闻工作者的角色期待，即承担和扮演好社会、行业赋予其维护社会公平正义的使命。这种角色期待具体表现为新闻工作者能够真实、客观、快捷地报道新闻，具有"秉笔直书，为民请命"的社会良知和济世情怀，能够从内心到外在平等地对待新闻报道中涉及的人和事，能够真诚地面对自己的采访对象，不通过新闻报道权利为自己或他人牟取私利，不仅成为新闻信息的客观报道者、舆论的引导者，还要敢于惩恶、善于扬善，成为真相揭露者、真理捍卫者。

4. 倡导文明，教化道德

新闻媒介是国家和社会上层建筑的一部分，担负着倡导文明、教化道德、促进道德养成的神圣职责。新闻传播活动是客观存在的一种文化现象，是"最广泛、最具文化质态的社会行为之一"，它既是一种文化形态，又是一种文化载体。新闻工作者传播的新闻信息，能够作用于人的思维、行为，能够促进人的社会化，进而影响社会的亚文化系统。今天，人们获取知识的途径已不再局限于书本和课堂，互联网的出现使大众传媒以更快的速度、更广的范围将文化传播到可及的范围，知识信息得以有效融合。

新闻工作者要在新闻传播过程中，挖掘民族文化和民族精神题材，传播和弘扬民族精神，宣传阐释好中国特色，讲好中国故事，传播好中国声音，以继承文化传统、增强民族凝聚力。这既是国家发展、民族自强的需要，也是面对外来文化的渗透和侵略保持文化独立的现实需要。同时，以开放的态度对待外来文化，在传播中，不能亦步亦趋，也不能全盘否定，要根据中国的国情，有选择地传播、学习外来文化，在与世界文化的融合、交流与碰撞中，积极吸收先进文化的因素，为我们的传

① 陈汝东：《传播伦理学》，北京大学出版社 2006 年版，第 127 页。

统文化注入活力，使其焕发出新的生命力，使中华优秀传统文化屹立于世界先进文化之林。

一个文明的社会，其成员良好道德的养成，需要提倡，需要教化，需要社会的监督和促进。新闻工作者作为新闻传播活动的主体，是思想道德教育活动的重要载体，扮演着促进社会主义道德建设和精神文明建设的重要角色，担负着倡导文明、教化道德，提高公众的社会道德水平的神圣职责，一个富有责任感和职业精神的新闻工作者，理应为这个社会形成良好的道德风尚做出自己的贡献。

社会系统的和谐有序运行，需要有稳定的社会秩序作支撑，道德规范就是维护和稳定社会秩序的一种重要方式，作为一种非强制性的社会规范，主要依靠社会成员的内心信念进行自我约束。一个文明的社会，其成员应当有着良好的道德修养，在社会上有良好的社会公德，在单位有良好的职业道德，在家庭有良好的家庭美德。这些良好道德的养成，需要提倡，需要教化，需要社会的监督和促进。社会道德是对人们行为的一种自我约束，能够使社会中的人与人之间处于一种和谐的状态。事实上，新闻工作者对新闻事实的选择、加工和传播的过程，是一个价值影响的过程，蕴涵着社会应该是怎样的价值判断，包含着对各种社会角色的社会期待，如为官者应该清廉勤政，为商者应该诚实守信，为医者应该救死扶伤，为师者应该传道授业解惑，等等。一个富有责任感和职业精神的新闻工作者可以通过扬善惩恶，向人们宣扬和提倡德行善举，褒奖和宣传好人好事，帮助人们认清何为真善美、何为假恶丑，形成高尚的社会道德和良好的社会风气。

当前，我国正处于社会转型期，社会利益关系复杂，各种思想观念交织，在一些领域出现了道德滑坡和道德缺失的现象，新闻工作者应该承担起社会道德养成的责任，在社会中倡导党的十八大提出的"富强、民主、文明、和谐，自由、平等、公正、法治，爱国、敬业、诚信、友善"的社会主义核心价值观，用正确的舆论引导社会思潮、凝聚社会共识，宣扬正确的价值导向和道德标准，使社会各种角色有所遵循，以引领社会道德风尚，促进社会成员的道德养成，强化社会的道德规范。

二 新闻工作者的角色权利

社会角色是社会构成的基本元素，是连接各种社会关系的纽带，也是伦理关系的连接点。随着角色个体的成长和发展，其社会生活领域和社会交往面不断扩大，人们的社会关系越来越复杂，从而也就客观地获得了各种不同的社会角色以及相应的伦理关系。当人们进入职业领域后，又获得了与自己职业相联系的工人、农民、医生、教师等社会角色，从而形成了与职业角色有关的社会联系和伦理关系，由此也就产生了职业上的职权和职责的规定。马克思、恩格斯曾经在《德意志意识形态》中指出："以一定的方式进行生产活动的一定的个人，发生一定的社会关系和政治关系。……社会结构和国家总是从一定的个人的生活过程中产生的。但是，这里所说的个人不是他们自己或别人想象中的那种个人，而是现实中的个人，也就是说，这些个人是从事活动的，进行物质生产的，因而是在一定的物质的、不受他们任意支配的界限、前提和条件下活动着的。"[①] 现实生活中，个人参与社会生活的方式通常是扮演社会角色。社会角色存在的前提和基础是社会关系和社会结构，它是一定社会关系和社会结构的集中体现，作为社会关系重要维度的权责关系，也对社会角色的形成与发展产生影响与制约。

现代社会，角色个体的存在与发展以角色身份和角色地位为前提，角色权利和角色责任是与角色社会身份和地位相契合的必然规定，角色的权责关系是社会角色存在和发展的伦理基础。社会角色的权责关系体现了社会角色的社会规定性。在社会生活中，角色扮演者担当的社会角色越多，其权利和责任的社会规定性也就越丰富，社会化程度也就越高，也就越能获得全面、自由发展的机会。角色责任与角色权利如影相随，对于社会角色而言，没有无责任的权利，也没有无权利的责任。社会角色通过责任和义务的履行可获得相应的权利，责任和义务是角色社会化的标志，社会角色履行的责任和义务越多，其越有可能实现其自身的社会价值。这种社会价值就是角色自我实现的重要内容。因此，无论是从角色权利还是从角色责任来看，角色的权责都是角色主体自我实现的必要途径和表征。作为新闻信息的传播者，新闻工作者既享有一定的权利，也应对他们自己的信念、组织和社会大众负有相应的责任。

新闻工作者的权利，是随着新闻传播活动的发展，从事新闻信息传播活动的人们在斗争中逐步提出来的，并争取和得到承认的一系列传播的权利。在新闻传播活动发展的不同阶段，其表现出了不同的特点。在

---

① 《马克思恩格斯选集》第一卷，人民出版社1995年版，第71—72页。

人际传播和印刷传播时期，新闻传播者争取的是能够在公共场所发表自身意见和利用印刷媒介表达言论自由的权利，随着媒介的发展，新闻传播者又开始提出新的权利，即要求能够通过任何媒介收集、接收和传播信息。现在，随着新媒体的出现，新闻传播进入了信息化时代，以往的以传播者为中心的传播模式已经转变为以接收者为中心，传播主体开始呼吁能够享有自由传播权。

新闻工作者的权利界定，分为一般权利和角色权利两种。一般权利，是指新闻工作者作为普通公民，"依法享有的从事传播新闻信息、新闻评论以及监督国家机关及国家工作人员行政行为及个人品质的权利"。① 角色权利，专指作为专门从事新闻传播活动的主体所享有的权利，即新闻工作者完成本职工作必须具备的职业权利。主要包括知察权、编辑权、传播权、监督批评权、秘匿权、著作权、人身安全权等。关于新闻工作者的角色权利，笔者曾经在《新闻工作者的角色伦理冲突与调控》一文中进行了阐释，相关内容在其他理论研究以及理论著述中也较多，体系也较为全面，本书就不具体展开论述。

三 新闻工作者的角色责任

责任是指对一个人做或不做某些事进行要求与规范。任何人、任何行业都应当对自身的行为负责，对社会负责。社会角色是个体在特定社会关系中的标示和定位，也是责任的承载者。在现实生活中，每个人都处于复杂的社会关系网中，往往扮演多重社会角色，相应地，也就具有多重责任。一般来说，一个人的社会角色可以分为四类：家庭角色、职业角色、公民角色和作为"人类"的角色。也因此要承担相应的四类责任：家庭责任、职业责任、公民责任和"人类"角色责任。在角色伦理视阈下，社会角色的责任不仅仅限于角色责任，还包括道义责任，是实然的角色责任与应然的分内之责和道德义务的统一。

在我国，随着新闻业的长足进步，新闻工作者队伍也不断壮大，并呈上升趋势。在新闻业的传播系统中，新闻工作者虽然只是其中的一个环节，但却在新闻传播过程中扮演着重要的角色，肩负着社会赋予其重要的社会责任和职业责任。作为新闻传播行为的具体实施者，新闻工作者的每一句话、每一种态度，在经过传媒的放大后，都会传递出整体效

---

① 童兵：《理论新闻传播学导论》，中国人民大学出版社 2000 年版，第 39 页。

应的错觉，并对社会系统的运行产生一定影响，从而可能发生全局性的震荡。一个小系统出了毛病就会影响到大系统的正常运行。如果在新闻行业，在每一个新闻结构中，每个新闻工作者都各司其职，新闻传播的大系统就能正常运转。因此，新闻工作者更应认识到自己在复杂的社会生活中扮演的社会角色和职业角色，认清自己肩负的职业责任、伦理责任。

（一）新闻工作者的职业责任

职业责任是指人们在一定的职业活动中所承担的特定的职责，是职业规范所意味的义务以及违背要求所应承担的后果。在社会学中强调的角色责任主要是指角色职业责任。社会分工的不同形成了具有不同专门义务和特定职责的各种职业。在社会分工的条件下，任何社会角色，任何机构的特定职位，都有特定的规范与要求，都负有一定的责任。就社会角色个体而言，职业是每个从业者的主要社会活动形式，从事某种职业，既是人们谋生的手段，也是对社会和他人所承担的责任。在社会生活中，新闻工作者以新闻信息传播为职业，其职业角色的性质要求其承担职业角色责任，影响着其职业角色责任的履行和实践。

在传播学理论中，新闻行业具有四大功能，功能对应着责任，责任由功能延伸而来。在新闻行业的功能中，传播信息是其最基本的功能，即本体功能。具体而言，信息功能就是表征和认识客观事实本身面目的功能。通过新闻信息的传播，人们可以及时了解客观社会的最新变化，并据此为自己的生存发展寻求有效路径，从这一角度看，这一功能是稳定的，不会因为新媒介技术的发展以及传播环境的改变有所减弱，从新闻行业与社会，新闻行业与人类的生存、生活的关系来看，新闻行业满足的是人类最基本的信息需要，这也是新闻行业存在的决定性要素。对于以传播新闻为职业的新闻工作者来说，就是要通过新闻报道直接告知社会、告知公众，现实环境中发生了哪些值得关注的最新变动。只要准确反映、再现了新闻事实所包含的事实信息，就等于告知了人们新闻事实本身是什么。新闻工作者通过向受众传播新闻信息，与不同人群沟通，在自己的职业生涯中实现了自身的社会角色。因此，正是新闻传播的本体功能明确了新闻工作者在社会生活中所扮演的职业角色，也因此鲜明地提出了对新闻工作者承担职业责任的要求，使职业的新闻工作者在传播业态中产生了特殊的价值，从而也就产生了新闻工作者的职业责任，即提供真实的新闻信息，把真实可信的事实信息有序地、有意义地提供给社会大众。"公民面对的是前所未有的资讯爆炸时代，他们更需要——而不是更不需要——媒体提供可靠的信源、验证事实、突出重要资讯、过滤无关资讯。……新世纪对真实的需要比以往更加迫切，因为不真实的东西实在太多了。"随着社会的发展，公众的政治素质、文化修养越来越高，人们对于新闻工作者传播信息的需求也会发生变化，他们期望新闻工作者更多地提供真实的、具有社会价值的客观事实，而对于有关新闻事件的评论、各方意见会相应减少，这种发展变化趋势使新闻信息的本体功能愈加重要，这既关涉新闻工作者的声誉和品格，更关涉社会的民主与人民的自由能否真实实现的问题。传播真实新闻信息，既是新闻行业的本体功能，也是新闻工作者的职业责任。在新闻工作者角色责任中，传播真实信息是基本责任，也是其他责任得以实现的基础。

1. 理性传播，求实为本

新闻传播活动是监测环境、守望社会的活动，其天职首先是真实、客观、全面地反映事实世界的最新变动状况，这种职业责任是在人类新闻活动中历史地形成的，并不是任何个人主观设定的。因此，贯穿在新闻工作者职业责任中的首先是求真求实责任。这种责任体现在新闻传播活动中就是一条最根本的原则——真实原则。具体而言，新闻工作者传播的真实原则可以从两个方面来把握和实现。

第一，真实原则的基本诉求：事实真实。新闻本质是一种事实信息，新闻工作者的职业是传播事实信息。在传播状态中，新闻信息是对新闻事实的反映，事实性真实是新闻传播最基本的、首要的特性。新闻工作者在传播新闻信息时，要确保新闻报道对象的客观存在，拒绝一切虚构性信息。同时，新闻工作者要重点揭示新闻事实之真实面目，避免在新闻报道中进行价值评价和意见渗透。

第二，真实原则的精神内核：事实为本。追求真相，揭示真相，是新闻传播的基本品性和目标。在这品性和目标中蕴含的新闻职业精神内核，就是事实为本。"作为大众传媒的工具——媒体，应该是与科学研究相通的，实事求是、报道的真实性，始终是媒体的灵魂。一个好的记者和好的编辑与科研工作者一样是老老实实地调查研究分析，得出真实的结论，而绝不能不顾事实，哗众取宠。"① 所谓事实为本，是指事实决定新闻，这是新闻在本体论与认识论上基本的、不可变更的关系。作为新闻本体的事实（新闻事实）如果没有相对新闻（新闻信息）的在先性，就不再是新闻，这是辩证唯物主义者在新闻本源观上的基本态度，也是新闻行业存在的哲学基础。事实为本，意味着事实是新闻得以存在的绝对根据。人们批评新闻行业存在的各种新闻丑恶现象，一定是在某种程度上，新闻工作者背离了事实为本的新闻原则。

　　新闻工作者及其供职的新闻媒体为了各种利益目的（但自身的利益一定是诉求的核心），在新闻策划的名义下，有意创造出具有一定新闻价值的事实，然后再自行进行新闻报道，这在中外新闻史上已经屡见不鲜，这也是当今中国新闻工作者以及新闻行业中存在的现象。这种现象虽然没有违背事实的先在性，因为新闻报道总是在事实之后发生或出现，媒体报道自己创造的新闻事实，是合乎法律规范的。但新闻行业的这一做法背离了新闻职业责任的基本诉求，其公正性、客观性会受到人们的质疑。事实为本，就是尊重事实，坚持事实至上。新闻工作者传播的新闻信息呈现的是事实本身，而不是用任何利益视角去呈现事实，不是用传播者自以为是的看法分析事实。在现实的新闻传播中，新闻媒体和新闻工作者不可能没有倾向和立场，但如果用自己的立场和倾向有意改变事实的本来面目乃是非法的、不正当的、不符合新闻真实性的要求。事实上，在现实社会中，新闻传播系统只是社会大系统的一个子系统，其运转必然受到社会大系统的制约，其传播内容必然要受到各种社会条件的限制。但是，在现有的社会状况和科技条件下，新闻工作者要最大限度地坚守事实至上这一传播原则，才能履行好社会赋予新闻行业的责任，这既是新闻行业存在的核心，也是新闻工作者的职业责任。

　　2. 客观全面，反对虚假

　　客观原则和全面理念是新闻工作者履行新闻传播职业责任时坚持的原则、观念和方法。

　　其一，客观理念与客观方法。客观原则是人类新闻传播史上最引人注目的一条传播原则。客观性是西方新闻媒介专业化的一个标志，也正是新闻媒介的专业化，才形成了相对独立的新闻职业。到今天，它已经

---

① 陈汝东：《传播伦理学》，北京大学出版社 2006 年版，第 137 页。

成为世界新闻传播界的一种新闻传播理念，一种新闻职业道德精神，一种对待新闻报道的态度。同时，它也是一个基准尺度，以它为核心作为衡量新闻行业其他方法的标准。从理论逻辑上说，客观是相对于主体的客观，其实质意义是把一定主体之外存在的一切事物都称为客观事物；客观是相对于主观的客观，其实质意义是把人的精神、意识之外的所有事物都称为客观事物。新闻传播中的客观，从直接性来看，是指相对于传播主体而言的客观，即存在于传播主体之外的一切事物对于传播主体都是客观的。客观传播既是对新闻工作者在认识论意义上的要求，也是价值论意义上的要求。在客观性的背后存在新闻职业的道德诉求，客观性的本质在于传播者的超然性，作为一种传播理念，新闻工作者职业责任的客观原则，不仅是"事实第一"的求实性要求，在其背后更深层次的要求是一种价值追求，即新闻工作者追求新闻报道的公正性，"客观性要求新闻工作者尽可能地、全身心地投入新闻工作中去，并且以所了解的事实与自己的看法相互印证。简言之，作为主观性的反义词，客观性就是不断地努力摆脱自我，寻求他人，宁肯坚定不移地尊重事实，绝不随心所欲地屈从人意"。①

在操作层面上，客观原则的核心是把事实与意见分开，以一种公正、超然以及不含成见的态度来报道新闻，把事实所含有的不以人的意识为转移的特性，不为人的意志、情感所左右的那种特性反映出来。任何认识与客观对象的符合都不是绝对的，认识的客观性是历史的、具体的、相对的。新闻传播活动作为一种认识活动当然也要遵循这一普遍的认识规律。因此，这就要求新闻工作者在新闻传播活动中认识到客观的有限性原则，也要认识到接近客观性的可能性，去努力实现新闻传播的客观性，否则，必将损害新闻工作者的角色道德，导致新闻失实，失去新闻职业特有的客观力量和社会影响力及公信力，也难以满足社会对于新闻职业的需求和信任。

其二，全面理念和全面方法。全面是相对于片面而言的一个概念，既是新闻报道的一种观念，也是新闻报道的基本方法。在现实的新闻职业中，全面性既包括个体的全面与整体的全面，也包括即时的全面与历史的全面。个体全面与整体全面是从新闻事实的构成角度来看待的，指

① ［法］贝尔纳·瓦耶纳：《当代新闻学》，新华出版社2001年版，第36页。

新闻报道不仅要做到针对个体事实报道的全面，还要做到针对同类事实和一定时空范围内的所有事实报道全面，新闻工作者在新闻传播活动中要做到向社会公众提供全面的而不是片面的、整体的而不是零星的、正确的而不是歪曲的事实、情况和意见。新闻工作者不仅要确保每一具体报道的全面性，更重要的是，还要努力做到所有报道形成的总体报道，能够反映客观世界一定领域、一定时空范围的全面景象，以全面（整体）的新闻真实观指导和约束新闻报道活动，去对待同类事实和一定时空范围内的所有事实，不能以点带面，以局部代全部，以微观代宏观。对于某一领域甚至社会整体面貌要做到全面再现，呈现"实事"的总体结构，对各方面反映的量度比例要与实际相符合，为收受者提供健全的、整体的信息，不能以片面、孤立的方法去传播个别事实或现象，从而达到个别全面与整体全面的统一。同时，新闻报道的对象从原则上说，是一种过程性的存在，其完整的、全面的面貌体现在历史的进程中。因此，新闻传播者既要反映事实在截稿时刻或某一确定报道时间点为止的整体面貌，也要反映新闻事实历时变化的全面性和完整性，在历史的发展变化中把握事实的发生、发展过程。对新闻事实历史的、全面的报道，是对新闻工作者高层次的要求，也是社会受众对以新闻传播为职业的新闻工作者的一种期望。当今时代，人们生活在信息社会，获取现象信息的渠道比较充分，但要对现象信息背后所蕴含的各种意义做出比较全面的理解和解释，需要新闻工作者充分利用自己先知先觉的优势，从事物总体、社会总体联系中来考察、评判事实，对现象信息做出全面的分析。这就要求新闻工作者必须超越自己的利益需要、情感偏爱，克服褊狭、孤立、固执、极端的思维取向，恪守实事求是的态度，科学求实的新闻职业精神，运用辩证思维、系统思维的方法，宽阔的胸怀和开放的眼界，去对待每一个报道对象，对待整个现实世界。

　　3. 一以贯之，尽职尽责

　　以传播新闻信息为己任的新闻工作者，其职业责任是同新闻信息的流动进程紧密结合在一起的。其职业责任体现在了新闻传播过程的每一个环节。

　　首先，新闻信息的采集。新闻工作者要从广泛存在于自然界与现实社会的信息海洋中，选取有价值、为受众所需求的信息。受传者所获知的信息，是由传播者给定的。新闻调控机关的新闻流向及新闻信息流量的控制意图也是通过传播者得以实现的。因此，新闻工作者所收集、采集的新闻信息，应与社会对其角色期待保持一致，要尽可能多和尽可能好地满足社会公众的多种需求，既正确引导社会需求，又满足多样化的社会需求。正确执行新闻调控机关的法令和指示，务使给定信息具有合法性和合理性，这些都需要其培养良好的职业技能，以出色的新闻敏感和宣传敏感及时发现与捕捉新闻信息，做到不遗漏重要信源。

其次，新闻信息的制作。捕捉和采集信息后，新闻工作者要对信息的内容和形式进行加工处理，包括信息的取舍和符号化。这时，新闻工作者要做到正确把关，对信息的选择取舍上有法可依、有据可援，加工时要做到真实、客观、公正，并使其快捷传播，并合理控制新闻信息的流量和流向。

最后，新闻信息的播出反馈。新闻信息在社会公开传播后便会产生不同的社会效果。对于新闻工作者来说，了解社会效果，调整后续的传播行为非常重要，这就需要新闻工作者全面地了解全部反馈信息，对于正向反馈信息与负向反馈信息要不同对待，实现信息传播的稳定性与有效性。同时，为了减少传播的无效性，还要注意收集"前馈"信息，即通过事前反馈了解传播发生前受传者的愿望和兴趣，并据此制定传播策略。

（二）新闻工作者的角色伦理责任

人既是个体存在，也是社会存在，不同的社会关系在赋予个体角色的同时，必然蕴含"人伦之理"与"道德应当"之规定。因此，在社会角色的扮演中，同样蕴含着"人伦之理"和"道德应当"的价值诉求。从社会学的视角来看，人们在社会这个大舞台上扮演着各自不同的角色，社会角色在交往和实践过程中要遵守相应的角色道德规范或角色行为准则，社会角色的获得过程也就是角色伦理关系形成的过程，这种角色伦理关系核心即人的社会化过程中基于一定的角色身份地位而形成的权利和义务关系，也就是社会赋予特定角色的本然之责。本然之责对于社会角色个体来说，只是角色责任的起点，社会角色还应该在此基础上走向更高的层次与境界，即角色的应然之责，也即角色伦理责任。角色伦理责任是一个社会得以维系的基础，既是个体角色在社会上安身立命的根本，也是社会有序发展的基础。社会角色通过履行本然之责来证明角色存在，通过履行应然之责来证明角色理想之存在，它对于社会不仅是现实的规范，而且是理想的规范，立足于本然，遵循实然，指向应然，最后达到角色道德自由境界。新闻工作者作为一种社会角色，要以各种道德姿态存在于世，也要有自身更高的道德追求，这种高层次的追求就是倡导自身的伦理责任。

新闻传播媒体作为社会公器，作为意见交流的平台，新闻工作者作为大众的公仆，作为服务社会的守望者，承担着道义责任。新闻工作者作为具有新闻自由和道德能力的新闻传播活动主体，在新闻传播过程中，要从人的伦理需求出发，确立起伦理尺度，优先考虑到社会公共利益和公共理性，为社会营造出良好的信息环境和舆论环境，为社会的协调发展提供资源性供给。要坚守必要的道德规则，恪守与自己的角色相适应的伦理规范，发挥新闻行业在社会建设、社会管理和道德伦理建设中的独特作用，根据一定的道德规则和价值标准，自觉自愿、自主自决进行善恶取舍的责任行为活动，要尊重事实、坚持真理、明辨是非，扬善抑恶、激浊扬清，以舆论的力量来弘扬社会正气、引领时代精神和道德风尚，切实担负起构建社会道德的互动平台和有效载体的责任。

1. 坚持真理、明辨是非

新闻工作者对新闻信息选择、加工和传播的过程，就是一个价值影响的过程，不论是正面报道，还是负面报道，都包含着社会应该是怎样的价值判断，包含着对各种社会角色的社会期待，如从政者应该清廉勤政，经商者应该诚实守信，医护人员应该救死扶伤，教师应该传道授业解惑等。穆青曾经指出："首先是坚持真理。我们做新闻工作，这是最重要的品德。没有这个品德，不行。不敢坚持真理，就谈不到解放思想，也做不到实事求是。"① 这就要求新闻工作者在新闻传播实践中，不论出于何种动机，都要向社会大众提供真实可信的新闻信息，要在传播过程中肯定应该肯定的、符合历史发展潮流的价值观，传播有益于人类发展和社会发展的内容，明辨是非，这是新闻工作者最基本的道德准则。新闻报道必须忠于事件的历史过程或历史事实，任何的编造杜撰、片面取材、夸大报道、刻意隐瞒事实都是新闻工作者道德的缺失。

2. 扬善抑恶、激浊扬清

在新闻传播过程中，新闻工作者应当多选择那些社会生活中的正能

---

① 穆青：《新闻散论》，新华出版社 1996 年版，第 141 页。

量的内容积极传播，例如，多选择各行各业的先进模范典型，能够感染人、鼓舞人的事迹，通过这些正能量的传播，使社会受众以他们为榜样，学习他们的先进事迹，以此影响和带动社会舆论，使社会形成汇聚正向思想的路径，倡导核心价值观，促进良好道德风尚的养成。同时，自觉地抵制消极的、不健康的和有害的文化垃圾，拒绝低俗不雅的信息，积极传播健康、有益的社会文化信息，促使大众树立正确的人生观和价值观。一方面，通过抵制不良信息营造和谐的外部环境以建立良好的伦理秩序；另一方面，要通过传播优秀文化树立正确的价值观念进而在公众内心树立起良好的道德价值观，如此方能担负起塑造良好社会道德精神的责任，方能成为主流价值的塑造者与引导者，成为促进社会和谐发展的积极动力。如从 2002 年起，中央电视台白岩松、敬一丹等开始策划并推出《感动中国》人物评选活动，迄今为止，这一活动已经评选出 100 多位在社会各行各业中的先进模范人物，既有在平凡岗位上做出不平凡业绩的普通人，也有对社会做出巨大贡献的重要人物，他们以自己的奉献、敬业、诚信等精神影响着国人，成为时代楷模。在评选过程中，活动组设立了公众投票环节，以扩大活动影响力，每年通过这一活动参与节目的观众非常踊跃。仅 2011 年一年参与此项评选投票的有近 7000 万人次，各网站统计的总票数高达 3.2 亿张。十几年来，节目组共收到 100 多万封观众来信。在《感动中国》的每个人物身上，都有一种让观众感到心灵震撼的精神力量，被誉为"中国人的年度精神史诗"。《感动中国》已成为弘扬主旋律、唱响正气歌的代表性品牌，这是中国的新闻工作者奉献给社会、奉献给时代、奉献给人民的一种不可或缺的"公共服务"。中宣部新闻局阅评组要求把《感动中国》作为一个品牌持续地坚持下去。2016 年 2 月，《感动中国》颁奖晚会在中央电视台播出，阎肃、屠呦呦等来自社会各行各业的模范人物通过央视新闻工作者的传播，再一次感动和震撼了国人，成为社会和谐发展的引领者和社会主流价值观的弘扬者。

3. 弘扬正气，维护公平

"作为新闻媒体，其基本的社会道义，同样是维护社会正义，揭露和鞭挞社会丑恶，推动社会的发展和进步，这是公众的社会道德期望，也是媒体存在和发展的社会道德基础。"① 维护社会公平正义，是一个社会能够持续稳定发展的前提，也是新闻界普遍认同的新闻道德观念，同样是整个社会认可的新闻媒体和新闻工作者必须追求的价值目标及道德目标。公正或正义，从古至今，都被人们看作"百德之总"，是"一种最高的价值观念"。作为一种社会价值项目，公正在终极意义上，意味着民主、自由、平等，始终是人类追求的境界和目标，也同样是新闻传播活动所追求的伟大理想。新闻工作者在新闻传播活动中，也应该坚守弘扬正气，维护社会公平的角色道德价值追求，成为社会的"正义使者"。

在当代社会，新闻传播作为社会公器的地位与作用日益凸显，人们越来越期望通过新闻传播手段，维护社会正义，实现社会公正，扬善抑恶，而这一切首先必须以新闻传播自身的公正为前提，以新闻传播者自身的正义精神为支撑。

一方面，保持信息传播的平衡是贯彻公正意识的前提。社会发展一般分为两个机制：一是动力机制；二是平衡机制。动力机制为社会的发展变化输送能量与能源，平衡机制则对维持社会各部分和各种力量之间的协调、稳定、平衡起了非常重要的作用。而得以兼顾各方利益、确保各方权利平等的基础则是信息的平衡。"传播工作者负有社会责任和职业道义，保障公民享有平等地从媒介获得资讯、发表意见、进行申辩和反对他人观点的权利和机会，传播工作者不享有传播自己个人意见与片面事实，以个人意见与片面事实压制他人意见与其他事实公开传播的特权与自由。"② 因此，新闻工作者要努力做到用事实说话，在传播中要把握好理性、全面原则，对那些社会普遍接受和认同的价值观，通过传播客观事实让公众自己形成对于事件的认识。杨保军教授曾经提出新闻工作者维护社会正义的三条途径："让事实说话——报道应该报道的事实""用事实说话——表达应该表达的意见"和"为事实说话——维护应该维护的利益"，他把客观存在的事实、主观可能的意见和人民群众的利益作为衡量新闻传播内容的主要参数，并突出强调了对待新闻事实的基本态度，即秉持客观、不偏不倚，这是新闻工作者追求正义精神的

---

① 陈汝东：《传播伦理学》，北京大学出版社 2006 年版，第 127 页。
② 童兵：《理论新闻传播学导论》，中国人民大学出版社 2000 年版，第 82 页。

实践路径。

另一方面，贯彻公正意识要求新闻工作者站在正义的立场上。新闻工作者的公正或正义立场的实质就是要以平等的眼光去观察和了解人世间所有的社会基本价值，揭露和透视不平等现象，促使社会公平和正义的实现。秉承求实、正义、仁爱的原则与精神，新闻工作者应当对社会丑恶或不公正展开批评与批判，从而促进社会生态的秩序化与文明化。

新闻工作者作为现代社会的观察者和社会景象的构建者，在信息的传播过程中，承载着维护社会正义，唤起社会良知的期待与诉求，因此，在新闻信息的传播中，不仅要坚守必要的道德规则，恪守与自己的角色相适应的伦理规范，更要进一步肩负起崇高的社会责任，发挥新闻行业在社会建设、社会管理和道德伦理建设中的独特作用。

（三）新闻工作者的文化责任

新闻传播活动是客观存在的一种文化现象，也是"最广泛、最具文化质态的社会行为之一"①，它既是一种文化形态，又是一种文化载体。新闻工作者传播的新闻信息，能够作用于人的思维、行为，进而影响社会的亚文化系统。文化责任，就是新闻工作者在新闻传播过程中对于知识普及、社会教化、道德传承所应承担的责任。

1. 培育社会主流价值观，提倡社会道德

马克思说：真正的伦理精神，就像每一片蔷薇花瓣都表现了蔷薇的特质并散发出蔷薇的芬芳一样。每一位新闻工作者都应规范并传播"真正的伦理精神"，真正的伦理精神就是能够体现时代精神，体现民族之魂，体现社会精髓的道德精华，并根据时代特点将之传承和发扬光大，赋予新的内涵。党的十八大报告中提出："倡导富强、民主、文明、和谐，倡导自由、平等、公正、法治，倡导爱国、敬业、诚信、友善，积极培育和践行社会主义核心价值观。牢牢掌握意识形态工作领导权和主导权，坚持正确导向，提高引导能力，壮大主流思想舆论。"②新闻工作者要以此为指导，在传播中通过对某一时期、某一阶段的某个人、某个群体、某个行业的所作所为进行道德上的善恶评价，强调对国

---

① 童兵：《理论新闻传播学导论》，中国人民大学出版社 2000 年版，第 110 页。

② 《坚定不移沿着中国特色社会主义道路前进　为全面建成小康社会而奋斗》，新华网，http://www.xj.xinhuanet.com，2012 年 11 月 19 日。

家的忠诚，对社会的奉献，维护人民的利益，使广大民众在明辨是非、褒贬善恶的过程中，深刻理解社会道德规范，并不断提醒、督促他们加强道德修养，严格自律，从而在社会中营造良好的道德氛围，使人的自我价值得以真正实现，从"必然王国"迈向"自由王国"。

2. 普及知识，提高人的认知

人类有求知的欲望，在自身认识能力和实践机会有限的情况下，更多的是依靠新闻传播媒介。"通过教育，使文化知识与社会道德规范等精神遗产代代相传，是人类社会发展的重要条件之一。如果不是因为人类通过自身创造性的传播活动，储存信息和保存以往的经验并将其传授给社会的新成员，则人类的社会发展就无法在新的起点上不断向前推进。"[①] 今天，人们获取知识的途径已不再局限于书本和课堂，互联网的出现使大众传媒以更快的速度、更广的范围将文化传播到可及的范围，知识信息得以有效融合。因此，新闻工作者要通过给社会大众提供和传播知识信息，发挥教化作用。

3. 促进受众的社会化

新闻传播的一个重要特征是在受众自由选择的前提下对其产生影响，让个人与群体的行为得到很好的统一，从而达到协调社会的作用。人并不是一生下来就知道自己在扮演什么样的社会角色，也不知道自己的角色地位与角色规范，新闻工作者要在新闻信息传播中，注重对各类社会角色的报道，提供各类优秀社会角色的典范，向人们传递他们身上所具有的特质，供人们模仿和学习，如《感动中国》人物的评选和传播，能够使人们体会到先进人物身上的爱国主义、集体主义、无私奉献、艰苦奋斗、不屈不挠、勇于创新的优良品质，通过树立这些"社会模范"，引导人们适应社会、顺应社会，增强他们的角色认知意识和角色规范，从而获得为社会认可的行为规范和价值观念。

4. 传承民族文化，传播先进文化

在传统社会中，地缘环境的差别孕育了丰富多彩的民族文化，随着全球化的趋势，这种情形正在逐渐改变。一方面，文化呈现多元化趋势；另一方面，各个民族对本土文化的前途出现焦虑。在这样的严峻形势下，新闻工作者要在新闻传播过程中注重两方面的内容：文化的开放

---

① 张国良主编：《新闻媒介与社会》，上海人民出版社 2001 年版，第 352 页。

与民族文化的独立、外来文化的借鉴与传统文化的传承。中国历史悠久，丰富多彩的民族文化孕育了博大精深的民族精神，党的十八大报告指出，"要建设优秀传统文化传承体系，弘扬中华优秀传统文化"。新闻工作者要在新闻传播过程中，挖掘民族文化和民族精神题材，传播和弘扬民族精神，宣传阐释好中国特色，讲好中国故事，传播好中国声音，以继承文化传统、增强民族凝聚力，这既是国家发展、民族自强的需要，也是面对外来文化的渗透和侵略保持文化独立的现实需要。同时，以开放的态度对待外来文化，在传播中，既不能亦步亦趋，也不能全盘否定，要根据自己的国情，有选择地传播、学习外来文化，在与世界文化的融合、交流与碰撞中，积极吸收先进文化的因素，为我们的传统文化注入活力，使其焕发出新的生命力，使中华优秀传统文化与世界先进文化同步发展。

（四）新闻工作者的监督责任

现代社会作为一个整体，具有一个完整的控制系统。各个子系统之间既要相互配合、相互协调，又要相互制约、相互监督。新闻工作者在这个系统中同样也发挥着这两个方面的作用。所谓监督责任，是指在新闻传播过程中，新闻工作者运用舆论手段对国家权力机构、公众利益、社会行为等社会系统的平衡发展与协调运转而应承担的责任。新闻行业从其意识形态属性来看，是一种舆论工具，具有反映舆论、表达舆论、影响舆论和引导舆论的作用。从社会学的意义上说，社会变动是指社会整体的历史性变化，从人类历史发展的角度来考察，人类社会的每一次变动，都是舆论起着先导作用，而在近代社会，这种舆论先导作用尤为突出。在社会大系统中，新闻行业的监督责任主要表现在两个方面：一是将社会舆论引导到有利于社会稳定和维护安全的轨道上来；二是通过舆论监督政府及社会行为，维护社会系统的正常运行。因此，作为新闻从业人员的新闻工作者，不仅要承担起信息传播的职业责任，还要承担起舆论引导和舆论监督的责任，履行好其社会责任。

首先，履行好舆论导向责任。新闻工作者要依照一定的社会价值标准，对新闻事实加以收集、整理、选择、加工、传播，必要时还要加以评价，引起社会公众的共同注意和关心，促成社会舆论的形成与扩散，从而影响整个社会系统。这种舆论导向效果在社会稳定时期并不为人所关注，而在社会发生重大变动时期，如发生重大自然灾害和人为灾难，或出现严重社会危机时，其作用和效果就会格外明显。因此，新闻工作者要发挥舆论导向的社会责任，无论是传播事实性信息还是观点性信息，要保证新闻报道和舆论导向信息的准确性和一致性，同时，还要旗帜鲜明，进行独立思考，在坚持客观、准确、全面反映公众舆论的同时，体现出自己的主观性，以社会发展的大局为导向，以人民大众的利益为导向，以国家的安全稳定发展为导向，进行舆论的引导和传播。

其次，履行好舆论监督责任。新闻舆论监督是指代表民意的新闻传媒在新闻传播活动中通过对权力政策、公共环境和社会行为进行披露、建议乃至批评以促其改正和发展，进而有效地维持社会系统的正常运转。在不同社会的不同发展阶段，总会面临多种社会矛盾，出现多元化的社会问题，各种消极腐败现象、社会丑恶现象也会有不同程度的表现，都需要通过新闻工作者的传播将这些矛盾、问题和现象揭示出来，引起社会关注，引发舆论的谴责，降低其带来的负面影响，帮助各方力量找出解决问题途径，从而促进社会的稳定和谐与发展。新闻传媒作为舆论手段是一种社会公器，新闻工作者能够捍卫真理和正义，鞭笞腐败和邪恶，对权利组织和整个社会起到批评和监督作用，是社会的瞭望者和监督者，担负着社会预警和社会监督的重要责任，因此，新闻工作者应该在舆论监督的过程中找准和摆正位置，既不能忘记自身的责任，出现"失语"和"缺位"的情况，也不能滥用权利，超越舆论监督的范围，代替法官、纪检监察人员做出带有定论性的结论，出现"越位"的情况，还要对正面和负面信息进行均衡报道，不追求轰动效应，刻意制造猎奇和煽情新闻，不迎合部分受众的不健康心理。

（五）新闻工作者的环境责任

人与自然和谐相处是一种理想状态，是人类孜孜以求的方向。当今时代，环境问题已经成为世界各国共同关注的话题。中国同样对于环境问题非常重视，党的十八大将生态文明建设纳入了社会建设"五位一体"总体布局中，提出了建设美丽中国的要求。2015年，"十三五"规划中提出了"绿色发展"的理念，提出社会的和谐发展离不开良好的生态环境，要在经济发展的同时保护生态环境，促进人与自然的可持续发展。新闻工作者所从事的新闻传播活动一直与环境问题相始终。从环境问题出现，到通过新闻传播引发社会关注，再到相关环境法律法规的出台及问题的最终解决，这些内容一直是新闻传播关注的焦点，新闻工作者可以依据相关新闻价值规律，对其进行有效传播，比如采取富有感染力的语言和直观的图片、视频等传播手段，就社会中存在的环境问题展开相关报道，实现传播媒介影响力的最大化。

作为社会大系统中的一个子系统，新闻行业在促进人与自然和谐相处，纠正人与自然不和谐的状态中，发挥着重要作用。新闻工作者更应该认识到自己肩负的对于环境建设的责任，扮演好社会赋予的这一角色。要保障好环境信息供给，营造人与自然和谐相处的舆论氛围。要积极发布环境性的新闻信息，深层解读环境领域专业信息，在传播中融入人文内涵、传导自然关怀和人文精神，向社会公众大力倡导人与自然和谐共生的理念和实践，培育公众珍爱自然的情感；同时，加大传播环境政策及相关法律的宣传力度，为社会公众提供观点和意见交换的平台，传播相关论题思想观念，实现社会心理的沟通，使社会公众树立科学的环境伦理观，提升环境保护的自律意识。

四　新闻工作者的角色道德规范

角色道德规范是人们在社会生活中扮演某种角色时所必须遵守的行为准则、价值观念及其道德实践，是调整角色之间以及角色与社会整体之间利益关系的行为规范的总和。新闻工作者的角色道德规范是指新闻工作者在扮演自身角色时必须遵守的行为准则、价值观念的总和。在新闻传播活动的发展过程中，为了调整新闻传播活动中各方面的关系，一些新闻机构和新闻单位分别制定了职业道德守则一类的条文，作为新闻从业人员自我教育、自我约束的行为准则。1908 年，美国密苏里大学新闻学院创办人沃尔特·威廉斯主持制定的《记者守则》被认为是世界上最早的有关新闻伦理准则。该守则第一次系统地提出了新闻职业道德规范。1916 年，《记者守则》被第一届世界报业大会所接受，成为第一个国际性的新闻自律规范。在我国的新闻传播事业发展过程中，在不同时代也出台了包括《记者守则》《中国新闻工作者职业道德准则》《中国广播电视编辑记者职业道德准则》《中国广播电视播音员主持人职业道德准则》《关于新闻采编人员从业管理的规定（试行）》等一系列职业道德准则，对新闻工作者的角色行为进行了规范，要求其在新闻实践活动中必须遵循这些特定的道德要求。具体来说，新闻工作者角色道德规范主要有以下五个方面。

（一）忠于职守，勤奋敬业

作为社会公器的新闻工作者，其角色不只是让事实世界的最新变动，特别是具有新闻价值的变动呈现在人们面前，还应该在自己的新闻传播活动中，积极介入社会生活，反映人民真实的生存状态，维护正义，传播真理，创造新的社会生活方式，促进社会的良性运行。新闻工作属于意识形态领域的工作，新闻工作者可以通过有选择地报道来引领社会舆论，影响广大社会公众的思想和行为，其传播的信息不仅影响新闻工作者个体，更会影响到国家和人民的利益。这就要求新闻工作者具有强烈的政治责任感和社会责任感，把国家和人民的利益放在第一位，时时、处处、事事考虑国家和人民的利益；同时，提高业务修养，掌握新闻规律，努力做到在自己负责的工作岗位和业务环节上不出差错，完成自己承担的任务，坚守新闻岗位。

（二）正确导向，舆论监督

新闻工作的舆论引导功能决定了新闻工作者在新闻传播活动中必须始终坚持正确的舆论导向，并力求舆论导向的最佳效果。这就要求新闻工作者需要具备很高的政治觉悟和政策水平，具有很好的思想道德修养，在新闻报道中，大力弘扬爱国主义、集体主义的主旋律精神，始终坚持团结稳定鼓劲、正面宣传为主的报道方针，坚持真善美，抵制假恶丑。同时，新闻工作者还可以通过对党政国家机关及其国家工作人员的行为以及与人民利益息息相关的社会性问题进行报道、评论、讨论、批评实现以新闻舆论监督，揭示现实生活中存在的问题并促使其解决，引导社会向着健康的方向发展。

（三）报道真实，客观公正

真实是新闻的生命和新闻工作者追求的最终目标，也是新闻媒体取信于受众的关键。新闻工作者必须把维护新闻的真实性作为新闻传播活动的第一信条。这就要求新闻工作者深入调查研究，充分掌握第一手资料，必须真实、准确地报道具体的事实，不能虚构、不能编造，不能添枝加叶、不能移花接木，或为了制造轰动效应歪曲事实，要提供各方面的事实、情况、意见，不片面报道和隐匿事实，要全面深入地看问题，整体概括与分析要符合客观实际，做到现象真实与本质真实、微观真实与宏观真实相结合。同时，在新闻报道中，运用客观报道方法来传播新闻事实，做到不偏不倚、公正平衡地报道事实。

（四）清正廉洁，遵纪守法

由于新闻工作的特殊性，新闻工作者被称为无冕之王，这也说明了新闻工作者的笔有很大的权力，真正是"笔下有财产万千，笔下有人命关天，笔下有是非曲直，笔下有誉毁忠奸"。作为新闻工作者，要养成清正廉洁的品德，不能利用职业便利为自己牟私利，在新闻传播活动中，始终将整个社会的或受众的利益放在首位，在个人的利益与社会的或受众的利益发生冲突时，也以社会的或受众的利益为重，杜绝虚假新闻、有偿新闻，不以新闻或版面作交易，索要钱财，牟取私利。同时，新闻工作者还要自觉遵守法律、法规和新闻政策、宣传纪律的要求。

（五）尊重群众，尊重同行

新闻工作的目标是通过新闻媒介向社会大众传播社会最新信息与舆论，因此，尊重群众是这一职业对于新闻工作者的必然要求。这就要求新闻工作者必须妥善处理好与群众的各种关系。尊重和保护群众的合法权益，不揭人隐私，避免损害他人名誉的报道。报道意外事件时，应顾及受害人及家属的感受，在报道中应避免对其心理造成伤害。同时，对于同事和同行，也应以诚相待，公平竞争，不得为同行故意设置障碍，制造困难，尊重著作权，不抄袭、剽窃他人的劳动成果。①

五 新闻工作者的角色道德品质

品质是指人的品格、品行。它表现一个人的思想、认识、品性等本质，是为人处世的根本，在人们的社会生活中有着重要作用。角色道德品质，又称为角色德行或角色品德，是指社会角色行为所表现出来的比较稳定的、始终一贯的道德特点和倾向，它是一定社会的道德原则和规范在角色行为中的集中体现，是由角色道德认知、角色道德情感、角色道德意志、角色道德信念和角色道德行为等因素共同构成的，是角色道德行为的综合表现。

在社会生活中，社会角色是自由、自觉、自主的角色主体，具有界定角色自我、掌控角色自我的能力，其可以在社会中进行角色自我的正确定位，修正角色自我的理想追求，实现角色自我的完善。社会角色在进行角色道德实践的过程中，产生角色道德情感，坚定角色道德信念，最终会达到角色自我的心灵调适，实现角色自身的道德品质"趋和"

---

① 魏茹芳、宁克强：《新闻工作者的角色伦理冲突与调控》，《道德与文明》2013 年第 4 期。

的升华。"趋和"是"崇真""向善""求美"的和谐统一，既是社会对于角色个体角色扮演的价值指向和终极目标，也是角色主体的必然选择。角色主体的道德品质的"趋和"将角色自我的身份定位拓展和延伸到了更宽广的生态伦理视野，这不仅是人类自身道德境界的提升，而且还达到了角色主体心灵世界皈依的最高层面和修养境界，是角色主体对世界的自然回归。

在新闻传播活动中，新闻工作者也要通过对自身的角色道德认知，养成角色道德情感，坚定角色道德信念，履行角色道德规范，在角色道德的实践中架构起角色道德人格的文化心理结构，最终实现角色道德行为的自觉和道德品质的升华。在角色道德自觉的实现过程中，角色道德规范作为约定俗成或明文规定的新闻工作者行为准则和价值标准，是外在的和具有一定强制约束性的，只有将其内化为新闻工作者自身的角色道德品质，才能使之作为一种内在精神特质，支配新闻工作者的角色道德行为与实践活动。角色道德品质作为主体的一种内在精神特质，在一定程度上影响和决定主体的价值观念和道德倾向。作为新闻传播活动的主体，新闻工作者的角色道德品质以观念形态、心理状态等形式存在于新闻工作者的头脑中，展现为新闻人的价值观、理想信念、道德良心、文化传统、责任意识等价值形态，最终形成其内在的价值尺度，从而使新闻工作者在不断的求索中追求自身精神内涵的不断充实，实现自身角色道德自觉。因此，作为传播主体的新闻工作者要想为公众提供优良的新闻服务，就要高质量地完成社会赋予自己的职责。而扮演好新闻传播者这一职业角色和社会角色，需要其自身具备一些基本的品质，即新闻工作者的角色道德品质，这是其作为一个职业角色的内在规定性的重要表征。

（一）维护新闻真实的品质：诚实

真实陈述事实或报道新闻是职业新闻活动的首要原则，新闻传播活动的特殊性要求新闻工作者在品质上必须是一个诚实的人。诚实是做人的品德，更是一个新闻工作者应该具备的美德，是所有新闻工作者角色道德品质中最基本、最重要的品质。梅尔文·门彻这样写道："新闻业是一项讲究道德的事业，是在可证实真相和紧促的时间限制下，依靠诚实和勤奋工作的行业。"① 2009 年 6 月，中央电视台《新闻联播》播出

---

① ［美］梅尔文·门彻：《新闻报道与写作》，华夏出版社 2004 年版，第 69 页。

的关于高考的新闻消息中，出现了 2008 年的高考图片，经核实，由于某地方电视台一位编辑由于时间紧张，对于某单位上传的图片没有认真核实，央视的有关工作人员也没有认真核实，从而导致画面错误。该节目播出后，中央电视台也专门为此道歉，号召新闻工作者要在新闻传播中恪守新闻真实的传播责任。

新闻是对客观事实的真实反映，是对事实信息的真实陈述。新闻行业及新闻工作者职业的存在也是以此为根基的。这一新闻传播的基本使命、基本前提，决定了新闻工作者的基本品质——客观、全面地叙述事实信息，忠实地再现新闻事实。因此，我们可以这样判断：如果新闻工作者不具备诚实品质，就不可能完成其职业使命，无法实现社会大众对新闻行业、新闻职业者的社会期待。从世界范围来讲，各国在制定新闻职业活动准则时，均要求从业者真实地报道新闻，也就是说，"诚实"这一道德品质，是支撑真实报道的人性基础，是真实报道、科学精神所诉求的最重要的道德品质，是新闻工作者职业生涯的生命线。任何新闻从业者，都应该具备。

衡量一个新闻工作者是否诚实，主要看其动机是否真诚，对于新闻工作者而言，诚实有两个层次，首先是新闻报道动机的真诚性；其次是新闻报道结果的可信性。新闻工作者传播信息的动机是传播信息、维护社会和谐、弘扬正义，在获取经济价值的同时实现新闻媒体的公共价值和社会价值，担负起承载社会公共伦理和文化良知的使命和任务。在新闻工作者的角色道德行为中，动机真诚关系到新闻传播行为的道德性质和价值追求，尽管一个动机真诚的新闻工作者由于知识、阅历或其他各方面的限制，不一定每一次都能将采访到的新闻信息进行准确传播，但一个报道动机不诚实的新闻工作者，绝不可能为公众提供真正真实的新闻。因此，新闻工作者要注重正确的传播手段，讲究正确的传播方法和传播策略，坚持目的善和手段善的一致性，努力追求真诚动机与真实报道的统一，这才是诚实的最高境界。

（二）高扬新闻正义的品质：公正

公正，是人们公认的衡量社会现象的一种统一价值标准，是一种道德追求的价值目标存在，其核心是追求正义，实现社会公平。公正也是社会认同的新闻行业、新闻工作者应该追求的价值目标、道德目标，是新闻行业应该坚守的报道新闻的价值态度，更是每一个新闻工作者所必须具备的角色道德品质。在伦理学上，公正是一种个人美德或是对人类的需要和要求的一种公平合理的满足，人们追求公正就是要按照正义的标准去改造和构建社会，使之日趋公平合理。罗尔斯在其《正义论》中说："正义是社会制度的首要价值，正像真理是思想体系的首要价值一样……作为人类活动的首要价值，真理和正义是决不妥协的。"① 在今天的信息化时代的媒介社会中，新闻工作者是维护社会正义、实现社会公正、实现社会发展秩序化的核心中介。人们越来越期望职业新闻工作者通过新闻传播活动，维护社会正义、实现社会公正。

　　公正，既是新闻工作者的基本道德观念，也是新闻传播活动所追求的价值目标，其内涵价值十分丰富，包括尊重、正义、关爱等多种相关的品质。从新闻工作者个体层面来讲，新闻公正表现在以下三个方面：一是新闻工作者在有必要和意愿时，能够真实、客观、快捷地报道新闻，真诚、智慧、宽容地表达自己的新闻见解；二是新闻工作者能够从内心真实意愿到外在表现形式平等地对待新闻报道中涉及的各方人与事；三是新闻工作者不滥用社会赋予的权利，为自己或他人牟取不正当的利益，做到清正廉洁。

　　对所有相关主体的同等尊重和平等对待是公正品质的出发点。而同等尊重他者正是公正的前提。公正的基本要求就是以平等的精神规范人际关系和社会关系，尊重社会中每一个人的权利，履行规定的义务，在道德情感上表现为深厚的正义感，在行为中表现为注重行为的后果，关注手段的正当性与合法性，在总量上追求利益的最大化。新闻工作者应如何做到公正传播？总的理念是：新闻活动中的所有参与者都是主体，各方之间是平等的主体关系，而非主客体间的关系。新闻传播，就是各种主体之间相互配合、作用、制约的过程。在参与新闻传播活动的所有的主体中，传播者与收受者之间是最重要的一对关系主体，基于这一理念，新闻工作者在新闻采写活动中要与新闻源主体、新闻报道对象主体建立平等的、互相尊重的关系，切不可高高在上。对于作为受众的广大社会公众来说，新闻工作者是为他们服务的主体，是公仆性的主体，应该充分运用新闻自由权利，充分发挥新闻传播的功能，满足社会大众正

――――――――――

　　① ［美］约翰·罗尔斯：《正义论》，何怀宏、何包刚、廖申白译，中国社会科学出版社1988年版，第3页。

当合理的新闻需求，为他们的知情权的实现提供良好的服务。国际记者联合会在记者行为准则的第一条明确写道："尊重事实，尊重公众获知真相的权利是记者的首要职责。"而"作为受众，我们总是受到新闻工作者决定报道什么、怎样报道的引导……我们在寻求信息，但同时我们也在寻求准确、权威和诚实的信息，也在寻求新闻工作者把我们的利益放在他们心上的感觉"。

公正品质的价值追求和道德理想，是运用新闻传播手段，维护社会正义，实现社会公平。这不仅需要新闻工作者拥有正义的情怀，更需要他们做许多实实在在的事情。简单地说，新闻工作者只要做到新闻信息的真实、客观、公正地传播，履行好其职业使命，就是正义的。客观世界中存在的社会问题自身是不会发声的，此时，就需要肩负环境监测、社会守望职责的新闻工作者主动积极地去发现和揭示，才能公之于众，为社会所关注，从而维护正当利益、弘扬真理。在为社会弱势群体说话的过程中，新闻工作者还要注意按照宪法和法律的规范从事新闻传播，也要遵守社会基本的道德规范，不能利用人民赋予的职业话语权进行"媒介审判"。

公正的更高道德境界是关爱社会中的每一个人。作为最高价值追求和道德理想，新闻行业应该成为社会公器，成为社会的公共事业，新闻工作者应该在为社会公众利益服务的同时，还要特别关注社会的弱势群体，维护社会弱势群体的利益，这是积极的公正，是为实现社会公平而追求的公正。在具体的新闻报道中，为正处于困难中的人服务，这是人文关怀的基本诉求，是人类的正义感、同情心能够允许、可以接受的倾向。新闻工作者应该把更多的笔墨、镜头、声音投射在一定情境中的弱者身上，以引起社会的关注、人们的帮助，这是新闻工作者在一定程度上、一定范围内分配新闻媒介这种公共资源的一种方式，是正义的，也是人文精神的体现。

除为弱势群体说话外，新闻工作者还应该从社会公众利益的角度出发，为那些更有意义的新闻事件、新闻事实说话，这其实是对社会的关爱，是对社会公众的关爱。我们知道，事实世界精彩纷呈、千变万化，因而新闻是多样化的，新闻工作者应该在真实反映目标报道领域的前提下，更多地关注、更多地报道与社会公众利益关系比较大、比较密切的新闻事实。客观世界的新闻事实虽然各种各样，但不同的事实与社会公众的价值关系、意义关系是不同的，有些紧密，有些松散，这样的客观现象要求以公众利益为最高道德目标的新闻工作者，要为那些有更大价值或更大意义的事实说话，这是责任和义务，是应该具有的道德品质，应该具有的一种道德情怀。

（三）创作新闻作品的品质：智慧

仅有诚实、勇敢是无法客观、全面、真实地反映报道新闻事实、挖掘事实真相的。还需要责任感，需要坚持和耐心，需要知识和智慧。而知识和智慧是这些品质的支撑。只有有了知识与智慧，新闻工作者的社会责任感才能现实化，诚实与勇敢、坚持和耐心这些品质才能转变成社会服务的真实能量，不然只能是空有满腔热情，心有余而力不足。喻国明教授曾经说过，一个智慧的新闻人，应该客观记录"挑战—应战"的社会状态，反映时代发展进程中的"瓶颈"因素和社会问题，造就一篇好的新闻，不仅仅要有文笔的流畅、语言的华丽，还要有敏锐的新闻感知力、机智的紧急情况的处理能力，更重要的是，要有传播真善美的精神，一种俯仰天地的境界，在新闻作品中体现悲天悯人的大爱情怀。当这种境界、情怀和机智面对社会发展进程的现实"问题单"时，他才是智慧的新闻人。①

智慧的角色道德品质最重要的表现就是新闻工作者深厚的知识储备和良好的业务水平，否则只能是空有满腔热情，心有余而力不足。其具体体现为：一是具备新闻专业知识和各社会领域、专业领域的专业知识，以满足对社会各领域的新闻进行传播的要求。二是具有不断学习的能力。飞速发展的时代，知识和信息的更新要求新闻工作者不断学习，不断更新已有的知识结构。只有这样，新闻工作者才能满足社会需求，为大众提供良好新闻信息，实现其角色道德要求。

新闻工作者角色道德行为的每一个环节都体现着智慧，记者在面临角色道德冲突时选择保护采访对象，需要的是智慧；在采访完新闻后，将采访对象的真情实感融入新闻作品的写作或制作中，也需要智慧；在传播新闻过程中，关注弱势群体、保证新闻的公平传播更是一种智慧，智慧最终都凝结在新闻工作者传播出的新闻作品之中。新闻传播活动需

① 喻国明：《喻国明自选集——别无选择：一个传媒学人的理论告白》，复旦大学出版社2004年版，第390—391页。

要多种智慧，如面对社会现象的机智敏感，如写作中灵动的思维、处理突发事件的有勇有谋等，这是优秀新闻工作者不可或缺的品质、必不可少的能力。相比其他品质，一个新闻工作者在新闻活动中是否有智慧，是易于检验的。人们只要通过新闻工作者获取新闻信息的行为方式和所创制的新闻作品就可以进行直接的判断。

（四）探求新闻真相的品质：勇敢

艰难困苦，玉汝于成。在社会发展的过程中，从国家、民族、社会到个人，要想在社会发展的潮流中立于不败之地，求得生存发展，面对各种艰难困苦，需要具备战胜各种困难的坚强意志及非凡勇气。新闻行业同样如此，作为新闻工作者，想要为社会服务、为人民服务，必须具备勇敢、正直的品性。因为在新闻传播活动中，会时刻遇到形形色色的困难与危险。而勇敢、正直正是新闻工作者完成新闻职责的基本道德保证。"新闻工作是勇敢者从事的职业，而不是怯懦者从事的职业。记者需要具有采访消息的不可动摇的信心！随时准备遭遇拒绝、遭遇冷遇、遭遇无礼、遭遇恫吓、遭遇威胁。记者要随时准备牺牲自己的时间、自己的财富，包括自己的自尊心和生命。"① 在具体的新闻实践中，勇敢、勇气往往显示于新闻实践中的某种新闻行为困境或者危难情境当中，勇敢，就是能够冲锋在前，就是敢于负责，在应该有所担当时不退缩、不胆怯。

在山西霍宝干河煤矿发生矿难事件时，记者戴骁军在危险面前无所畏惧，把领取封口费的假记者名单拍摄出来曝光，维护了新闻行业的正气；在汶川地震中，众多的新闻工作者冒着地震的危险，给公众带来关于地震现场的报道。新闻工作者的身影总是出现在每一个危险的新闻现场，他们真正做到了，新闻发生时，我在！孔子说，勇者不惧。亚里士多德说，勇敢就是无畏地面对高尚的死亡，或生命的危险。思想体现在新闻工作者的实践中，则是指在面对各种各样的困境时，新闻工作者必须在两种或更多的情境中做出抉择。维护社会正义，保护人民权益，服务社会大众。只要符合这一特质，就是勇敢。2003 年 11 月，在对衡阳大火事件进行报道的过程中，《衡阳日报》记者许常国，《衡阳晚报》记者杨帅、李凌等四名记者被烧伤，面对纷纷而来的赞誉，李凌说：

---

① 高钢：《新闻写作精要》，中国人民大学出版社 2004 年版，第 157 页。

"对于新闻工作者来说，报道现场就是战场，以后碰到这种场面，我还会冲上前去。"许常国说："记者本身就是与危险打交道特别多的一个职业，作为我们摄影记者，必须具备勇于流汗、敢于牺牲的精神。"①

勇敢，是优秀的道德品质，是一种勇敢有度。在新闻传播活动中，鲁莽、蛮干的记者并不是人们所希望的。只有合乎法律规范与道德规范，勇于去揭露那些损害大众利益、公共利益的丑恶行为，敢于冒着生命危险去发现真相、报道真相，才是勇敢，才是英勇、智勇。在世界新闻舞台上，每年都有不少新闻工作者牺牲在工作岗位上。为了快速、及时地真实报道新闻，为了维护正义、实现公正的报道，他们不仅付出了汗水，更付出了鲜血和生命，来服务社会、服务公众。他们这种勇于献身与奉献的高贵品质值得人们铭记。

（五）追求新闻理想的品质：自由

实现自由传播、自由收受，始终是人类的理想，也是一种伟大的道德，应该是公正传播、平等传受等新闻理想实现的条件和重要标志。新闻自由是一种综合性权利，包括获取资讯的自由、言论的自由和信息采集与传播的自由。新闻自由是自由体系的重要组成部分，其实质内涵包括两个大的方面：一是狭义的事实信息（新闻）传受的自由；二是新闻意见（表现为新闻评论，对新闻现象、新闻事实的评论）传受的自由。在这一意义上说，其实和言论自由没有本质的区别。新闻自由是一种道德观念，其基础含义就是狭义的事实信息传授自由与新闻意见传授自由都是合理的。对社会发展和个体的自我实现而言，两者既是善的目标，也是善的手段。"自由是人类的一种基本需要、基本欲望、基本目的"，是"最深刻的人性需要"，"是达成自我实现和社会进步的根本条件"。② 自由本身就是人类必然追求的、应该追求的目标和使用的手段，是人类的道德手段和道德目标。本身就具有道德价值，是人类最基本的道德生活品质。新闻需要是人类的基本需要，对新闻的需要就是对基本自由的需要——知的需要、说的需要、行的需要，所有这些都是以信息为基础的。

独立、自主、不受不当限制，是自由的基本内涵。这是人人应该拥

---

① 叶成群编：《记者档案之聚焦新闻大事件》，中国青年出版社 2005 年版，第 201 页。

② 王海明：《新伦理学》，商务印书馆 2001 年版，第 415 页。

有的基本主体素质与道德品质，也是每一个新闻工作者应该具备的。新闻工作者内心应该形成这样的理念：新闻制度应该是民主的，新闻媒介应该属于人民。新闻自由，只有在民主的新闻制度保障下，才能真正成为政治自由，才能使全体人民享有。道德的前提是自由，自由是道德的理由。新闻自由性的前提始终是新闻道德性。新闻自由与言论自由、出版自由等自由权利一样，不仅是一种法律权利，也是一种道德权利，是所有人平等地、共同地享有的一种自由权利，是当今世界公认的一种基本人权。新闻媒体应该成为社会公器，这既是道德理想的一种体现，也是制定法律的道德原则——它要求必须以所有人的自由、利益为出发点，把新闻自由作为一种政治权利规定下来，使人人享有。这反映了新闻自由是一种道德权利的实质，是一种应然的目标，是社会永远追求的方向。因此，对于新闻工作者来说，要有勇于拒绝、排除外界各种不当干扰的道德勇气，必须具备追求自由的道德品质和道德精神。

综上所述，以上论述的新闻工作者所应具备的角色道德品质，共同决定着一个优秀的新闻工作者的整体品质，决定着其能够在进行角色道德行为时，自觉遵循角色道德规范，履行社会赋予他的责任，扮演好社会期待其扮演的角色。这些角色道德品质之间具有内在的关系，单凭一种品质是不可能成为合格的、优秀的新闻工作者的。只有各种美好的品德共同作用，才能表现出优良的新闻行为。只有各种优秀的品德之间相互配合，才能使新闻工作者在进行新闻传播活动时实现其目的。

第四章　新闻工作者角色道德自觉的当代审思

　　当今社会，私人领域不断缩小，公共领域不断扩大，每一社会角色都在新的传播环境中被实际地公共化、公众化，这就意味着每个社会角色都要在新的传播环境中自觉进行角色调适，以适应社会对于其角色的期望和要求，角色扮演才能成功。特别是新媒体时代，新闻工作者角色道德自觉受到更大的冲击，面临着新的挑战和问题。因此，从现实维度对新闻工作者角色扮演的现状进行考察，深入分析新闻工作者角色道德自觉的现实状况及存在的问题，探寻其成因，才能更好地应对挑战，有针对性地探究实现新闻工作者角色道德自觉的有效途径。

第一节　新闻工作者角色道德自觉的时代吁求

　　在现代社会，科技发展日新月异，改变着社会生活的各个领域，使社会发生了深刻的变化，在给人类发展带来进步的同时，也带来了巨大的迷失，如理想、信念和价值的迷失，现实生活中社会角色行为失范、道德追求的缺乏、责任和义务的淡化等问题频现，在这些错综复杂的冲突中，扮演社会角色的个体的价值观念、思维方式、行为准则能否适应社会发展的要求，能否成为社会发展的积极参与者与自觉实践者，直接关系到社会发展健康与否。党的十八大报告指出："必须更加自觉地把全面协调可持续作为深入贯彻落实科学发展观的基本要求，全面落实经济建设、政治建设、文化建设、社会建设、生态文明建设五位一体总体布局，促进现代化建设各方面相协调，促进生产关系与生产力、上层建筑与经济基础相协调，不断开拓生产发展、生活富裕、生态良好的文明发展道路。"① 党的十九大概括和提出了习近平新时代中国特色社会主义思想，宣告中国特色社会主义进入了新时代。新时代之"新"，不仅在于我们进入了一个新的发展阶段，发展环境、发展条件都发生了新的变化，目标任务也发生了新的变化，更在于我们面临新的社会主要矛盾，也就是党的十九大所指出的我国社会主要矛盾已经转化为人民日益增长的美好生活需要和不平衡不充分的发展之间的矛盾，这深刻揭示了当前我国发展状况和人民生活状况的时代特点，对各个行业都提出了新的要求，也为每一个社会角色个体提出了发展的方向和目标，新闻工作者作为特定的社会角色，也需要积极回应社会发展对自身角色定位和伦理期待的呼唤。

一 市场经济对新闻工作者角色道德自觉的诉求

市场经济是商品经济发展的高级阶段，是最具效率和活力的经济运行载体。当前，我国社会主义市场经济体制已经确立并日趋完善，极大地促进了我国经济社会的全面发展，培养了社会民众的竞争意识、规则意识以及积极进取、开拓创新的精神。随着经济结构的调整和利益格局的变化，社会主义市场经济也出现了一些无法避免的负面效应，如有些企业经营者唯利是图，生产假冒伪劣产品，经营中坑蒙拐骗，生产经营混乱，权责关系不明，产权纠纷严重，不顾社会效益，污染自然环境等。建立和谐有序的市场秩序和良好的经济运行环境，已经成为社会主义市场经济良性发展的必然要求。新闻工作者作为新闻信息的传播者，在承担媒体介质的自然属性的同时，在市场经济中也具有信息对称传播的经济属性，对于经济发展的有序运行发挥着重要的作用，完善和发展社会主义市场经济离不开新闻工作者的角色道德自觉。

（一）经济的良性有序发展需要新闻工作者恪守角色道德规范

随着社会主义市场经济的逐步发展和完善，中国新闻媒体也步入了市场化的运营阶段，媒体功能及媒体的运作方式也都随之发生了变化，商业化理念越来越深刻地影响着媒体的业务操作，媒体的经济效益成为部分新闻工作者追求的目标，一些新闻工作者在从事经济领域新闻信息传播时，抵制不住诱惑，将国家和社会赋予的新闻媒体传播新闻的权利，和金钱进行非法交易，出现了有偿新闻、虚假广告等问题，败坏了

---

① 十八大报告文件起草组：《十八大报告辅导读本》，人民出版社 2012 年版，第 9 页。

社会风气，扰乱了正常的市场经济秩序，也影响了新闻媒体和新闻工作者的良好形象和公信力，使新闻工作者远离了社会和公众对其职业角色的期待。

（二）经济的良性有序发展需要新闻工作者进行信息的对称传播

随着社会各领域经济活动范围的不断扩大，信息的自由流通在经济交往和经济生活中的作用越来越重要，尤其是自媒体时代，科技的发展与应用的普及，新闻工作者及时向市场投放传播的经济信息，不仅拓宽了消费者获取信息的渠道，缩短了原有获取新闻的时间，打破了原来的经济交易模式和交易范围，改善了信息不对称的局面，促进了市场的一体化建设，还促使经济相关方深入了解到由于道德风险带来的结果。同时，销售商品信息的全面公布，能够激发消费者对商品的购买欲望和程度，一定程度上降低了社会交易成本，促使更广范围内的良性交易，市场充满动力与活力。因此，这就要求新闻工作者自觉遵循经济信息传播中的角色道德规范，做到关注市场动态，及时发布有关经济领域的新闻信息，如国家经济政策、相关市场需求、各方观点和评价等，做到真实发布，不做不实报道，夸大宣传，使买卖双方都在市场经济交易中得到平等互惠的经济价值。

（三）经济的良性有序发展需要新闻工作者发挥监督和预警作用

市场经济作为一种自由经济，各方利益主体具有市场自主性和行为选择自由，然而，如果没有对自由和权利的限制，让人们无限制地任意行使自由和权利，市场秩序就会混乱，市场经济就无法正常运行。因此，市场经济的发展要求作为经济行为主体的社会角色行为符合国家法律法规以及社会道德规范。在这一过程中，新闻工作者能够利用新闻媒体的监督作用，对市场经济的发展形成某种约束和制衡。通过有关经济新闻信息的传播潜移默化地影响人们的思想、观念和行为，揭露市场经济发展中存在的弊端，对不遵循市场秩序、违反市场规则的行为进行谴责，呼吁市场各方主体诚信经营、正当竞争，不能只追逐个人和企业的自身利益，还要考虑他人和社会的整体利益，承担起社会责任和生态环境保护的责任，建立良性的市场经济模式，促进社会主义市场经济的健康发展。

总之，新闻工作者要履行好自己的应然之责，在市场经济的健康发展中，既要自觉遵守新闻传播的清正廉洁、公平公正、真实客观等角色道德规范，更要积极发挥新闻传播者的舆论监督的社会责任，呼吁和引导经济生活中的管理者、企业家、经营者等扮演好自己的社会角色，建构和谐有序的市场秩序，创造良好的经济运行环境。

二　民主法治对新闻工作者角色道德自觉的要求

民主法治，就是社会主义民主得到充分发扬，依法治国方略得到切实落实。民主是实现社会发展的重要条件，意味着民众拥有平等的权利，政府为不同群体平等地提供与政府沟通的渠道，让各个群体都可以参与政府的立法和决策过程，表达自己的诉求。政府通过民主程序，为不同群体之间表达自己的思想观点提供平台，并据此制定出整个社会所认可的公平、公正的规则体系。法治是实现社会发展的基本保障，既是治国之重器，也是国家治理体系和治理能力的重要依托。法治是现代文明的产物，是国家形态由传统走向现代的标志。一个不实行法治的国家不可能是现代化国家。法治意味着清晰地界定政府活动的范围，政府的权力均须具有法律依据。民众与政府在法律上处于平等地位，公民个人或企业的权利或利益受到相关干涉和侵犯，他们可以主张自己的权利，获得及时而有效的法律支持。党的十八届四中全会提出"建设中国特色社会主义法治体系，建设社会主义法治国家"，制定了全面推进依法治国的总蓝图，从法治上为解决当代中国在各个领域存在的问题提供了制度化方案。

在社会生活中，人作为社会的主体，担负着建设社会与促进社会发展的不同角色，民主法治社会的建设需要靠不同的社会角色共同努力才能实现。角色个体的价值观念、思维方式、行为准则能否适应建设民主法治社会的要求，能否成为建设民主法治社会的积极参与者和自觉实践者，直接关系到其成效。从社会学结构功能主义的角度看，新闻传播事业是整个社会的重要组成部分，属于上层建筑思想意识形态领域，在民主法治社会建设中扮演着特定角色。新闻工作者所从事的新闻传播事业是思想散播的"附着地"，是意见表达的"主渠道"，是官民沟通的"中间站"，是民主政治建设的"助推器"。作为党和政府的耳目喉舌，政府对于经济社会发展全局的重大决策需要新闻工作者进行及时报道，并及时将群众意见反馈给政府，帮助政府了解民意，在决策实施过程中进行跟踪反馈，报道执行情况及群众满意程度，做到科学决策、民主决策。社会政治民主化的实现需要新闻工作者的积极参与。新闻工作者能够通过新闻媒体为公众提供政治参与的公共论坛，引导公众舆论，形成公众议程，进而影响政策议程，培养公民的民主参政意识，实现社会政治民主化。作为一种"批判的武器"，新闻工作者可以通过自身所具有的新闻信息传播的特殊手段，宣传某种意识形态，论证所属社会的政治制度、经济制度的合理性，通过说服教育，使人们自觉拥护社会制度，遵守社会秩序，维护社会稳定，是一定阶级或社会集团的舆论工具，是实现社会公众知情权、表达权和舆论监督权的一个重要平台。因此，这就要求新闻工作者自觉认识到社会对这一角色的要求，肩负起国家和社会对新闻传播事业的重任，并在履行角色行为时具备角色道德意识，恪守角色道德规范，提升角色道德品质，扮演好自身的这一社会角色，在社会主义民主法治建设中实现新闻工作者的角色价值和社会价值。

三　先进文化对新闻工作者角色道德自觉的吁求

文化是人类社会在发展过程中创造的一切物质财富和精神财富的总和。在文化的历史发展过程中，每一种民族文化，都有其产生与发展的阶段，也都面临着文化的传承。综观人类社会发展的历史，文化既发挥出引领社会发展潮流和趋势的作用，又表现出规范及调控社会机制的作用，还表现出驱动社会经济发展、凝聚社会共同力量的作用。社会文化的任何形态，其本质不只是肯定和支持现行社会，更深层的意义上包含对现行社会的评价和批判，它不仅体现出社会"是什么"的价值支撑，而且也蕴含着社会"应如何"的价值判断。社会的主体是人，而不同的人的自身素质、生存环境以及个人的精神和物质需求又不尽相同，所以，存在人与自然、人与社会、人与人之间的矛盾是社会的常态，甚至还存在人自身的情感欲望与理智之间的矛盾。如果要化解这些矛盾，就必须依靠文化的熏陶、教育和影响作用，以贴近民众的、说服性强的方式，潜移默化地将正义、公平、善良等积极的文化因子植入人民的内心，发挥先进文化的凝聚、润滑、整合的作用。只有如此，社会才能更加健康、有序，才能可持续发展。文化虽然属于精神层面，但是它可以依附于语言、文字等其他文化载体，在交流之中形成一种社会文化氛围，对生活在其中的人们进行同化，让他们拥有基本一致的价值观、是非观、审美观，也为他们认识、分析及解决问题提供方法和依据，进而使文化成为维系社会和平，促进民族生生不息的一种巨大力量。

　　文化如同一个国家和民族的灵魂，集中体现了其精神与品格。有着五千年历史的中华文化博大精深，不仅为中华文明的发展做出了巨大贡献，更是中华民族生生不息、国脉传承的精神支撑，是中华民族在面临危险挑战及各种严峻环境时能够屹立不倒、百折不挠的力量源泉。在开创中华民族美好未来的历史进程中，文化既为经济社会发展提供了强大的精神动力，也是经济社会发展的重要内容。2015年9月，习近平同志在主持政治局会议时指出："实现中华民族伟大复兴，离不开中华文化繁荣昌盛……举精神旗帜、立精神支柱、建精神家园，是当代中国文艺的崇高使命。弘扬中国精神、传播中国价值、凝聚中国力量，是文艺工作者的神圣职责。……要聚焦中国梦的时代主题，培育和弘扬社会主义核心价值观，唱响爱国主义主旋律，传承和弘扬中华优秀传统文化，让中国精神成为社会主义文艺的灵魂。"

　　文化的传承通常都是通过一定的传播手段来实现的。人类所创造的一切文化，都可以通过文字、声音、图像等符号进行大众传播，在现代社会，广播、电视、报纸、杂志、互联网络等新闻传媒都是文化传播的承载体，而以新闻传播为职业的新闻工作者，更以其职业的特殊性及影响的广度和深度，在传承我国悠久历史文化、弘扬优秀时代精神方面，承担着义不容辞的责任和义务，理应扮演而且已经扮演着文化传承的重要角色。无产阶级新闻事业从诞生的那天起，新闻工作者就将马克思主义作为自己的指导思想，确立了坚定的党报原则、群众性办报方针和为最广大人民群众服务的办报路线，使无产阶级新闻传播事业成为无产阶级革命事业的有机组成部分。新闻事业坚持以这些理论作为指导思想，保证了我国社会主义文化的先进性，使作为文化建设重要组成部分的新闻事业成为凝聚和激励全国各族人民的重要力量，在引导全体人民树立正确的世界观、人生观和价值观方面发挥了重要作用。

　　当前，科技的发展使文化信息的流通越来越发达，文化的更新转型也日益加快，世界文化多元化趋势日益明显，在这一背景下，新闻工作者更应该认清自身在文化传承和传播中的地位，承担起弘扬中华民族优秀文化的重任，坚持和把握好中华文化的前进方向，要提高自身的政治素养和新闻信息传播能力，综合运用大众传播、群体传播、人际传播等多种方式，拓展对外传播平台和载体，精心构建对外话语体系，发挥好新兴媒体作用，增强对外话语的创造力、感召力、公信力，讲好中国故事，传播好中国声音，阐释好中国特色，展示好中华文化魅力，把当代中国价值观念贯穿于国际国内新闻信息传播的方方面面。

四　和谐社会对新闻工作者角色道德自觉的呼唤

和谐是社会关系的良性状态、人与自然关系的良性状态，但其核心是人与人之间的关系处于良性状态，即平等、公正、公平的状态。和谐社会是一个内涵相当丰富的概念，是一个"社会的各种要素相互融合的状态"，涉及人与人、人与社会、公民与政府、人与自然等多重关系，涵盖了人们的经济生活、政治生活、文化生活和日常生活。有学者对和谐社会做出这样的界定：第一，在价值目标上，和谐社会是一个以经济和社会公正或公平为核心价值的公共性理想社会；第二，在内在机制上，和谐社会是一个以社会交往理性为宗旨，强调主体间的宽容性社会；第三，在社会的组织与管理方式上，和谐社会是一个崇尚并致力于善治的社会；第四，在存在方式上，和谐社会是一个多元社会；第五，和谐社会是一个将社会发展与人的身心全面发展有机统一起来的社会。

在社会生活中，社会对社会角色的要求是多方面的，社会是由众多的社会角色在角色扮演过程中进行角色交往和角色实践的产物，每个人扮演的角色既关乎自身，也关乎社会的和谐互动。每一个社会成员都是建构和谐社会秩序的主体，担负着建设和谐社会的责任，扮演着建设和谐社会的重要角色，新闻工作者也是众多社会角色中的一部分，在社会中占据一定位置，并以一定的行为模式在社会互动中扮演着社会角色，其所从事的新闻传播工作对于和谐社会秩序的构建起着重要作用。其原因就在于人与人之间良性关系的建立，需要商谈交流，需要比较充分的信息沟通，需要关于客观世界最新变动信息的交流。这样，才能及时互动理解，化解冲突和矛盾，生成和谐的关系状态。这是作为社会公器的新闻媒介所追求的，也是新闻工作者的美好理想。

进入近现代社会以来，伴随新闻传播业的不断发展和逐步壮大，新闻传播在事实上已经成为建设和谐社会、维护和倡导社会公平正义的正当的、必要的、重要的手段。在新闻传播的历史发展和演变过程中，人类的新闻传播已经形成了其自身的规定性和目的性，其根本目的就是为了人类自身的生存和发展提供最新的信息保障。当新闻传播活动发展到一定水平时，人类自觉到了这种目的，强化这种目的，并且明确地加以表达，那就是：监测环境，守望社会。监测、守望的目的无非是为了社会有一个正常的、良性的信息秩序、生活秩序和运转秩序。历史与现实的诸多事实也证明了这样一个现实，即新闻工作者所从事的新闻传播活动可以成为建构和谐社会秩序、维护社会公平正义的正当手段。同时，对于社会或社会公众来说，新闻工作者所扮演的社会角色，能够让他们看到新闻传播在构建和维护和谐社会秩序中的作用，因而对新闻工作者已经形成了一种信念和期望，相信和希望新闻工作者能够成为构建和维护社会和谐秩序的社会基础、公众基础。

当今，随着科学技术的发展，信息时代、网络时代和后网络时代的到来，人类社会在新闻传播活动中逐步建立起了一种新型的传受主体关系，新闻工作者与社会大众之间开始互为传播主体，从而形成了和谐平等的一体化关系，他们之间的关系是互相尊重、互为目的的平等的主体间的关系，面对的共同客体是新闻事实、新闻传播内容，而不是各自的对方。他们共同驾驭和运用新闻传播工具，在主体间的和谐关系中，以统一新闻主体的方式共同完成新闻传收活动，共同享有关于新闻报道事实的信息，以达到共同的完善和发展。

社会角色与社会发展趋势是一致的，当一个社会角色能够认真扮演自己的角色，能够自觉按照角色道德规范和伦理要求行动时，能够尽自己的应然之责和能力奉献于社会时，对社会和谐发展就会起到促进作用。反之，当社会角色不能认真践行角色道德规范和履行自己的角色责任时，就会影响到社会的和谐安定，阻碍社会的发展。在中国，"只要是涉及'民众利益'的题项，无论是哪个文化层次的人群都给予高度重视，媒体作为社会最广大民众代言人的角色，起码是现阶段中国公众对媒体的强烈寄托和要求，能够满足这种要求的媒体就能够较多赢得公众的信任"。[①] 在这样的新情况下，新闻工作者更需要扮演好自身的社会角色，履行好社会赋予的角色道德规范和角色责任，观察自然、社会的最新变动状况，在揭示新闻事件意义的情境下，进行全面、真实、智慧的报道，发挥新闻人的主体性，独立观察、独立思考，把新闻传播机构建设成为一个交流评论的平台，关注那些使国家和民众健康生存的基本价值观的传递，关注社会弱势群体，呈现和阐明社会的价值目标和价值观，在宪法、法律和职业角色道德规范允许的前提下，积极地介入社

---

① 靳一：《中国大众媒介公信力影响因素分析》，《国际新闻界》2006 年第 9 期。

会生活，揭露那些对社会正常运行构成各种威胁的事实面目，以新闻传播的方式和手段，保障社会秩序，维护社会公正。同时，还要在新闻传播中传导自然关怀和人文精神，诠释自然发展规律，解读好环境领域专业信息，培养社会公众珍爱自然的情感，通过信息供给，营造人与自然和谐相处的舆论氛围。

第二节　新闻工作者角色道德自觉缺失的现实困境

　　为了了解新闻工作者的角色道德意识和角色道德自觉现状，笔者调查走访了包括报社、广播电台、电视台和通讯社在内的部分新闻单位的工作人员，他们都是在编在岗的从事新闻采编业务、领导和科研工作的新闻工作者。调查表明，绝大多数新闻工作者都能够正确认识自己的社会角色，认为新闻工作者应该自觉承担社会责任、促进社会和谐、传播先进文化、弘扬社会正气的人占被访者的90%，近八成的被访者不同意"新闻工作者可以利用职业之便牟取不正当利益，或以任何名义索取、接受采访报道对象或利害关系人的财物或其他利益"的做法；但调查也表明，我国新闻工作者在职业的角色扮演中也存在较为普遍的问题，如"接受被采访单位或个人的招待用餐""接受新闻来源单位赠送的礼品""以新闻报道形式做广告性质的宣传"等，约有80%的被访者认为这种现象在新闻界很普遍。总体而言，当代中国新闻工作者具有良好的角色道德理念，符合时代要求和社会发展趋势。但也的确存在新闻工作者角色定位模糊、角色道德失范、角色道德自觉性不强等现象，存在不少亟待解决的问题。正如史密斯教授在《新闻道德评价》中所描述的美国新闻界的情况："新闻业正在经历一个艰难时刻。几乎所有的民意测验都表明公众不再尊重新闻工作者，他们怀疑自己是否还能够信任新闻媒介。他们并非对我们的职业技能有所怀疑，令他们不满的是我们的道德和我们对自己在社会中所扮演的角色的认识。"[1]

---

① ［美］罗恩·史密斯：《新闻道德评价》，李青藜译，新华出版社2001年版，第1页。

一 新闻工作者的角色价值观错位

当前，随着社会文化的多元化和市场经济的发展，人们往往追求有形的、物化的指标，而忽视了精神文化的追求、价值观念的变革、思维方式的创新。随着社会主义市场经济体制的完善，社会多元化思潮涌现，价值观念多元化，利益观念、效益观念、竞争观念被不同程度强化，现实主义、虚无主义、拜金主义、消费主义思潮蔓延，这些都导致社会大众的道德价值取向的混乱。在新闻领域，新闻工作者作为社会中的一员，也不可避免地受到了当今时代多元化思潮和观念的影响，部分新闻工作者在思想上开始偏离社会主流价值观，其价值取向也呈现多元化，各种独立的自我价值意识充分发展，追求物质利益的拜金主义和消费主义思想在新闻工作者队伍中不断蔓延，深深扎根，部分新闻工作者的价值目标被异化，造成新闻工作导航系统的失灵。

一方面，新闻工作者的世界观、人生观和价值观被金钱至上、唯经济论的思想所影响，出现以片面的经济利益为导向的认知，却忽略了社会效益与经济效益兼顾的原则，引发价值取向的偏离或错误。市场经济体制对人们可以起到开拓进取、创造财富的激励作用，但也有一部分人利益至上，被物欲所困，出现了价值观念扭曲、功利主义泛滥的不良思潮，这种思想不可避免地影响到与社会发展紧密联系的新闻行业，也对以传播新闻信息、引导社会舆论、引领社会发展潮流的新闻工作者产生了消极影响。媒体的经济效益成为部分新闻工作者价值判断的标准，趋利、避害的心理在一部分新闻工作者的新闻活动中表现出来，他们往往置真实、客观、公正、全面的职业规则于不顾，而以金钱观替代新闻规律支配的价值观。他们将国家和社会赋予的新闻媒体传播新闻的权利，和金钱进行非法交易，使新闻工作者的社会角色脱离了其应有的职业本色而发生了异化，从而严重影响了新闻媒体的公信力，败坏了社会风气，使新闻工作者远离了社会和公众对其角色的期待，这种以物质利益为主导的价值观念遮蔽了新闻工作者应有的社会责任，使他们忽视了原有的角色道德规范，当然也丧失了崇高的精神追求。

另一方面，新闻工作者信仰危机显现。信仰作为人类把握自身存在的一种特殊方式，在人的精神生活中扮演着不可或缺的角色。信仰的本质是一种价值导向问题，它为人类生活提供了追求价值的动力和目标，具有精神家园的意义。信仰的终极指向为人们认识世界、改造世界提供了基本的观念框架和价值指南。然而，随着社会主义经济市场化的进一步发展，原有的由国家主导的一些主流核心价值观逐渐与市场经济要求不匹配，大量社会成员淡化甚至放弃了原有的信仰价值体系。一时间，新闻业固有的服务人民、做人民公仆的信念被人们忽略，新闻工作往往流于形式，失去了对崇高理想信念的职业追求，缺少了应有的精神支柱和行动指南。新闻工作者更多地考虑现实利益和个体利益，新闻工作一定程度上变成了谋生的手段，而不是将之建立在"有益于国事"的使命感、责任感基础之上。为追求新闻理念而义无反顾、绝不旁骛的精神和气度在新闻工作者身上有所缺失。

二　新闻工作者的角色责任感缺失

作为从事社会精神生产的主要领域，新闻界的社会责任历来受到重视。"新闻工作者处于各种消息汇集的激流之中，他要在这股激流中站稳脚跟，辨清各种消息的含义，不是一件容易的事。他必须意识到自己的责任，他必须明白人们的声誉、生命，甚至国家民族的前途，可能要取决于他为读者听众所做的新闻报道工作的好坏。"当前，一些新闻工作者在新闻活动中屈从于政治利益或经济利益的压力或诱惑，新闻传播行为与其角色责任要求相背离，其行为的动机与效果偏离了新闻工作的角色责任与义务的价值取向、道德观念、行为规范和道德品质。应该履行的责任没有积极履行，造成责任缺失，或者责任履行过程中出现过度或者不及的现象，产生了不良的社会影响。

新闻工作者所呈现出来的事实世界，即使是真实的，也是有限的，社会中的各种力量都在试图利用新闻手段建构自己想看到的世界，都在想方设法控制或者干涉作为信息传播主体的新闻工作者，以形成对自己有利的社会环境。在这种情况下，一些新闻工作者忽略了社会对自己的角色要求，为社会公众服务的角色责任意识逐渐淡漠甚至背离，有些人在实际新闻采写报道中扮演的角色变成了公关人员、广告人员，他们不是社会公众的新闻传播人，却变成了一些公司、企业、组织团体的代理人，广告商的代理人，他们与社会上的公司、企业或者其他组织团体一起，公共策划营造新闻事件，然后又充分利用自己的新闻工作者角色进行大规模报道，以赢得经济利益或政治利益。

2013 年，轰动全国的"陈永洲事件"就是一个新闻工作者背离社会责任，进行新闻交易的典型案例。2013 年 10 月 18 日，广州《新快

报》记者陈永洲因在新闻报道中进行失实信息传播被警方拘留，10 月
26 日，陈永洲向警方坦诚，自己受人指使收人钱财，发表失实报道。
应该说，对企业经营者进行采访报道和舆论监督，是新闻工作者的正当
权利，但是，进行新闻采访报道必须在法律的准绳下。《人民日报》在
对"陈永洲事件"的评论中写道："允中守直的媒体风骨，时常被无孔
不入的名缰利锁绑架。尚不健全的法治精神、市场精神，各种失范、失
序、失德的现象，前所未有地考验着新闻人的良知与操守。"①

在新闻工作者队伍中，还出现了一些这样的现象，有些新闻工作者
把自己视作"群众的领导者"，个别人把自己视为"钦差大臣"，到基
层去采访，好像是去考察工作，在自觉或不自觉中将自己的角色进行了
转化。也有一些新闻工作者在工作中缺乏凝聚力和集体的向心力，在情
感和行为上对新闻工作所应承担的社会责任的自觉关注和参与意识淡
漠，只注重个体利益而忽视了集体利益和国家利益，只注重物质需求而
忽视了精神境界的升华，在这样一些观念的影响下，新闻工作者往往会
屈从于物质利益的压力或诱惑，以宣扬物化的方式迎合或操纵受众，使
受众失去独立判断的能力或者造成价值观念的混乱，出现了失实报道、
有偿新闻、虚假广告以及哗众取宠的媚俗节目和低俗新闻等新闻行业的
乱象。究其原因，就是由于少数新闻工作者无视自己的角色道德责任，
滥用新闻传播权利，缺乏对社会、对他人的职责和使命。此外，为了获
得更多的广告收入，以广告挤掉新闻版面，娱乐新闻、明星新闻在版面
中占比过大，而高水平的、对公众很有教育意义的严肃新闻反而很少。
这样，新闻媒体的成本降低了，但是，媒体的社会作用和社会责任也降
低了，不能充分履行其服务于公共利益的职能。由于这些现象的存在，
致使新闻媒体的公信力受到严重侵害，新闻工作者的社会形象也受到严
重影响。

三　新闻工作者的角色道德行为失范

所谓失范，是指个体的思想观念、道德意识出现了偏差，导致行为
取向偏离了本来的要求和位置。新闻工作者角色道德行为失范，主要是
指新闻工作者在新闻活动中的角色道德行为与其角色道德责任要求相
悖，角色道德规范对其约束和控制逐渐弱化，丧失是非善恶标准，不同

---

① 陆侠：《有职业操守才有媒体公信》，《人民日报》2013 年 10 月 27 日第 4 版。

角色道德原则、角色价值观相互冲突所造成的道德混乱和无序现象。在此，新闻工作者行为的动机与效果偏离了新闻工作的社会责任与义务的价值取向、道德观念、行为规范和道德品质，产生了不良的社会影响。具体而言，新闻工作者角色道德行为失范主要表现在以下三个方面。

（一）虚假新闻

虚假新闻"是指未能真实反映客观事物的本来面貌，带有虚假成分的报道"。① 传播真实信息是新闻工作赖以存在的基础，也是新闻事业的道德底线。但是，在具体的新闻实践中，虚假新闻的现象却屡屡出现，严重影响了新闻媒体的公信力和新闻工作者的形象。如2007年北京电视台《透明度》栏目播出的《纸做的包子》，就是无中生有炮制出的新闻。2010年12月6日，中新社属下《中国新闻周刊》微博公众号刊发一则新闻称著名作家金庸去世，后被证实为虚假新闻。当天晚上，该刊物副总编辑、新媒体总编辑刘新宇向公众道歉，承认编辑未做任何核实草率转发，暴露了编辑缺乏应有的新闻素养。次日上午，刘新宇辞职获批准，他也因此成为第一个因微博出错而辞职的新媒体总编辑，其后传播此新闻的编辑被解聘。这些案例都反映了当下新闻工作者对于新闻信息的虚假传播现象。在新媒体技术快速发展的背景下，虚假新闻也呈现出了网络时代的特征。从上述金庸"被去世"事件中我们可以看出网络对虚假新闻的推波助澜，网络成为虚假新闻的扩音器，其产生的危害性也会倍增。但是，不管虚假新闻如何变化，其本质如出一辙，有的是新闻工作者故意隐匿真情，编造谎言；有的是粗枝大叶，调查不实；有的是道听途说，捕风捉影；有的是合理想象，添枝加叶；有的是业务不精，轻率成文，等等。从总体上看，虚假新闻的实质是对新闻真实性原则的根本背弃，必然会损害新闻行业的公信力，失去人民的信任。②

随着我国社会主义市场经济的逐步完善，新闻事业也随着发生了改革，商业广告开始成为新闻媒体主要的经济来源。媒体广告促进了商品市场的活跃，为新闻媒体创造了巨大的经济效益，但同时也有很大的负面影响，给社会受众和新闻媒体自身带来了巨大的危害。如在报刊的广

① 蓝鸿文：《新闻伦理学简明教程》，中国人民大学出版社2001年版，第67页。
② 宁克强、何军、魏茹芳：《新闻媒体道德失范现象成因与对策研究》，《河北经贸大学学报》2008年第1期。

告中，各种虚假广告层出不穷，有的甚至压过正版内容，这些广告在内容上虚假宣传，在形式上花样百出，不断推出读者问答、新产品报道、新闻专访等各种形式，对消费者进行欺骗。一些新闻媒介甚至将广告演变成新闻消息、人物专访、企业或产品通信、生活专题、科学常识等形式进行传播，在一些地方新闻媒体包括党报上也能够见到大篇幅的此类文章。一些广告利用虚构的情节，大肆渲染产品的神奇疗效，甚至请一些影视明星现身说法；也有的广告宣扬错误的价值观，如宣扬"超级享受""王子生活"等拜金主义思想，宣扬等级观念，皇权思想，劝人"糊涂"，等等。还有一些广告以转让专利技术、征婚等名义欺骗普通群众；也有一些广告中存在歧视女性、歪曲女性形象的内容；更有以新闻报道形式为商家、企事业单位发布广告，不注明"广告"，而是以专版、企业形象、专题报道等形式出现在媒体版面上。这些虚假广告和误导广告，一方面支持了不正当竞争，扰乱了正常的市场经济秩序；另一方面广告中错误的价值观也背离了"以正确的舆论引导人"的新闻工作的职业要求，还有的消费品广告误导和坑骗了消费者，损害了他们的自身利益，有时还造成新闻侵权。

（二）有偿新闻

有偿新闻是指新闻机构及新闻工作者对要求刊登新闻者索取一定费用的新闻。一些新闻机构为解决经费不足或牟利，以及其他目的，按占有版面大小、播出时间长短和录制费用向要求刊播新闻者收费。对于有偿新闻历来有两种相反态度，焦点是收取报酬后还能不能保证新闻的客观公正立场。中国新闻管理部门对新闻机构的非经营部门进行有偿新闻持否定态度。有偿新闻自诞生以来，就是对新闻工作者诱惑力最大，也是新闻工作者角色道德行为中最严重的失范现象。我国各级管理部门对有偿新闻现象一直非常重视，出台了相关法规及职业道德规范来约束和惩戒这一现象，但是，有偿新闻却如雨后春笋，此起彼伏。尤其是当前新媒体环境下，有偿新闻以更隐蔽的方式存在于新闻工作者的传播活动中。如媒体给采编人员下达创收指标，从而使有偿新闻堂而皇之成为经营创收手段，进行有偿组版、联办节目；某些中介、公关公司以营利为目的，非法运作（实为经营）新闻。另外，近几年来，山西繁峙矿难中发生的新华社记者收受礼金以及霍宝干河煤矿事件中记者排队领封口费事件，也成为有偿新闻的表现形式，即有偿不新闻，这是有偿新闻的一种特殊表现形式，是指在新闻报道活动中，新闻媒体或新闻工作者在接受潜在报道对象提供的报偿后，不对可能给报道对象带来不利影响的新闻事实或事件（通常为负面事实或事件）进行报道，有偿不新闻的出现也说明了有偿新闻的手法更加多样，内容更加翻新。有偿新闻反映了部分新闻工作者的"拜金主义"思想，其存在和蔓延，严重降低了新闻信息的传播质量，不但危害社会，也败坏了新闻行业的声誉，是新闻领域的耻辱。

（三）新闻低俗化与人文关怀缺失

传播真实信息，引导社会舆论，弘扬正能量，开展舆论监督，这既是新闻事业要承担的社会责任，也是新闻工作者进行新闻报道的价值取向。在新闻信息传播中，既要尊重传播规律，做到真实客观传播，还要体现人文关怀，关注社会的发展，关注人的命运，关注人的生存发展，讴歌社会真善美，积极传播健康向上、格调高雅的作品。然而，随着市场经济的发展，其功利性和实用性也影响了当前的新闻行业，在激烈的市场竞争机制下，新闻行业也要面向市场，实行优胜劣汰，新闻传播活动中的娱乐化、低俗化现象也开始出现。如有些新闻工作者为追求点击量、获取经济收益，热衷于报道名人情爱婚变、暴力事件、八卦新闻等格调低劣，有害人们身心健康的内容，从而忽略了对社会的责任感。如在 2004 年 9 月 1 日，俄罗斯别斯兰市 1000 多名学生、家长与教师被恐怖分子劫为人质，俄罗斯特种部队解救了人质，事件最后导致 300 多人死亡，700 多人受伤。事件发生后，全世界的目光都很关注，中央电视台 CCTV-4《今日关注》栏目却在 9 月 6 日晚播出的报道俄罗斯人质事件的节目中，打出了有奖竞猜信息，让人们竞猜在这场危机中的死亡人数①，在这个灾难性的事件中，新闻媒体把人的生命与简单的数字等同起来，既反映出了新闻媒体的消解新闻报道的严肃意义，把一切新闻变成娱乐的材料的倾向，也反映了报道中的人文关怀缺失的现状。这样的案例在当前的新闻传播实践中同样存在，如在新闻图片和电视新闻画面的处理上，有的新闻工作者在编辑播出时，不做技术处理，对逝去生命的隐私和尊严保护不够。普利策曾经说过，正义、勇气、悲悯是我们尊奉的最高价值，而对人性的关怀，对人的尊严的维护，正是对这一最

---

① 任冬梅：《灾难报道中人文关怀缺失初探》，《今传媒》2009 年第 9 期。

高价值的诠释。体现在新闻工作中，就是媒体对人的生存状态以及人的精神需求的关注，是对人的尊严与符合人性的各种需求的肯定。这就要求新闻工作者坚持"受众为本""以人为本"的报道原则，注重当事人和受众，讲求新闻报道的人性化，在报道中体现人性的关怀和社会的关爱，用文字和镜头彰显生命的尊严和价值、无私和智慧。

第三节　新闻工作者角色道德自觉缺失的原因分析

当前新闻工作中出现的各种问题，其原因是多方面的，有整个社会塑造的新闻传播环境的制约，有新闻媒体自身定位和权责不明的制约，有新闻受众的制约，有竞争对手之间的相互制约，更有作为新闻传播主体的新闻工作者自身因素。厘清新闻工作者角色道德自觉缺失的原因，才能有效地解决问题，保障新闻工作者角色道德自觉的实现。

一　新闻工作者的角色意识淡漠

新闻工作者是通过新闻信息的传播为社会公众提供新闻信息服务的工作者。一个新闻工作者只有具备良好的角色道德素养，才能真正能够理解新闻传播的价值追求，理解新闻工作承担的社会责任，才能在新闻生产和传播过程中把握好各方面的因素和力量，真正认识传播给社会公众的新闻应该是什么样的新闻信息。

（一）角色责任感的缺失导致舆论导向的偏离

责任感是主体对自己所要承担的角色责任的一种总体价值态度，是角色道德行为得以实现的心理前提，是一种勇于担当行为后果的心理准备或自觉意识。角色责任感是从业者对所从事的社会角色的一种总的认识和体悟，其中最重要的是从业者对所从事的职业的社会意义与社会价值的认知，它是一个人自觉做好某项事业的前提条件之一。其实质是一种从业的、工作的态度，是对自己所从事的职业怀有的一种基本信念。一个职业新闻工作者，应该在自己内心确立"监测环境、守望社会、服务大众"的职业信念，才能真正履行自己的角色责任。

任何有序运行的稳定社会都有其占支配地位的意识形态和价值观念。作为从事社会精神生产的主要领域，新闻行业的舆论引导责任历来受到重视。然而，随着新闻传播进入网络时代，新型媒体的大量涌现，新闻传播环境发生了巨大变化，一些新闻工作者在负责的传播环境中，放弃和背离了职业责任感，从而造成了舆论导向的偏离。主要表现在：首先，对舆论导向的错位认识。改革开放以来，西方的新闻价值观也在中国新闻工作者队伍中传播，一些新闻工作者受其影响，在传播中可以追求"中性"色彩，只强调客观传播舆论，缺乏对主流舆论的积极引导，认不清为谁传播，为什么传播，从而放弃和规避了正确舆论导向的责任和义务，使新闻信息在传播过程中出现背离社会主流价值观的舆论导向。其次，经济效益至上的价值理念导致角色责任心的缺失。市场经济时代，新型媒体与传统媒体之间的生存竞争，各新闻媒体之间的经济竞争越来越激烈，以此为职业的新闻工作者也受到了"注意力经济"的驱使，为尽可能多地吸引受众，争取"眼球"，在采写编辑和传播中过于注重娱乐性和猎奇性，影响受众对于社会主流价值观的判断，失去对社会、对主流意识形态的信任。同时，由于当前新闻行业的管理体制改革、广告收入等以经济效益为核心成为媒体管理者衡量新闻工作者业绩的重要标准，新闻的发稿量、版面广告等与其收入直接挂钩，部分新闻工作者为了追求高产和收视率、点击率，忽视了新闻报道的高度和品位，不管新闻事实真相如何，热衷于新闻卖点的炒作，或者千方百计搜罗花边新闻，有的甚至炮制出虚假的所谓轰动性报道，把新闻的深度和社会意义的追求等新闻工作者应有的角色责任抛诸脑后。2007 年 6 月，虚假电视专题片《纸做的包子》节目在北京电视台《透明度》栏目播出，由于栏目组中一位临时编导为追求报道的收视率，在制作中剪辑虚假画面、虚假配音，进行了虚假报道，该节目播出后，造成了恶劣影响，该工作人员也因涉嫌损害商品声誉，被有关部门做相应惩处。

（二）新闻良知的缺失导致传播内容的异化

在中国传统文化中，"良知"一般与"良心"同义。良知不是他律，而是自律，是自我立法，在个体的道德生活中起着自我控制、自我调节的作用。孟子说："人之所不学而能者，其良能也；所不虑而知者，其良知也。"认为人存在的意义在于个体精神的自我完美。西方也存在良知说，认为良知是神在人的灵魂中发出的声音。康德认为，任何人做事都必须基于与生俱来的良心，在康德看来，道德对所有理性生物都有着无条件的约束力，时代的变迁也不能改变它们的标准。新闻工作者作为社会道德良知和价值公正的表征，必然应该拥有新闻良知，才能在新闻传播的角色道德行为中，不是依靠外部约束而是凭借内心的角色道德信念自觉进行角色道德选择和道德判断，从而实现新闻行业的健康发展，实现新闻工作者的社会价值。所谓新闻良知，"是指新闻伦理内化于新闻传播主体的品格、思想、习性之中，表现为新闻工作者对待新闻传播的态度、从事新闻工作的理念以及通过新闻传播所要实现的追求和理想。新闻良知是新闻活动主体的内在品格和气质，它体现在新闻工作者外在的新闻活动中、凝结在新闻工作者创作的新闻作品中、深藏于每个新闻工作者的动机和需要之中，同样也体现在一定社会的媒介制度或新闻制度中"。①

当前，新闻传播领域出现了一些新闻工作者良知缺乏的情况，其行为的动机与效果偏离了新闻工作者的角色价值取向、角色道德观念、角色行为规范和道德品质，并导致传播内容的异化。如部分新闻从业人员受利益驱使，进行有偿新闻的交易，其营利的市场导向使其在过度追求利润的过程中丧失良知的底线；也有少数浮躁的新闻媒体及新闻工作者为了抢占头条新闻或独家新闻而一味求快，不考虑社会伦理的约束，导致的虚假新闻现象；还有新闻报道中缺乏人文关怀，只重视受众生理感官上的需求，而不考虑其情感等深层次的需求，看不到对生命的尊重，这是对生命的漠视，使受众在心理情感上难以接受。因此，有人说，当前新闻工作者缺乏的并不是知识技能，而是良知，缺乏对新闻工作负责的良知，缺乏对社会发展责任的良知。"新闻技能是基础，新闻理论是支撑，新闻职业精神是灵魂。如果没有灵魂，一个新闻工作者就缺乏一种精神，就站不起来。"② 良知意识的缺失造成了一部分新闻工作者不能正确公正对待报道对象，不能客观判断新闻报道的内容，也不能理性控制自身的利益关系和情感需要，从而使新闻报道或缺乏人文关怀，或偏离科学轨道，抑或丧失德行。

"媒体的行为规范和应该报道的内容，构成记者实施社会责任的工作目标，指引记者以不损害公众、国家和社会利益为行为标杆。"③ 过

---

① 颜莉：《新时期下我国新闻工作者的新闻良知论》，《新闻世界》2011 年第 1 期。
② 吴廷俊：《转型期新闻职业精神的缺失与重塑》，《新闻前哨》2006 年第 3 期。
③ 刘建明：《新闻学前沿：新闻学关注的 11 个焦点》，清华大学出版社 2005 年版，第 234 页。

去，一个新闻工作者如果做了一件不符合道德的事，常会扪心自问，是否对得起自己的良心。而现在的一些新闻工作者严重缺乏道德理念，缺乏社会良知，没有行之有效的道德信念来约束自己的行为。有些新闻工作者即使做了缺德的事，也不会考问自己的良心，而被个体的私利或者私欲所主导。因而，对这些人来说，传统的伦理道德已不再具有现实意义，更没有制裁的力量。

（三）专业素养的缺失导致传播效果的偏差

传播效果即传播行为所引起的客观结果，包括对别人和社会实践发挥作用的一切影响和结果。狭义来说，传播效果即传播者的某种行为完成企图或目的的水平。简言之，传播效果即传播行为产生的有效结果，它是指广播、电视、报刊、网络等媒体的传播活动给受众带来的影响和效果。这种影响和效果涵括了无意和有意传播、直接和间接传播、显在和潜在传播。

新闻事业是社会中的一个具有特殊影响力的职业，新闻工作者作为新闻信息的传播者，他所采集的一切信息，所选择的一切事实，都要制作成一定体裁的新闻作品，通过新闻媒体传播出去，因此，新闻工作者的立场、思想、认识和情感都影响和规范着其对客观事实的反映，影响着新闻信息的传播效果。在当前的新闻传播队伍中，一些新闻工作者并非新闻专业科班出身，没有接受过专业的新闻教育，在实践中也没有接受进一步的在职教育，从而使他们在进行新闻采访、写作、编辑等环节缺乏理论素养和专业素养；而新闻管理单位往往更为重视的是新闻工作者所带来的经济利益。对新闻传播者的评价强调的是其客户资源，或者是其对外交往能力，而忽视其业务能力和道德素养，因而难以避免新闻工作者角色道德失范行为的发生。具体表现在：政治理论水平的缺失，导致在新闻传播中对政策解读不到位，在错综复杂的国内、国际政治形势中对于新闻信息的是非标准辨别不准，对于事件的本质和社会发展的主流方向定位不清，从而导致舆论引导方向的偏离；专业素养的缺失，导致新闻理论知识和新闻实践技能水平不高，导致新闻视角不准确、不新颖，新闻判断力的不敏锐，不能够准确、及时地了解新闻信息背后有关社会生活的新情况、新动向、新问题，有时甚至出现常识性的错误，从而直接影响新闻作品的质量和新闻宣传的实效，造成传播效果的偏差。

二 新闻行业存在不正之风

毫无疑问,影响新闻工作者角色道德自觉的不仅仅有新闻工作者自身的因素,自然也包含新闻行业的因素和社会因素。新闻行业作为社会系统中的一个重要组成部分,同样具备社会属性,会受到各种社会因素的影响,同时,媒体又是由新闻工作者构成的"小社会","媒介依照自身的法则和实践,在社会内部建构一种单独的'社会机构'"①,也对其从业人员即新闻工作者产生了重要影响。"从事精神生产的人即使表现为个人活动的形式,他也是社会的,因为他是作为人活动的。不仅他的精神生产活动所需的材料,而且他用来进行精神生产活动的语言,都是作为社会的产品给予他的,他本身就是社会的活动;自身所做出的东西,是他自身为社会做出的。"②

（一）新闻媒体立场与定位的错位

在现代社会分工中,新闻媒体的主要功能是提供并传播真实客观、全面公正的新闻信息。但在具体的新闻传播实践中,新闻媒体却往往会超越此种社会角色分工,走入新闻传播的误区,出现新闻媒体立场与定位的错位。

1. "报道者"成为"审判者"

新闻媒体是一种舆论工具,具有反映舆论、表达舆论、影响舆论和引导舆论的作用。在社会大系统中,新闻媒体的舆论监督能够将社会舆论引导到有利于社会稳定和维护安全的轨道上来,同时,通过舆论监督政府及社会行为,维护社会系统的良性运行和有序发展。舆论是社会公众对于公共事务的一致意见,反映的是社会公众的意志和要求。因此,社会公众是舆论监督的主体,而新闻媒体是传达社会公众声音的"传声筒",其在舆论监督过程中扮演的角色是将客观事实的真相传播,为社会公众所知晓,推动社会公众去监督,并及时将社会公众对于客观事实的意见和态度进行反馈,从而实现"对涉及公共事务的组织人员的行为实行监督,进行有效的制约和限制,使之服从、服务于既定的公众意识,符合公众共同利益"。③ 但在现实的新闻传播实践中,一些新闻

---

① [英] 麦奎尔:《大众传播理论》,崔保国、李琨译,清华大学出版社2006年版,第4页。

② 夏甄陶:《人是什么》,商务印书馆2000年版,第145页。

③ 李良荣:《新闻学导论》,高等教育出版社2006年版,第45页。

媒体不明白媒体与公众在舆论监督中的角色，自觉扮演了"审判者"的角色，将自己置于舆论监督主体的地位，如在新闻报道中对犯罪嫌疑人进行有罪推定，建议司法部门"从重从快予以严惩"等报道，把"由民做主"变成"为民做主"，充当了为民众申冤昭雪的"包青天"，从而造成了新闻媒体的立场与定位不清，出现了新闻传播中的媒介错位和越位现象。

2. "局外人"成为"局中人"

对社会现实进行客观报道是新闻工作者的重要职责，因此，在新闻传播过程中，新闻工作者应该独立于客观事实之外，是新闻信息传播的"局外人"。但是，在当前激烈的媒介竞争中，一些新闻媒体为了追求收视率，提高发行量，增加新闻信息的可读性，吸引受众眼球，追求新闻报道方式的多样化，提出了体验式报道方法。这种方法以新闻记者的主动参与和现场目击为特征，从新闻传播的视角进行新闻事实的采集和传播，具有较强的现场感和揭秘性，具有直观、形象、真实等许多优势。但也有一些新闻媒体对这种体验式报道进行狭隘理解，观念先行，由观念而预设，由预设而导演，记者预先设置了报道时间、地点、内容甚至采访主题，在这样的新闻报道中，记者在挖掘新闻真相的过程中，身兼"当事者"和"采访者"的双重角色，从新闻传播的"局外人"变成了"局中人"。这种体验式报道往往会使记者参与到新闻事件中，在报道中注入了作为传播者的新闻记者个体的情感与立场，影响社会公众对于新闻事实的独立判断。有的记者甚至为了迎合公众的需求，无中生有，制造虚假新闻，极大地影响了新闻媒体的公信力。当然，并不是说记者就不能使用这种采访方法，而是应该在新闻报道过程中时刻意识到自己作为新闻传播者的身份，铭记自己提供客观真实新闻信息的职责，才能真正把社会公众想要的信息进行及时传播。

（二）新闻媒体权责混乱

权利和责任是辩证统一的关系。作为社会公器的新闻媒体，在新闻信息传播过程中居于主动地位，是大众传播的"把关人"。一方面，享有采访报道权，即通过一切正当手段采访自由采访报道新闻的权利，这就意味着新闻媒体可以自由地接触官方和非官方消息来源，并有自由地收集和传播新闻信息的权利，新闻媒体的采访报道权是实现和保证社会公众知情权、监督权的前提。另一方面，新闻媒体还享有舆论监督权。

改革开放以来，"舆论监督"已经成为与人大、政协、司法、人民群众等相提并论的五大监督之一。新闻舆论监督是通过新闻媒体来揭示现实生活中存在的问题并促使其解决的一种舆论监督方式。新闻媒体可以对党和国家机关及其国家工作人员的行为以及与人民利益息息相关的社会性问题进行报道、讨论、评论、批评，引导社会向着健康有序的方向发展。从本质上讲，新闻媒体可以通过控制新闻信息载体，传播特定的价值观念，建构社会公众的认知与评价体系，从而引导社会舆论，形成对人们社会行为的隐性支配。因此，世界各国政府都把新闻媒体作为一种国家向人民灌输社会主流核心价值观的手段并加以严格控制。

在新闻信息的传播过程中，新闻媒体占有新闻媒介资源，有权对新闻信息资源进行取舍，从而决定让社会公众知晓和不知晓哪些新闻信息。然而，在当前的新闻传播实践中，部分新闻媒体出现了非理性化倾向，在商业利益的驱使下，往往根据自己的利益或价值取向来传播新闻信息，把营利的目的置于新闻信息传播的基本目标之上，忽略了自身的职业责任，滥用了媒介权利，造成了媒介权责混乱。

1. 利用大众传媒制造并传播文化垃圾或低俗文化，放弃了文化传承和道德教化的社会责任

一个社会要保持正常运行、和谐运行，需要建立起相应的道德秩序和文化氛围。新闻媒介是国家和社会上层建筑的一部分，担负着倡导文明、教化道德、促进道德养成的神圣职责。但在现实社会中，一些新闻媒体为赚取商业利润，迎合某些受众的低俗需要，有的在传播的新闻信息中过分渲染暴力和色情，有的刻意突出强化文化形式的感官功能、游戏功能和娱乐功能，有的倡导传播不正确价值观，而文化传播中应有的道德性、审美价值、思想深度、终极关怀等内涵不断被削弱，从而导致受众缺乏自我意识和自我判断，理性思考能力趋弱。传播内容的暴力化和色情化滋生了社会生活中的享乐风气、形成了社会公众的病态人格，导致社会行为无序的发展，甚至成为诱发青少年犯罪的重要因素之一。2016 年 1 月 7 日，深圳快播科技有限公司传播淫秽视频牟利一案在北京市海淀区人民法院一审开庭审理，2016 年 9 月 13 日作出一审判决。公安机关经缜密侦查后证实，2012 年年底以来，深圳快播科技有限公司利用研发的快播软件，通过在全国多地布建服务器、碎片化存储、远端维护管理、实现视频共享和绑定阅读等方式，大量传播淫秽视频及侵

权盗版作品获利数额巨大。深圳快播科技有限公司作为一家网络媒体，其对媒体社会责任的漠视应该受到惩罚和谴责。

2. 操纵或者利用新闻媒介资源，放弃环境监督和理性批判的社会责任

在当前的新闻传播实践中，新闻媒体作为新闻信息传播的"把关人"，肩负着引导社会主流舆论和建构社会核心价值观的责任，但是，一些新闻媒体却以"淡化意识形态"或者"淡化政治性"为借口，对于现实社会中存在的一些社会问题，不去理性批判和引导社会公众建立正确看法和观念，而是宣扬享乐主义、极端利己主义和非理性主义的价值观念，嘲弄理想，曲解历史，虚构现实，传播的新闻信息缺乏理想和价值的理性批判和引导，对现实问题的理性声音缺失，传播给社会公众大量的没有明确价值意识的杂乱的信息和知识，从而使新闻媒体失去了应有的环境监督的社会功能。这一社会监督功能的放弃，会使社会价值观念偏离主流舆论，导致社会公众价值观混乱，善良、公平、正义、诚信、正直等观念和行为无法弘扬，邪恶、欺诈、虚伪等不良观念和行为得不到应有的批判。

3. 制造并传播低俗庸俗文化，放弃文化理想和艺术创造的社会责任，文化自觉性缺失

在社会大系统中，新闻传播活动与其他文化传播活动一样，承担着文化传统的历史传承、中华民族未来文化的创造等责任。而一些媒体和部分新闻工作者却不遵守艺术创作的原则，放弃了对传播的新闻作品艺术品位的追求，传播内容的娱乐化倾向导致作为文化消费者的受众审美意识的缺失，对于文化欣赏和选择能力降低，中华民族的艺术创新能力衰落，文化传统的历史传承和中华民族未来文化的创造力受到影响，降低未来中国人的精神生活质量；传播信息内容的平庸化和低俗化消解了文化的内涵和艺术的追求，麻痹了人的理性意识和向上的积极追求，使社会公众放弃生活的意义感，湮没了对于理想和道德的高尚追求，认知理性和道德理性缺失。由此也可以看出，如果新闻媒体滥用权利，放弃社会责任，放弃社会行为规范的约束，放弃正义的价值尺度，就会改变大众对于新闻媒体的伦理态度，导致危害性社会后果，失去文化的自觉，对社会的进步势必造成严重的障碍。

三　社会场域对新闻工作者角色道德自觉的消解

新闻工作者工作和生活在一定的社会环境中，其职业的新闻传播活动必然会受到各种社会因素的影响和制约，如政治因素、经济因素、文化因素、社会道德水平的高低、社会心理的波动起伏等。布尔迪厄曾说："新闻界是一个独立的小世界，有着自身的法则，但同时又为它在整个世界所处的位置所限定，受到其他小世界的牵制与推动。"① 新闻行业是社会大系统中的信息系统，社会的政治、经济与文化系统必然会对其产生影响，"社会大系统的发展和变化所提出的要求对于传媒业的功能、角色与建构往往具有根本意义上的规定性"。② 社会政治、经济与文化共同构成一个综合的、立体的系统，全方位地影响个体的心理、思想、情感、意识乃至行为，对新闻工作者个体和群体的价值观念与行为规范产生了深刻影响。在参与新闻工作者的观念建构和价值塑造的同时，又在一定程度上消解着这种建构，造成新闻工作者个体角色道德理念的偏向和角色道德行为的无序。本书借用"场域"的概念，是为了强调新闻行业与政治、经济、文化之间"斗争"的两重性，以期对新闻角色道德自觉建构的社会系统有一个"动态而不是静止、现实而不是概念式的展现"。

（一）经济场域对新闻工作者角色道德的消解

经济是包括新闻业在内的文化发展的根本动因，新闻事业与经济基础、经济体制之间存在紧密的联系。马克思说："物质生活的生产方式制约着整个社会生活、政治生活和精神生活的过程。不是人们的意识决定人们的存在，相反，是人们的社会存在决定人们的意识。"③ 恩格斯指出：一切社会变迁和政治变革的终极原因，不应当到人们的头脑中，到人们对永恒的真理和正义的日益增进的认识中去寻找，而应当到生产方式和交换方式的变更中去寻找；不应当到有关时代的哲学中去寻找，而应当到有关时代的经济中去寻找。也就是说，历史发展的根本动力是人类社会的物质生产过程，是以生产力发展为基础的经济发展。其他如政治、思想、文化等诸种因素对历史发展和社会进步也会发挥作用，有

---

① ［法］皮埃尔·布尔迪厄：《关于电视》，许均译，辽宁教育出版社2000年版，第44页。

② 喻国明：《变革传媒——解析中国传媒问题》，华夏出版社2005年版，第4页。

③ 《马克思恩格斯选集》第二卷，人民出版社1995年版，第32页。

时甚至是巨大的作用，它们与经济因素一起，组成一个合力，但它们归根结底都不能超出经济条件的最后限制。经济是影响新闻业发展、新闻工作者角色道德建构的最主要因素。

当前，我国社会主义市场经济体制已经初步建立，"原先与反映计划经济体制相适应的新闻业，必须转换成与反映市场经济体制相适应的新闻业"。① 新闻业也正在构建与此相适应的管理体制和运行机制。市场经济给新闻行业带来的负面影响成为制约新闻工作者角色道德自觉建构的牵制力。

1. 经济场域的变化容易导致新闻工作者价值观念的冲突

市场经济条件下，人们对物质利益的追求超过了以往任何一个时期，新闻工作者的精神追求和道德观念也备受冲击，尤其是传统的价值观念受到挑战。"新闻原则要求报道尽可能增进公众对于重要事件的了解，还要求报道必须独立、公正、完整。……市场原则要求为投资者获得最大的回报。……两者发生冲突时，市场原则常常会战胜新闻原则。"② 市场经济重视人的个性发展、个体价值，往往会忽视社会整体价值。市场经济促使新闻工作者重视眼前的经济利益，重视能给其带来实际金钱利益的价值，而难以保证他们重视理想信念的价值；市场经济强调竞争和效率，注重人们的自主意识、竞争观念，给社会带来了创新精神，增强了社会的创造力，与此同时，市场经济又冲击着人们的固有主流价值观念，在社会中氤氲着对当下社会氛围的困惑迷茫，削弱了群体和社会的凝聚力，淡化了社会人的全局观念、义务观念，进而造成了职业责任感的缺失，在这样的社会转型时期，新闻工作者也出现了各种角色道德行为失范现象。

市场经济是一种强调个体利益、凸显个体利益之间相互区别的经济，而市场却容易使人们形成个体本位观念、为己观念和金钱万能观念。"新闻媒介经济的变化，改变了商业与新闻的平衡，对作为专业模式基础的这种均势提出了疑问。"③ 这些功利性的价值取向引导人们也

---

① 丁柏铨：《市场经济对新闻事业影响两面观》，《江苏社会科学》1993 年第 5 期。

② ［美］约翰·H. 麦克马那斯：《市场新闻业：公民自行小心?》，张磊译，新华出版社 2004 年版，第 61 页。

③ ［美］丹尼尔·哈林：《大众媒介与社会》，杨击译，华夏出版社 2006 年版，第 210 页。

注重现实结果和眼前的实际利益，增加了当代新闻工作者角色道德选择的难度，使一些新闻工作者在从事新闻活动时出现了不同程度的道德滑坡和精神失落，导致有偿新闻、虚假新闻等新闻腐败现象频频发生。另外，处于转型期的中国，传媒市场化和新闻专业主义之间的负向张力日益增大，传媒行业的资本性质对于新闻工作者的社会角色的影响也日益剧增。"利润最大化"和"工资最大化"成为新闻传媒行业和以新闻传播为职业的新闻工作者双方的直接追求。处于社会转型时期的新闻工作者要在传统与现代的夹缝中求生存，就要打破旧的职业观念的束缚，但他们又缺乏对新的职业观念的明确认识，与市场经济体制相适应的价值原则尚没有完全建立起来，个人主义、功利主义、实用主义往往大行其道，难免使新闻工作者原先崇尚的集体主义和理想主义等遭到冲击，导致对他人利益、对公共利益和社会利益的漠视，导致物质价值和精神价值的冲突，从而造成精神迷茫和角色道德行为失范。

2. 经济场域的变化容易导致新闻工作者理性意识的偏离

经济全球化浪潮带来的经济环境的变化在创造物质财富的同时，也使人们的精神世界受到重重冲击，精神贫困成为不争的事实，并且物质越丰富，精神越匮乏。正如马克思所说：物的世界的增值同人的世界的贬值成正比。① 许多角色道德行为失范现象的出现，正是一部分新闻工作者缺乏一定程度理性自觉能力的结果。在新旧体制的冲突中，部分新闻工作者缺乏对社会转型时期经济体制特征的正确认知，缺乏对未来社会经济发展形态的正确判断和审思，出现了盲目性、随波逐流的状况。"媒体一味追求商业利益，置新闻理性于不顾，其后果只能是新闻专业主义的灭失，行业整体素质的不断下降。"② 最终导致对于合乎社会发展、合乎逻辑推理、合乎新闻规律的新闻工作者的思维方式与意识活动的整体偏离和失落。

值得注意的是，在整个理性意识中，市场经济和科技革命的推进又会使工具理性与价值理性产生分裂，进而遮蔽了价值理性，导致人生存意义的失落、人类与环境关系的紧张。高度发展的物质文明严重地压

---

① 《马克思恩格斯全集》第 42 卷，人民出版社 1979 年版，第 90 页。
② 刘建明：《新闻学前沿：新闻学关注的 11 个焦点》，清华大学出版社 2005 年版，第 256 页。

抑、窒息、吞噬着人的心灵，致使人的心灵、人格异化，高度的技术文明与深刻的精神危机和空虚形成巨大的反差。马克思对这种技术进步所带来的人生存的非本真状态、人性的扭曲进行了深刻的揭示和批判：我们的一切发展和进步，似乎结果使物质力量具有理性生命，而人的生命则化为愚钝的物质力量。① 工具理性的过度膨胀，致使新闻工作的一些基本价值和道德观念备受压制。人文精神的意识也逐渐淡薄，使对体现人文精神的智慧和终极关怀的追求失去了内在的支撑力和深层次的动力，从而造成在新闻传播中人文关怀的缺失。

3. 经济场域的变化容易导致新闻工作者竞争意识的无序

"转型期的社会，会有一段无序、无规范或少规范的过程，新闻职业道德意识薄弱或发生混乱的现象几乎难以避免。"② 我国传媒市场化在当前面临的一个严重的问题是：市场将媒介部分地从政治的全盘控制中解放出来的同时，媒介却又走向了另一个极端：为了在激烈的竞争中获得市场，许多媒介机构甚至不惜一切代价，一味地追求经济利益的导向。过度竞争导致媒介市场竞争无序，不正当竞争行为抬头，必然会在一定程度上削弱对社会责任与社会道义的重视。更为严重的是，我国传媒市场化还没有形成相应的市场规制体系，这使市场在带来活力的同时，也带来了媒介行为的失范，于是，虚报发行量、有偿新闻、有偿不新闻等违背道德法规和公平竞争原则的现象也就时有发生。这种失范不仅严重破坏了传媒形象，同时也使公众利益受到局部伤害。

总之，市场经济是一把"双刃剑"，它既促使人们更新观念，又在一定程度上伴随着价值冲突和理性偏离。"很多对媒介职业伦理严重威胁的行为起源于商业利益与新闻专业主义之间的冲突。"③ 新闻工作者若是被动地臣服于经济的决定性而放弃主观能动性，在纷繁复杂的社会现实中，失去理性批判精神和独立自觉意识，就会无法明辨社会是非善恶标准，出现新闻传播角色道德行为的失误和冲突，导致角色道德失范。

（二）政治场域对新闻工作者角色道德自觉的制约

政治场域是指对新闻场域产生影响的政治活动、政治制度、政治设

---

① 《马克思恩格斯全集》第 4 卷，人民出版社 1958 年版，第 61 页。
② 孙旭培：《当代中国新闻改革》，人民出版社 2004 年版，第 111 页。
③ ［美］罗娜·布拉迪、萨拉·布坎南：《自由与责任：国际社会新闻自律研究》，河南大学出版社 2006 年版，第 109 页。

施等相关因素的总称，是社会环境的重要组成部分。它由经济场所决定，并为经济场服务；它决定文化场，又受文化场的反作用。新闻和政治的关系从来都是密不可分的，政治是上层建筑的核心，在上层建筑的诸领域中，新闻比哲学、文学、艺术、宗教等有与政治更紧密的关系。政治场域对新闻工作者精神素质的形成和发展具有支配作用。在一个民族和国家中，政治伦理在其提倡的社会道德价值体系中居于核心和统领地位，从根本上影响和锻造人民大众的心态，使人们在理想、信念和精神层面上把个人的价值和命运与国家和民族的命运及前途联系起来，因此，政治制度直接规范着国家价值建构与道德准则的基本性质和任务，也规范着以新闻传播为职业的新闻工作者的价值观和角色道德行为。与此同时，与经济场域对新闻业的影响一样，政治场域也制约着新闻业的发展，对新闻工作者的角色道德行为起着制约的作用。"在所有的新闻体系中，新闻媒介都是掌握政治和经济权利者的代言人"，"不论过去和现在，新闻媒介都没有展现独立行动的图景，而是为那些所有者和经营者的利益服务"，媒体成为权势的"吹鼓手"。① 政治体制，尤其是转型期的政治体制，对于新闻职业精神的建构会产生一定的束缚。

首先，政治场域容易成为新闻改革的阻力，进而影响新闻工作者的专业性。我国新闻改革的核心是新闻体制改革。传统的传媒是国家和党政机关部门，政治色彩浓厚，随着改革开放的发展，国家对于传媒的定位是事业单位、企业化管理的双轨体制。在当前的社会转型期，传媒对于自身角色定位和职业要求缺乏正确认识，思想准备不足，在新闻传播实践中发生了一些背离传媒角色道德和职业操守的问题。而且，长期以来，我国的传媒改革多由行政力量主导，延续的是政治运行的逻辑，没有遵循新闻事业的基本运行规律。新闻改革难以深入，新闻的独立性受到挑战。在这样的背景下，新闻职业精神过多地受到政治逻辑的影响，难以完全按照专业的规律建构，新闻业真实、客观、全面、公正的专业理念和操作规则受到影响也在所难免。

其次，政治场域容易造成传媒权力的滥用，进而影响新闻工作者的自律性。在传统的管理体制下，新闻媒体的舆论监督带有党政权力的延

---

① ［美］赫伯特·阿特休尔：《权力的媒介——新闻媒介在人类事务中的作用》，黄煌、裘志康译，华夏出版社1989年版，第134页。

伸和补充的性质，新闻工作者被称作"无冕之王"，其采访的职业"权力"往往会演变为党政机关的"权力"，从而为违法乱纪者寻找政策漏洞，以"权力"牟"私利"，引发权力"寻租"现象。因此，有违角色道德操守的现象时有发生，角色道德自觉难以成为独立的群体意识，反而成为某些人政治权力幌子下推卸责任的借口。同时，政治场域容易导致职业身份的尴尬，进而影响新闻工作者的自主性。在改革进程中，新闻传媒"事业与企业"的两种身份之间的矛盾愈益突出。有人曾经指出："我国传媒机构迄今为止基本上按事业的方式进行管理，还没有完全走上企业发展的道路。开放后的竞争已经市场化了，而我们的传媒仍以某些非市场的行为进入市场，那显然是不适应的。企业的生产经营活动，难以用行政的方式进行控制和管理。我们既然要把报业推向市场，使之进入产业发展阶段，那就必然要有相应的政策调整给予支持。搞市场经济，进行市场运作先要确定市场的主体。报社就是报业市场中的主体，只有当它完全经济独立时，它才敢也才有权在市场上作出进退决策，才能适应复杂激烈的市场竞争并发展自己。"① 的确，我国的改革是由经济体制切入的，之所以这样，是因为考虑到旧体制积弊深重，改革任务艰巨，同时又必须服从经济发展的迫切需要，保证社会稳定，要想将改革一下子从经济体制、政治体制等各个层面上全面铺开、同时推进是不可能的，只能分步进行，从而导致某些与旧体制相适应的道德观念在社会经济体制发生变革之后仍有政治体制方面的依据。"中国的传媒业就处在这样一个只有义务、没有权利的尴尬境地：它有事业单位的义务，却不能享受事业单位的权利；它有企业的义务，却不能享受企业的权利。"② 由于原有的政治体制是以计划经济体制为依据，按照计划经济体制的要求而建构的，它在走向市场经济的过程中越来越显露出与新的经济体制的不适应，特别是不具备在市场经济条件下自我约束、合理规范的有效机制，在商品—货币关系的冲击下，仅有的薄弱的防护堤很容易出现裂隙和缺口，以权钱交易、以权谋私为典型特征的各种腐败现象作为政治畸变在经济—政治结构错位而出现的"虚空"地带迅速

---

① 刘飚：《展望入世后的报业产业——由广东报业的近期发展谈起》，《新闻记者》2001年第 11 期。

② 李良荣：《论中国新闻媒体的双轨制——再论中国新闻媒体的双重性》，《现代传播》2003 年第 4 期。

滋长和蔓延开来。这类政治畸变反映在道德领域里，极大地刺激了各种消极倾向的发展，严重地毒化了社会风气，对新闻工作者角色道德自觉产生了极大的消极影响。

总之，在新闻职业仅仅是政治工具的政治环境下，新闻工作者就很难持有独立的品格，而依法治国、发展民主政治、推进政治文明建设的进程，必将有助于新闻改革的深化，有助于新闻工作者树立正确的新闻传播理念。正如童兵教授所说："体制是一切改革的关键。在观念更新、实务改革已进行 20 多年的基础上，今天体制改革正逢其时。以体制改革为突破口，以营建同民主政治制度相适应的新闻传播体制为目标，我们的新闻改革必将走出新的一步。"①

（三）文化场域对新闻工作者角色道德的分化

文化场域在社会环境中处于从属地位，但又具有相对独立性。它由经济场域和政治场域决定，为经济场域服务，并反作用于政治场域。文化场域是社会经济和政治的产物，社会意识形态构成文化场域的主体内容。"世界上没有与文化无关的人，也没有与人无关的文化。"② 作为特殊的社会意识，文化场域对人的思想道德素质起着塑造作用，其根本指向就是为了塑造人的思想道德素质，提高人的科学文化水平，为经济发展和社会进步提供精神动力和智力支持。蕴含其中的价值观念、思想信仰以及与此相一致的各种行为规范对新闻工作者的思想和行为具有教化和规范作用。因此，新闻工作者角色道德本身是文化场域的内容之一，但同时，社会文化的水平影响着新闻界的精神文明程度，对新闻工作者角色道德自觉产生了负面的影响。

1. 社会文化环境的变化容易造成价值观念的迷惘

在中国的现代化进程中，传统的农业文明向现代工业文明的转型过程与西方社会不同，代表不同文明的文化价值观在当代中国社会中出现了共生并存的局面，中国传统价值观、西方工业文明和后工业文明价值观、当代社会价值观相互交织、相互激荡，从不同角度影响着社会民众的思想，处于社会观念前沿的新闻工作者，更是紧随社会发展的思想潮流，不可避免地在这种多元价值观的撞击中难以适从，出现价值观的混

---

① 童兵：《政治文明：新闻理论研究的新课题》，《新闻与传播研究》2003 年第 3 期。

② 袁贵仁：《价值学引论》，北京师范大学出版社 1991 年版，第 81 页。

乱和迷惘，这些负面影响又会随着新闻信息的传播作用于新闻工作者的职业活动中，就必然导致对新闻工作者角色道德行为的严重失序、失范。

2. 社会文化环境的变化容易造成价值尺度的模糊

在新的经济结构下，由于经济主体及相关经济利益的多元化，道德评价标准不再确定，在道德领域也出现了相应的道德价值多元化。崇高与卑鄙、正义与邪恶、好坏美丑之间应有的界限变得模棱两可、含糊不清，不受社会道德约束的行为也就随之大量地冒出来，道德失范因此在所难免。正是在这样一种背景下，当代社会的价值多元化使人们对社会责任的理解分歧日益加深。阿特休尔指出，"社会责任"是一条极其含混的术语，而且几乎可以往里面加进任何意思。① 这种对社会责任的过于宽泛的理解使社会责任理论的实践指引价值大打折扣，也使社会责任理论的实践机制之建构变得无比艰难。事实上，从根本意义上看，人们对于社会责任理解的模糊恰恰也是源于社会道德评价尺度的变化，从而导致了人们价值选择的困境。

3. 社会文化环境的变化容易造成价值内涵的变异

当代中国的大众文化，在功能上，它是一种游戏性的娱乐文化；在生产方式上，它是一种文化工业生产的商品；在文本上，它是一种无深度的平面文化；在传播方式上，它又是一种全民性的泛大众文化。② 可以说，娱乐性、商业性、消费性是这种文化的显著特征，在这种文化里，一切地域界线、社会差别、政治冲突、阶级对立、私人话语与共同话语的隔阂全被抹去了，高者抑之，下者上之，损有余以补不足，只要能让受众开心地笑一次，就一切 OK。③ 大众传播媒介在迅速把握了当代大众的文化心理及其需求之后，理所当然地成了大众文化的主体载体。可以说，正是大众文化这种远离意识形态、理想主义；摒弃严肃、神圣、深刻的人生意义，消解价值、消解意义，追逐平面化、享乐，只关注当下，生存于这种文化氛围中的受众，更容易受到影响而过分追求

---

① ［美］赫伯特·阿特休尔：《权力的媒介——新闻媒介在人类事务中的作用》，黄煌、裴志康译，华夏出版社 1989 年版，第 342 页。

② 尹鸿：《世纪转折时期的历史见证——论 90 年代中国影视文化》，《新华文摘》1998 年第 6 期。

③ 潘知常、林玮：《大众传媒与大众文化》，上海人民出版社 2002 年版，第 16 页。

娱乐，而受众的这种倾向反过来又会强化大众传媒的传播方针，使新闻传播者在确立价值支点时有了足够的理由，有了使他们的新闻传播活动偏向大众化甚至庸俗化的借口和掩护。

此外，网络环境对于新闻工作者角色道德自觉的影响也不容忽视。由于互联网环境下生成的文化环境具有不同于传统文化环境的更强的自主性、开放性和多元性等特点，所以，比传统的文化环境更具扩散性，影响也更大。随着互联网的大规模普及，网络文化的勃兴成为不争的事实。网络文化作为一种人与人之间直接互动的产物，在信息传播上，具有不可控性。它改变了过去信息必须通过传媒把关过滤的惯例，在相当程度上突破了任何个人或政府对信息的控制。新闻工作者作为一个社会人，也不可避免地要受到网络文化的影响或者影响着网络文化的发展。因此，新闻工作者应该注意到网络文化的特点，加强自身修养，既主动地接受网络文化带给人们的种种便利，又自觉抵制网络文化中的不良诱惑。

四 新媒体发展给新闻工作者角色道德自觉带来冲击

当今社会，随着科学技术的进步，已经进入新媒体时代（对于当前时代界定，有人称为融媒时代，有人称为大数据时代，实际上，这都是强调科技发展给社会传播环境带来的变化。在其特征上是一致的。本书以新媒体时代来界定）。新媒体是指网络、手机等媒体终端及其衍生品，例如微博、博客、微信、手机新闻等。2014 年 2 月 27 日，习近平总书记在中央网络安全和信息化领导小组第一次会议上的讲话中强调："做好网上舆论工作是一项长期任务，要创新改进网上宣传，运用网络传播规律，弘扬主旋律，激发正能量，大力培育和践行社会主义核心价值观，把握好网上舆论引导的时、度、效，使网络空间清朗起来。"[①]2014 年 8 月 18 日，他在中央全面深化改革领导小组第四次会议上的讲话中提出："推动传统媒体和新兴媒体融合发展，要遵循新闻传播规律和新兴媒体发展规律，强化互联网思维，坚持传统媒体和新兴媒体优势互补、一体发展，坚持先进技术为支撑、内容建设为根本，推动传统媒体和新兴媒体在内容、渠道、平台、经营、管理等方面的深度融合，着力打造一批形态多样、手段先进、具有竞争力的新型主流媒体，建成几

---

① 习近平：《习近平谈治国理政》，外文出版社 2014 年版，第 198 页。

家拥有强大实力和传播力、公信力、影响力的新型媒体集团，形成立体多样、融合发展的现代传播体系。要一手抓融合，一手抓管理，确保融合发展沿着正确方向推进。"① 2016 年 2 月 19 日，习近平总书记通过《人民日报》客户端向全国广大网友发出了元宵节的节日祝福，表达了对新媒体发展的关心与关注，在同新闻工作者座谈时，他指出："随着新媒体快速发展，国际国内、线上线下、虚拟现实、体制外体制内等界限愈益模糊，构成了越来越复杂的大舆论场，更具有自发性、突发性、公开性、多元性、冲突性、匿名性、无界性、难控性等特点。"当前的新媒体的蓬勃发展也为新闻工作者做好新闻传播工作，扮演好自身社会角色提出了要求："要主动借助新媒体传播优势，完善运用体制机制，打通并用好同群众信息交流的新渠道。要掌握网络舆论战场主动权，要创新改进网上宣传，运用网络传播规律，要研究新媒体发展规律。"②同时，"必须创新理念、内容、体裁、形式、方法、手段、业态、体制、机制，增强针对性和实效性。要适应分众化、差异化传播趋势，加快构建舆论引导新格局。对新媒体，要建立健全舆情收集反馈机制，加强内容监管，做好分析研判，有针对性地研究解决问题的措施，及时清理网络谣言和各类有害信息。要引导新媒体加强行业自律，自觉落实主体责任，完善内容审核把关、监督检查机制，不制作、不发布、不传播非法有害信息。要教育引导广大网民遵守互联网秩序，依法上网、文明上网，理性表达、有序参与，增强辨别是非、抵御网络谣言的能力，共同营造风清气正的网络环境"。③

当今社会，新兴媒体正改变着中国的传播生态和舆论格局，新媒体时代下，新闻行业环境、社会环境、人们的需求都有了新的变化，也给新闻工作者实践自身角色道德行为带来了巨大的挑战。因此，广大新闻工作者要正确认识当前新媒体发展，改善传统观念，积极应对新媒体技术的挑战和冲击，实现角色道德自觉。

（一）新闻传播主体的大众化对新闻工作者价值观的冲击

在一个社会体系中，主流价值观是全体公民共同认同的一种价值观

---

① 习近平：《习近平谈治国理政》，外文出版社 2014 年版，第 161 页。
② 中央电视台：《央媒调研展现习近平"新媒体情怀"》，央视网，http：//news. xinhua-net. com/politics，2016 年 2 月 20 日。
③ 习近平：《习近平总书记重要讲话文章选编》，中央文献出版社 2016 年版，第 429 页。

念，对于国家的发展、民族的文化、社会的道德具有重要意义，一个国家主流价值观的彰显，也反映着这个国家政治、经济、文化等多个层面的发展。价值观是基于人的一定的思维感官之上而做出的认知、理解、判断或抉择。"价值，即各民族、阶层、个体等主体的价值存在和价值标准，是指他们赖以生存的客观形式，它是人类生存发展的全部权利和责任的集中体现；这种客观的存在反映到人们的意识中，形成了人们关于基本价值的信念、信仰、理想等思想观念，就是价值观念。"① 在现实社会生活中，每一个社会角色都具有自己独特的价值观。"任何价值观都只是一定主体的价值观，一切信念、信仰和理想都只是什么人的信念、信仰和理想，世界上不存在所谓'无主体'的、抽象普遍的'终极'价值观；任何价值观的思想内容和倾向，都不是头脑中纯粹自生的，而是主体自身社会存在及生活经历的反映，并因此而具有该主体的具体本性和特征。"② 新闻传播活动在其历史演变过程中，新闻工作者也逐渐形成了与社会主流价值观相一致的，具有行业自身特征的传播观念和价值取向，即反映客观世界的最新变动状况，形成人与人、人与社会之间的事实信息交流与分享，为社会生活的良性运行提供信息上的保障，其价值目标就是为社会公众服务，为公共利益服务，为人民服务。

过去几十年中，新闻传播体制是一种从上到下、以点对面的传播方式，由于新闻媒体的社会公器作用，新闻工作者在社会主流价值观的传播和引导中和主流新闻媒体一样，都是不可或缺的关键机构和关键人物，对主流价值观的影响力非常重要。社会政治、经济及文化势力容易对新闻工作者的新闻传播活动进行相对控制，以引导社会舆论走向，建构社会主流价值观。新闻工作者通过职业化的大众传播媒介向社会公众进行社会公共信息传播，是一个小众化的群体，在社会主流价值观的传播中起着关键作用。由于传播者的小众化，国家相关管理部门对于这一群体的新闻传播活动进行监管控制也相对容易，新闻工作者可以作为"把关人"对传播的新闻信息进行把关，把那些背离社会主流价值观的传播内容和信息自动过滤，所传播和形成的社会舆论较为单纯，能够引导社会舆论走向，建构社会主流价值观。当前，随着社会的发展以及科

① 李德顺：《价值论》，中国人民大学出版社 1987 年版，第 1 页。
② 陈新汉、冯溪屏：《现代化与价值冲突》，上海人民出版社 2003 年版，第 2 页。

技的进步，新闻传播环境发生了巨大的变化。在当前的新媒体环境中，人们可以自由地在互联网的传播平台上公开发表自己对于社会公共事务的看法，传播有关信息，微博、微信、公众论坛等成为人们随时随地传播新闻信息的公共平台。以往的大众传播的垄断优势就此被打破，新闻传播也从过去的从上到下、以点对面变成了多对多的方式，进入了全民传播时代。新媒体时代的新闻信息传播链条中，社会公众由过去的新闻信息接受者，变成了新闻信息的传受者，既接受新闻信息，又传播新闻信息，还可以通过传播平台表达意见，提出建议，参与社会舆论的生成。在这种传播环境中，每个人都是新闻传播者，都有自己的价值观，都会在新闻信息的传播中秉持自己的价值观念，并积极维护其价值取向，正如康德所言："即使没有多少知识、没有多大聪明的普通人，也有自己判别善恶的价值标准。"① 如在媒介文化传播的信息中也包含许多西方的价值观，如个人主义、享乐主义、消费主义、商业主义，当这些带有鲜明意识形态色彩的信息大量涌入发展中国家时，他们所宣扬和昭示的生活方式、价值观念将对很多处于社会转型期的发展中国家的民众产生深远影响，在价值观念的多元化时代，不同的价值观念之间存在矛盾和分歧、消解与对抗，有的甚至背离社会主流价值观，这些都对处于社会转型期的从事职业新闻信息传播的新闻工作者带来了冲击，影响着他们对于新闻信息的价值判断，影响着新闻传播的价值观，并进一步影响了社会主流价值观的传播。

（二）新闻传播内容的多元化对新闻真实客观性的冲击

由于传统媒体有严格的新闻采编操作流程，受媒介监管的影响与控制，传播者和传播渠道、载体有限，传播内容也有限，这在很大程度上保证了新闻的真实性、客观性等价值标准，从而减少新闻失实现象。而在以互联网为主导的新媒体环境中，特别是进入大数据时代以来，由于传播主体的大众化、多元化，导致了信息的海量传播，对国家的政治、经济、文化产生了深刻的影响。然而，在新媒体环境中，囿于技术、监管等因素，政府对网络舆情、对信息的传播和公众舆论无法完全控制与监管，新闻的真实客观性遭受到冲击。

---

① ［德］康德：《道德形而上学原理》，苗力田译，上海人民出版社1986年版，第50页。

当前，一些网络新闻工作者为了把受众的注意力从海量的信息中吸引过来，在对新闻的取舍和编排上往往片面追求轰动效应，刻意制造噱头，引人眼球；由于网络环境下信息来源繁杂，信息碎片化，对新闻信息的甄别和管理措施还未成熟，对信息断章取义，造成新闻信息在传播过程中出现信息碎片化，失去新闻的客观真实性。同时，数字化时代，由于新闻竞争的激烈，新闻时效性大大增强，一些商业性传播载体缺乏经过严格训练的新闻工作者，无法自行采编新闻，新闻来源匮乏，使复制、粘贴成为一些网络记者的新闻制作方式，缺乏对新闻真伪进行认真甄别，加之新闻信息内容的生产和传播都采用数字化形态，虚假消息盛行，抄袭事件频出，这些都对新闻信息的真实客观性产生了冲击。

（三）新闻传播载体的多样化对社会舆论环境的冲击

随着传播科技的发展，人类面对的信息传播生态环境发生了深刻的变化，新兴媒体在数字化道路上不断革新，开辟了一个又一个崭新的领域，新闻传播载体也日益多样化，从而逐渐推动信息传递产生质的飞跃，进而改变了社会舆论传播环境。

1. 传统的舆论传播界限被打破

传统新闻传播过程中，无论是报刊还是广播电视都在政府的控制范围之内，权威的组织或机构是传播的信源，具有权威性、严肃性，所产生的舆论导向也是严格的，具有强大的社会公信力和社会责任感。而新媒体的广泛应用使传统意义上的各类传播媒介如报纸、广播、电视等实现了在网络平台的高度集成、整合，实现了其独有的综合传播功能，产生了一种舆论传播功能的聚合效应，从而更加容易形成舆论共识，推进舆论快速传播。而网络时代的信息传播具有超时空特性，它可能会给陈旧的话题赋予新的生命力，使狭小地域的某一微小事件甚至只言片语也在网络传播中形成"蝴蝶效应"，刮起影响全局的舆论风暴，而这大大弱化了政府对于舆论传播的操控力，也使传统的舆论传播界限被打破。

2. 舆论塑造权力与传播权力共存，舆论传播路径与载体多元

在当前的新媒体传播结构中，新闻信息的交互传播以及传播主体大众化使新闻传播结构呈现网状态势，每个人都是新闻信息传播中的一个网结，都可以生产发布新闻信息，形成了"去中心"的新型舆论传播结构。传播技术的发展打破了过去由传统大众传媒独揽舆论事务的格局，社会公众既是舆论塑造者又是传播者，实现了舆论传播主体的平

等，形成了舆论塑造权力与传播权力共存分享的局面。同时，大数据时代的网络传播实现了舆论传播路径与载体的最大整合，不仅声音、图像、文字可以同时呈现，传播者还可以根据需要进行自由转换，从而赋予了受众对于舆论信息最强烈的视觉冲击力和最深刻的心理感受力，一些新型的更具隐蔽性的舆论传播路径也悄然而生，传播者可以通过微博、微信、论坛、群空间等方式建构起微观舆论场，对舆论信息进行小众化探讨和传播，形成分散的舆论，在某些特定情况下，如突发性社会问题的出现，这种分散的舆论会迅速扩散并发酵，催生出不同的社会情绪，从而形成一种影响社会全局的舆论场。

总之，与传统舆论环境相比，网络舆论环境更加复杂，在舆论信息的选择和意见上，人们更加独立、差异化更加明显。为了引导舆论使之形成更加充分的舆论共识，不同的社会群体都从各自立场出发，对于特定舆论信息进行解构和意义再造；个体与个体、群体与群体、个体与群体之间在互联网环境里进行错综复杂的互动，不仅公众可以塑造社会舆论，舆论环境也对公众的舆论观的形成发挥着潜移默化的塑造作用。层层叠加之下，最终形成一种爆炸性的舆论互动格局，从而深刻地改变了既有的社会舆论格局。

（四）新闻传播环境的虚拟性对媒介监管的冲击

互联网时代建构了一个虚拟的世界，其双向运动的、交互式的传播方式给了传统的媒介监管以巨大的挑战，人们为其提供的空前自由屡屡突破法律、伦理、道德的界限而深深担忧，广播电视、电信等传统媒介与互联网的行业樊篱被逐渐打破，按类别划分的分业经营模式日益向以多业务、多品种、多方式的交叉经营和服务为主的混业经营模式转变，传媒经营格局的变化必将引起传媒监管的联动效应，对媒介的监管提出了更大的要求。

媒介监管是由政府和相关媒介管理机关对媒介进行管理和控制的行为，主要是运用组织、行政、法律、经济、技术等手段，从机构设立与管理、传播内容与方式、相关产业政策等方面对媒体进行管控，使传播的信息有利于国家、社会和受众。目前，世界各国对新闻传播行为的监管有司法控制、行政管理、媒体自律和受众监督四种渠道。在我国，传媒业具有非常特殊的属性，新闻媒体是政府严格实施监管的行业，政府实行严格的市场准入和传播行为进行监管制度。但在新媒体逐渐占据信息传播市场主要地位的环境下，传统的监管思路和监管模式受到了极大的挑战和冲击。主要表现在以下三个方面。

首先，媒介监管的法律挑战。当前由于新媒体发展较快，相关法律法规建设滞后，在许多领域都存在对新媒体的监管无法可依的状态，随着时间的推移，一些新的立法在逐渐推出，但在实践应用中缺乏实践性、可操作性和灵活性，带来了监管的真空地带。

其次，媒介监管的社会挑战。当前，随着社会的发展，人们的物质生活与精神生活逐渐丰富，互联网技术的迅猛发展也给人们带来了丰富多彩的精神生活，人们的社会观念、生活方式发生了巨大变化，人们对媒体的挑剔程度越来越高，如果一个媒体及其产品缺乏传播特色，就会逐渐失去受众，受众对于媒体传播信息的拒绝，会造成媒体监管无效果，远离了媒体监管的初衷，这就要求相关部门创新媒介监管体系方法。同时，当今时代，伴随着改革开放成长起来的一代人已经成为社会的骨干力量，他们具有张扬的个性、独立的意识和自主的人格，传统的媒介监管实践在他们面前显得比较低效而脆弱，面对他们，媒介监管必须采取合理恰当的方式方法进行监管，避免形成年轻群体对政治、社会漠然的局面，甚至通过过激方式发泄对媒介监管的不满。

最后，媒介监管的技术挑战。新兴媒体发源于西方国家，西方发达国家在这些媒体的技术和硬件上处于优势地位，掌握着新媒体传播的核心技术，如美国的思科公司、诺基亚，由此造成了我国在实施媒介监管技术中心有余而力不足。技术不足的直接后果是监管不到位，由于核心技术的不成熟，导致在关键词过滤、网页屏蔽等工作中出现错滤、错关或者漏滤、漏关等问题，既影响到工作效果，也给国家社会带来不利影响。同时，代理服务器的广泛使用，使监管盲区大量存在，监管效果欠佳，导致网络监管有近似无。

以上种种情况都给现行的媒介监管体制、政策和方式带来了新的挑战，并且随着科技的进一步发展、媒介市场化的深化、媒介运营机制的改革，这种挑战会越来越大。

第五章　新闻工作者角色道德自觉的实现路径

现实的问题和实践的需要促使人们思考并寻找求解路径，促进理论的形成与发展，但理论最终还需运用到社会实践之中。新闻工作者角色道德自觉的理论探索，是对理论和现实诉求的积极回应，旨在探索如何培育新闻工作者角色道德自觉，进一步促进当代中国的新闻传播实践。

第一节　新闻工作者角色道德自觉的指导原则

新闻工作者角色道德自觉的培育，要立足当前社会现实和新闻传播活动的实践，用正确的指导思想和传播原则引领新闻工作者角色道德行为。要坚持马克思主义新闻观，运用马克思主义的立场、观点和方法去观察、反映和报道现实社会生活的问题，在新闻传播活动中，坚持社会主义核心价值观的引领，高扬社会意识形态的主旋律，倡导以人为本、正义至上、实事求是等传播原则。

一　坚持新闻工作正确指导思想

一定的思想观念能够反映和体现一定主体的意识形态，新闻工作的正确指导思想是新闻工作者的精神动力和精神指南，能够指导和激励新闻工作者建构新闻价值观，实现新闻传播的理想和追求，对于现实和未来新闻传播业的发展，新闻工作者角色道德自觉的培育具有重要的作用。

（一）坚持和捍卫马克思主义新闻观

马克思主义是关于自然界和社会发展规律的科学，是党和国家开展各项工作的指导思想，马克思主义新闻观是中国特色社会主义新闻事业的指导思想，是马克思主义与中国新闻传播实践相结合的产物，是在革命、建设和改革时期应用与指导新闻传播实践的过程中形成和发展起来的，主要包括马克思主义经典作家的新闻思想、毛泽东新闻思想和中国特色社会主义新闻理论，马克思主义新闻观的核心是马克思主义关于无产阶级及其政党新闻事业的工作性质、工作原则和工作规律的一系列基本观点，是新闻工作者的灵魂、精神家园和力量源泉。2016 年 2 月，习近平同志在同《人民日报》、新华社等新闻工作者座谈会上，提出要牢牢坚持马克思主义新闻观。他指出："新闻观是新闻舆论工作的灵魂。山无脊梁要塌方，人无脊梁要垮掉。党的新闻舆论工作必须挺起精神脊梁。古人说：'先立乎其大者，则其小者弗能夺也。'对党的新闻舆论工作来说，这个'大'就是马克思主义新闻观。要深入开展马克思主义新闻观教育，把马克思主义新闻观作为党的新闻舆论工作的'定盘星'，引导广大新闻舆论工作者做党的政策主张的传播者、时代风云的记录者、社会进步的推动者、公平正义的守望者。"① 新闻工作者在新闻传播活动中，也要坚持和捍卫马克思主义新闻观。

首先，新闻工作者要运用马克思主义的立场、观点和方法，对各种新闻事实进行解释和报道，向群众进行具体生动的辩证唯物主义教育和社会主义思想教育。新闻工作者作为新闻传播活动的承载者，其主要职责是传播真实新闻信息，其观察问题的角度和指导思想至关重要，新闻工作者要自觉运用马克思主义的观点去解读社会生活中发生的种种社会现象，用马克思主义的方法去观察、反映和报道现实的社会生活，对国内外发生的重大事件，对人们关心的各种问题进行正确解释和阐发，通过对事实的报道和评价来引导人们树立正确人生观和价值观，这也要求新闻工作者自身成为一名坚定的马克思主义者，不断提高自身的理论水平、思想水平和知识水平。在现实新闻传播实践活动中，一些人宣扬西方新闻观，标榜西方媒体是"社会公器""第四权力""无冕之王"，鼓吹抽象的、绝对的"新闻自由"。少数人打着"新闻自由"的旗号，专挑重大政治原则说事，公然攻击中国共产党领导的领导体制和我国社会主义制度。有的不顾起码的是非曲直，以骂主流为乐、反主流成瘾，怪话连篇，谎话连篇。表面上，西方媒体也有很多负面报道，但仔细看看，这些负面报道主要是对其他国家的负面报道和对丑闻、色情、血腥、暴力、名人、隐私等黄赌毒、星性腥等的报道，同时，还有一些小

---

① 习近平：《习近平总书记重要讲话文章选编》，中央文献出版社 2016 年版，第 422 页。

题大做、"小骂大帮忙"的报道，而涉及资本主义制度根本的严肃话题报道和讨论微乎其微。如果世界其他地方特别是同西方意识形态不同的地方发生街头抗议事件，甚至发生暴力恐怖活动，西方媒体就会将其描绘为争取"民主""自由""人权""反抗暴政"的行动，不惜版面、时间进行渲染。对社会主义中国，西方媒体总是戴着有色眼镜，抹黑、丑化、妖魔化中国可谓无所不用其极。所以，新闻工作者要树立鲜明的意识形态理念，认清西方所谓"新闻自由"的本质，自觉抵制西方新闻观等错误观点的影响。

其次，新闻工作者还要树立"政治家办报"的信念和大局意识，提高政治鉴别力。在党的十九大刚刚胜利闭幕之际，作为宣传党的方针政策前沿阵地的新闻工作者，更应该开拓新闻信息传播渠道，创新新闻信息传播方法，积极地从理论和实践上系统传播新时代坚持和发展什么样的中国特色社会主义、怎样坚持和发展中国特色社会主义，包括新时代坚持和发展中国特色社会主义的总目标、总任务、总体布局、战略布局和发展方向、发展方式、发展动力、战略步骤、外部条件、政治保证等基本问题，并且要根据新的实践对经济、政治、法治、科技、文化、教育、民生、民族、宗教、社会、生态文明、国家安全、国防和军队、"一国两制"和祖国统一、统一战线、外交、党的建设等各方面做出理论分析和政策指导，有利于更好地坚持和发展中国特色社会主义。同时，面对世界范围内的各种思想文化相互激荡，面对我国社会转型期的各种复杂形势，面对日益发展的新媒体技术，新闻工作者更要树立高度的政治责任感，努力提高政治鉴别力和政治敏锐性，在事关政治方向、政治原则的问题上，立场坚定、旗帜鲜明、坚持真理，积极倡导正确的社会舆论，抵制和反对消极错误的思想舆论，巩固和发展社会的思想基础。

（二）坚持社会主义核心价值观的引领

价值观反映人们在社会实践过程中对客观事物价值的态度和根本看法，是人们在处理人与自身、人与他人、人与社会、人与自然之间的一种内心观念，涉及个体生活与社会生存的方方面面，在个体生存和社会发展中起着重要的导向作用。"核心价值观可以简要地概括为'制度精神'，它实际上是一种国家制度、一个国家运作模式赖以立足、借以扩展、得以持续的灵魂,因而是国家意识形态的内核。"① 核心价值观是一个国家的重要稳定器。一个民族、一个国家,如果没有共同的核心价值观,就会魂无定所、行无归依。习近平总书记强调,我国是一个有着13 亿多人口、56 个民族的大国,确立反映全国各族人民共同认同的价值观"最大公约数",使全体人民同心同德、团结奋进,关乎国家前途命运,关乎人民幸福安康。

在当前社会发展中,社会主义核心价值观对于社会个体和社会群体的精神文化建设具有指导作用,是形成社会公众价值观的核心元素,也是当前我国社会主义现代化建设的精神支柱和灵魂。党的十八大报告提出,要倡导"富强、民主、文明、和谐,自由、平等、公正、法治,爱国、敬业、诚信、友善",积极培育社会主义核心价值观,从国家、社会和公民三个层面对核心价值观做出了总结和概括。党的十九大报告指出,文化自信是一个国家、一个民族发展中更基本、更深沉、更持久的力量。必须坚持马克思主义,牢固树立共产主义远大理想和中国特色社会主义共同理想,培育和践行社会主义核心价值观,不断增强意识形态领域主导权和话语权,推动中华优秀传统文化创造性转化、创新性发展,继承革命文化,发展社会主义先进文化,不忘本来、吸收外来、面向未来,更好地构筑中国精神、中国价值、中国力量,为人民提供精神指引。

社会主义核心价值观是当代中国精神的集中体现,凝结着全体人民共同的价值追求。作为社会先进文化的引领者、社会主流舆论的建构者,新闻工作者更应高度重视新闻传播手段的建设和创新,提高新闻舆论传播力、引导力、影响力、公信力,肩负起践行推动引领社会主义核心价值观的职责和使命,把社会主义核心价值观融入社会发展各方面,转化为人们的情感认同和行为习惯,让自己成为推动者、引领者、践行者,才能扮演好自己的社会角色。

首先,新闻工作者要自觉践行社会主义核心价值观,这是对于新闻工作者作为一个社会人的要求。从个体作为价值观的主体来看,个体价值观渗透在每一个人生活和工作的方方面面,直接决定着个人在现实生活中的思想观念及行为,统摄着个体的思想,影响着人对其他事物的判

---

① 《侯惠勤自选集》,学习出版社 2012 年版,第 425 页。

断。在新闻传播过程中，新闻工作者充当着引路人和把关人的角色，其品性直接影响着新闻媒体对新闻事实的判断和选择标准。当新闻价值标准出现偏差时，往往是新闻传播者自身的价值观发生了偏离。因此，新闻工作者要认真学习习近平总书记重要讲话和党的方针政策等中央文件，认真领会其精神实质，将"富强、民主、文明、和谐，自由、平等、公正、法治，爱国、敬业、诚信、友善"作为立身之本，内化成信念，并身体力行、知行合一，将其外化于行为；要严持操守，注重净化自己的灵魂，努力提升思想品格和综合素养，不断增强政治意识、大局意识和责任意识，努力引导社会舆论，坚持以人民为中心的新闻导向，做社会文明进步的推动者和高素质的自觉践行社会主义核心价值观的领军人。

其次，新闻工作者要在新闻传播工作中倡导和弘扬社会主义核心价值观，高扬社会主义核心价值观的精神旗帜，深入挖掘中华优秀传统文化蕴含的思想观念、人文精神、道德规范，结合时代要求继承创新，让中华文化展现出永久魅力和时代风采，以社会主义核心价值观引领和贯彻新闻工作的采、写、编、播的全过程。"一个社会的核心价值观是明辨是非、判断美丑、权衡得失的基本标准，深刻影响着人们的思维方式、心理习性和行为操守。"① 要深刻领会社会主义核心价值观的科学内涵、精神实质和实践要求，努力发现能够宣传、阐释、传播社会主义核心价值观的新闻事件，同时改进创新传播方式，融合创新传播手段，使新闻作品内涵丰富、形式多样、寓教于乐，更富吸引力感染力，使人民群众容易接受和乐于接受，从而扩大新闻传播和舆论引导的影响力和覆盖面。

最后，新闻工作者要考虑到全媒体时代的传播特点和我国社会转型期的多元化价值观并存的现实，既要以传统媒介为阵地，宣扬主流价值观，把握好舆论导向，还要对社会上的多元声音进行合理引导和辨析，通过讨论使真理越辩越明，让社会大众自己比较分析，自觉树立正确的价值理念，丰富自身的精神世界，从而引领社会思潮，达成社会共识，凝聚人心，鼓舞干劲，营造昂扬向上、积极进取的社会主流舆论氛围。

① 李拯：《涵养我们的"精神道统"》，《人民日报》2012 年 4 月 9 日。

（三）坚持党性原则

党性原则是新闻传播工作的根本原则。习近平总书记强调，做好党的新闻工作，事关旗帜和道路，事关贯彻落实党的理论和路线方针政策，事关顺利推进国家各项事业，事关全党全国各族人民凝聚力和向心力，事关党和国家前途命运。我国社会主义新闻事业是中国共产党领导下的社会主义事业的重要组成部分，也是党和政府传播新闻、引导舆论、服务社会的舆论工具。新闻工作者要坚持正确的政治立场，坚持党的领导。马克思和恩格斯提出，党报、党刊是党的重要思想武器和政治阵地，是党的旗帜、党的喉舌和耳目，必须遵守和捍卫党的纲领、方针和政策，在党的领导和监督下开展工作。毛泽东、邓小平等老一辈领导人及其后的历届党中央在领导中国革命、建设社会主义和改革开放的伟大历史进程中，一直要求新闻工作者必须坚持党性原则。

党的十九大报告指出，党政军民学，东西南北中，党是领导一切的。必须增强政治意识、大局意识、核心意识、看齐意识，自觉维护党中央权威和集中统一领导，自觉在思想上、政治上、行动上同党中央保持高度一致。这就要求新闻工作者在新闻传播实践中，要自觉做到在组织上接受党的领导，利用各级报刊和其他传播媒介，以马克思主义理论作为理论基础和思想体系，积极宣传党的纲领、路线方针和国家发展的最新政策，使之成为社会公众自觉行动的理论基础。同时，将新闻传播媒介作为宣传马列主义、宣传社会主义思想、宣传党的政策的重要基地，做到阐述马克思主义基本理论观点完整、准确，注意联系当前社会主义现代化建设实际和群众思想的实际，避免形式主义、教条主义、实用主义。在具体的新闻传播业务实践中，要自觉树立政治把关意识，在新闻媒介的定位、新闻内容的生产、新闻传播的管理以及与受众交流等各方面，自觉地坚持为人民服务、为社会主义服务、为党和国家大局服务，做好党和人民之间相互沟通的桥梁及纽带，以高水平的新闻报道为建设中国特色社会主义创造良好的社会舆论环境。

二 坚持新闻传播的道德原则

新闻工作者角色道德自觉的实现，需要在其特定伦理关系与道德境遇的基础上，构建起相应的伦理原则和道德规范体系，并在此基础上确立基本的原则体系，以寻求其正当性基础及实践可操作性机制。

（一）坚持为人民服务的原则

人民是历史的创造者，是决定党和国家前途命运的根本力量。中国共产党的根本宗旨是全心全意为人民服务，以人为本同样是我国社会主义新闻事业的价值追求，新闻工作者应该树立为人民服务的宗旨意识和以人为本的精神追求。这里的"人"是指人民群众。"本"就是根本，就是出发点、落脚点。以人为本就是以人的全面发展为目标统领经济、社会发展，以广大人民群众的利益作为一切工作的出发点和落脚点。新闻媒体代表人民的利益，反映人民群众的呼声和愿望，是马克思主义新闻观和中国特色社会主义新闻理论的核心内容之一。党的十八大以来开展的群众路线教育实践活动，也是以"为民、务实、清廉"为主要内容。2015 年 10 月，党的十八届五中全会审议通过了"十三五"规划，提出了"创新、协调、绿色、开放、共享"的发展理念，其中的"共享"即发展成果由人民共享，激发每一位社会成员的主观能动性，形成"人人参与、人人尽力、人人享有"的制度体系，使全体人民在共建共享中有更多获得感。2017 年 10 月，党的十九大报告提出，坚持以人民为中心。人民是历史的创造者，是决定党和国家前途命运的根本力量。必须坚持人民主体地位，坚持立党为公、执政为民，践行全心全意为人民服务的根本宗旨，把党的群众路线贯彻到治国理政全部活动之中，把人民对美好生活的向往作为奋斗目标，依靠人民创造历史伟业。作为新闻工作者，也应该认识到人民群众在历史发展和社会发展中的地位和作用，始终不渝地帮助、教育和引导人民为实现自己的利益而奋斗，在舆论上自觉维护人民管理国家的权利，体现人民的监督，反映人民的呼声，全心全意为人民服务，在为人民服务中实现自己作为社会成员的主观能动性，实现新闻工作者的角色追求。

在当前新的历史条件下，在当前中国特色社会主义进入新时代的关键时期，新闻工作者更应该不忘初心、牢记使命，在新闻传播实践中，为中国人民谋幸福，为中华民族谋复兴。具体可以从以下三方面来理解。

第一，新闻工作者要代表人民的利益。为人民谋利益是新闻工作者全部活动的出发点和归宿。在新闻传播活动中，新闻工作者要相信和依靠人民，保持同人民的血肉联系，走入人民群众的生活实际，充分发挥新闻传播快捷、广泛的优势，引导人民认识自己的利益，与人民同呼吸、共命运，关心人民的利益是否受损，在生产生活中有哪些困难，社会生活中存在哪些影响人民利益的问题，把镜头、话筒对准基层，把版面留给群众，多用群众的语言，多联系群众身边的事例，多采用群众喜闻乐见的形式，多报道有实在内容、有新闻价值的事情，为群众提供所需要的各种各样的信息，满足他们对信息的知情要求。要重视通过新的传播渠道和载体为人民群众服务，通过对媒介用户的数据分析准确把握人民群众的需求和心理变化，不断提高新闻传播的针对性、服务性，重视在新媒体环境下继承和发扬"全党办报"和"群众办报"的优良传统，加强与公众的交流，通过平等对话，提高新闻传播的效力和说服力。

第二，新闻工作者要集中人民的智慧，反映人民的呼声。人民群众是推动社会发展和历史进步的决定性力量，他们中蕴藏着极大的聪明才智和无穷的创造力，为社会创造了丰厚的物质财富和精神财富，在社会的发展中涌现了许多先进人物，创造了很多先进经验。2015年4月28日，习近平同志在"五一"讲话中强调"民生在勤，勤则不匮"，要崇尚劳动、尊重劳动者，赞扬了那些为推动社会发展而做出努力贡献的劳动者。穆青说过："我们要牢牢记住人民，只要对人民有感情，就能写出好新闻作品。"新闻工作者要在新闻传播活动中，鼓励和支持人民群众的首创精神，集中人民群众的真知灼见，对不正确意见给予合理解释，从而形成正确舆论导向并将其广泛传播，集中起来，坚持下去，从群众中来，到群众中去，保持深入实际、深入群众、调查研究的工作作风，准确把握时代脉搏，满足人民群众的新闻信息需求，使新闻报道为受众喜闻乐见，促进社会的发展和进步。同时，还要做到上情下达和下情上达，在新闻报道中宣传和解释党和政府的方针、政策，收集群众的反馈意见，关注民众的呼声，向有关部门反映问题，发挥舆论监督作用，保障人民群众的合法权益，化解各种社会矛盾，解决群众最关心的问题，促进社会稳定发展，做好政府、社会与群众之间信息沟通的桥梁。

第三，新闻工作者要以人的发展为立足点，体现和维护人文精神。南非的新闻摄影记者凯文·卡特曾经因一张照片荣获普利策新闻奖，但同样因为这张照片离开了这个世界。在他发表的照片《饥饿的苏丹》中，拍摄了小女孩苏丹，即将饥饿倒地，其后的秃鹫虎视眈眈，在等待小女孩倒地后猎食。照片在《纽约时报》发表后，在全世界引起强烈反响，也引发了一场新闻伦理与道德观的讨论。有人质疑凯文·卡特不关注照片中的人性，是自私的，是踩在小女孩尸体上获得的普利策奖。

之后凯文·卡特在各方评论中不堪压力开枪自杀，永远地离开了他所钟爱的新闻摄影事业。作为新闻工作者，在自己的新闻作品中体现对人性的关爱，倡导尊重人、关怀人是人文精神的体现。在新闻作品中关注人的情感和生存状态，在新闻传播活动中倡导追求人的尊严、价值，永远应该成为新闻工作者的角色道德实践。当前，伴随着科技的发展，新闻传播对技术的依赖性日益增强，使新闻工作者逐渐变成了标准化、模式化的"技术工人"，有个别的新闻工作者仅仅靠"复制、粘贴"来制作新闻作品，同时，由于市场经济对中国社会的影响，一些新闻工作者也受到经济利益的驱使，在新闻报道中，只注重眼球经济，追求点击量，这些都导致了新闻传播活动沦为科技和物质的奴隶，忽视了新闻作品中的人性追求和人文关怀。因此，新闻工作者应该认识到作为传播媒介对于人文精神的弘扬所担负的历史责任。在新闻传播中，做到以社会中的人为传播本位，以对人的终极关怀为传播目的，履行好自身的社会责任。

（二）坚持正义至上的价值原则

约翰·罗尔斯提出，正义是社会制度的第一价值。正义是一个基本的道德范畴，是人们公认的衡量社会现象的一种统一的价值标准。正义既是人类追求的境界和目标，也是一种最高的价值观念，而这也正是新闻传播活动的价值追求。一个正义的社会，才是道德上合理的社会，在道德上合法的社会。在伦理学上，正义是一种个人美德或是对人类的需要和要求的一种公平合理的满足，人们追求正义就是要按照正义的标准去改造和构建社会，使之趋于公平合理。坚持正义至上的价值原则，就是要以平等的精神规范人际关系和社会关系，尊重他人的权利，履行规定的义务，在道德情感上表现为深厚的正义感，在行为中表现为注重行为的后果，关注手段的正当性和合法性，在总量上追求利益的最大化。

新闻工作者作为一个重要的、特殊的社会角色，不仅是社会正义的评价者，也是社会正义的建构者和传播者。在新闻传播活动中坚持正义至上的原则，是每一位新闻工作者取信于民、立足社会的基础。美国著名报人普利策在退休时说道："我知道我的退休不会影响办报的基本原则。报纸将永远为争取进步和改革而战斗，决不容忍不义或腐败；永远反对一切党派的煽动宣传，决不从属于任何党派，永远反对特权阶级和公众的掠夺者，决不丧失对穷苦人的同情；永远致力于公共福利，决不满足于仅仅刊登新闻；永远保持严格的独立性，决不害怕同坏事作斗争，不管这些事是掠夺成性的豪门权贵所为，还是贪婪穷人之举。"①因此，新闻工作者在向公众报道社会事件、提供传播信息时，应该做到公正无私、不偏不倚，为传播中的双方提供平等的权利，使双方都能够利用新闻传播获取有关资讯，有机会通过新闻媒体发表自己的观点，反对他人观点，进行申辩，维护自身权益，不能以一己之利、一孔之见代替社会的公众意见，在反映社会大众的生存状况时，应该更加关注社会中那些没有足够的能力为自身的正当利益说话的弱势群体，以引起社会的关注，以及人们的同情和帮助，不能利用职业之便随意表达自己的情感和意见，不能以虚假的、有偿的报道来误导受众、欺骗社会。同时，站在信息前沿阵地的新闻工作者有义务通过新闻报道实现社会公众的知情权，要在职业允许的条件下，积极介入社会生活，主动、积极、勇敢、智慧地去揭露一些不为人所知的社会问题和负面事实，通过正当运用新闻手段与背离人民利益、损坏和破坏人民利益的各种权力机构和组织进行公开的斗争，维护应该维护的利益，张扬应该张扬的正义原则和真理，要像我国的著名记者、翻译家萧乾曾经说过的那样："一个新闻记者绝不仅是一个热门新闻的追求者，对于世界事务绝不能作壁上观。他必须认真观察，通过表面现象透视到本质。他必须侠肝义胆，坚决站在受欺压者一边，揭露邪恶，反对横暴。他的职务是报道，他更加神圣的职责是扶持正义、捍卫真理。"② 总体而言，每一位新闻工作者应该在自己的新闻传播行为中，充分考虑社会总体的善和社会普遍的善，坚持关怀整体的公正性，承载起社会的道德与文明、正义与良知的期待与诉求。

（三）坚持实事求是的原则

实事求是，是毛泽东同志对辩证唯物主义和历史唯物主义世界观与方法论所作的高度概括。毛泽东在《改造我们的学习》中指出，"实事"就是客观存在的一切事物，"是"就是客观事物的内部联系，即规律性，"求"就是我们去研究。邓小平提出："实事求是，是无产阶级

---

① ［美］迈克尔·埃默里：《美国新闻史——大众传播媒介解释史》，展江译，新华出版社 2000 年版，第 201 页。

② 唐师曾：《我师萧乾》，《新华文摘》2006 年第 20 期。

世界观的基础，是马克思主义的思想基础。"① 习近平同志在《坚持实事求是的思想路线》中指出："坚持实事求是，就是坚持一切从实际出发来研究和解决问题，坚持理论联系实际来制定和形成指导实践发展的正确路线方针政策，坚持在实践中检验真理和发展真理。"② 新闻工作者在新闻传播活动中，也要深刻理解实事求是的科学含义和精神实质，要认识到，实事求是既是马克思主义的精髓和灵魂，更是指导党和国家发展的思想方法和工作方法，要在自己的新闻传播活动中坚持实事求是的原则，要做到先求"实事"，即新闻的真实，后求"是"，即传播的客观、公正、全面，要透过现象揭示事物或事件的本质，从中找出客观规律。刘少奇在《对华北记者团的谈话》中曾经这样勉诫新闻工作者："报纸是联系人民群众的纽带，要靠广大人民群众吃饭，靠真理吃饭，不靠广大人民群众吃饭，不靠真理吃饭，你的事业就靠不住。如果你的事业建筑在人民利益与真理上面，那才靠得住……要采取忠实的态度，把人民的要求、困难、呼声、趋势、动态，真实地、全面地、精彩地反映出来，作用就很大。人民的呼声，人民不敢说的、不能说的、想说又说不出来的话，你们说出来了。如果能经常作这样的反映，马克思主义的记者就真正上路了。"③ 这些论述都强调了新闻工作者在新闻传播活动中坚持实事求是精神的重要性和必要性。具体而言，新闻工作者应该从以下三个方面坚持实事求是的原则。

第一，恪守新闻传播的真实性。马克思主义新闻观认为，新闻的本源是事实，新闻是事实的报道，事实是第一性的，新闻是第二性的，事实在先，新闻（报道）在后，这是唯物论者的观点。恪守新闻传播的真实性是新闻传播历史发展中一再被证明的观点，也是新闻行业的立身之本。在任何情况下，向受众提供真实、可信的新闻信息，让受众了解事实真相，反映社会变动的最新状况，揭示事实真相，这是新闻工作者最基本的道德准则。新闻报道必须忠于事件的历史过程或历史事实，任何的编造杜撰、片面取材、夸大报道、刻意隐瞒事实都是新闻工作者道德的缺失。有学者指出："只有能够坚持己见地记录和报道事实真相的

① 新华社新闻研究所编：《邓小平论新闻宣传》，新华出版社 1998 年版，第 63 页。
② 习近平：《坚持实事求是的思想路线》，《学习时报》2012 年 5 月 27 日。
③ 刘少奇：《中国共产党新闻文件汇编》下卷，新华出版社 1980 年版，第 255、258 页。

人，才能成为新闻工作者。"① 1942 年公布的《中国新闻记者信条》第四条中指出："吾人深信：新闻记述，正确第一。凡一字不真，一语失实，不问为有意之造谣夸大，或无意之失检，均无可恕。"② 强调了不管是有意还是无意，只要新闻"失实"，就"无可恕"。新闻工作者要正确认识新闻媒体与新闻传播规律，在新闻选择、新闻采写、新闻编辑、新闻播出的各个环节中贯彻真实性原则，从总体上、本质上以及发展趋势上把握事实的本质，正确处理好新闻真实性与倾向性之间的关系，保持正确的传播立场。

第二，恪守新闻传播的客观性。新闻传播的客观性，是指新闻按照事物的本来面目如实报道的特性。既要做到内容上的客观，即报道客观存在的事实；也要做到形式上的客观，即报道使用的"客观陈述"的方法。1902 年，梁启超先生在《新民丛报》发表《敬告我同业诸君》一文，他提出："西哲有言：'报馆者现代之史记也。'故治此业者不可不有史家精神。史家精神何？鉴既往，示将来，导国民以进化之途径者也。故史家必有主观、客观二界，作报者亦然。政府人民所演之近事，本国外国所发生之现象，报之客观也；比近事，察现象而思所以抽绎之发明之，以利国民，报之主观也。有客观而无主观，不可谓之报。主观之所怀抱，万有不齐，而要之以向导国民为目的者，则在史家谓之良史，在报界谓之良报。"新闻传播的客观性原则要求新闻工作者在报道新闻时，以客观事实作为新闻报道的依据，将自己的主观意图以及对事实的选择、解释和评论与新闻事实的性质、特征及发展规律相符合，尽可能减少主观判断，不用自己的价值观代替新闻传播活动的价值追求，而是应实事求是地将客观事实传递给受众，将新闻报道的客观性与倾向性相统一，既尊重客观存在，准确报道新闻事实，又善于用事实说话，以理服人，以情感人，提高新闻传播的有效性。"客观性要求新闻工作者尽可能地、全身心投入到新闻工作中去，并且以所了解之事实与自己的看法互相印证。简言之，作为主观性的反义词，客观性就是不断地努力摆脱自我，寻求他人，宁肯坚定不移地尊重事实，绝不随心所欲地屈

① ［日］和田洋一：《新闻学概论》，吴文莉译，中国新闻出版社 1985 年版，第 94 页。
② 马骥伸：《新闻伦理》，三民书局 1997 年版，第 141 页。

从人意。"①

第三，恪守新闻传播的全面性。新闻传播的全面性，是指新闻传播中提供各方面的事实、情况、意见，不片面报道和隐匿事实。"全面报道理念是一条确保为社会和人们提供比较健全的新闻信息服务的理念。"② 新闻工作者在新闻传播中，对新闻事件的报道过程要完整，情节要详尽；对社会现象的报道，要提供全方位的材料，既不隐恶显善，也不隐善显恶，使公众能够毫无障碍地获得这些社会现象的总体资讯，使他们有自己独立的观察和思考；对于有争议的问题，要充分顾忌各方意见，全面报道各种情况、意见和看法，不能以多压少，以偏概全。同时，在新闻传播过程中，灵活运用典型报道的方式，注意选择性与全面性的统筹安排，正确决策，不因全面性损害选择性而模糊了新闻的倾向和立场，又不因选择性损害全面性而影响自己的声誉和形象。

（四）坚持社会效益优先的原则

社会效益是指人们的各种活动对社会发展的积极作用或有益的效果，它包括经济、思想、政治、文化等方面的效益。所以，从广义上看，社会效益包括经济效益，经济效益是社会效益的重要方面，而社会效益又是经济效益在社会发展中的反映。从狭义上看，社会效益是指其经济效益之外的使社会生活实际得到的有益效果。这里我们重点探讨狭义上的社会效益。经济效益与狭义的社会效益之间的关系是对立统一的。在一般情况下，经济效益好，社会效益也好；反之，经济效益差，其社会效益也不会好。但是，两者并不总是完全一致。在市场经济条件下，两个效益最终要通过市场，市场经济是追求效益价值的最终实现。随着社会的发展，两个效益的结合度也会随之提高。尤其依靠新闻工作者传播的大众文化，更应努力做到雅俗共赏，实现两个效益的统一。当前，我国正处于社会发展的转型时期，改革进入攻坚阶段，新闻传播实践中面临着更多的是冲突下两者择一的取舍。市场经济与生俱来的盲目性、自发性、趋利性、等价交换性等致命弱点，导致拜金主义和极端主义的滋长、蔓延和泛滥，道德沦丧，诚信缺失，对当前的新闻工作者的

---

① ［法］贝尔纳·瓦耶纳：《当代新闻学》，丁雪英、连燕堂译，新华出版社 1986 年版，第 36 页。

② 杨保军：《新闻精神论》，中国人民大学出版社 2007 年版，第 74 页。

传播活动带来了不利的影响。完全以市场为导向、经济效益至上的做法，更是屡见不鲜。

党的十八大报告指出："要坚持贴近实际、贴近生活、贴近群众的原则，推动社会主义精神文明和物质文明全面发展。要始终把社会效益放在首位，做到经济效益与社会效益相统一。"2014 年 10 月 15 日，习近平同志在文艺座谈会上的讲话中强调："一部好的作品，应该是把社会效益放在首位，同时也应该是社会效益和经济效益相统一的作品。文艺不能当市场的奴隶，不要沾满了铜臭气。"坚持社会效益和经济效益的一致，并不意味着为追求经济效益可以牺牲社会效益，同样，也不意味着社会效益可以漠视市场的需求，毕竟，良好的经济效益也是对社会效益的一个有力的促进。在社会主义市场经济环境中，我国新闻媒体已经不同程度地进入了市场，从新闻媒体中剥离出来单独经营的部分如广告、发行及其他经营活动，与具有意识形态属性的新闻产品的生产，事实上，依然存在非常紧密的联系。新闻工作者作为新闻内容生产的重要主体，在新闻信息传播的具体操作中面临利益冲突的时候，要在新闻传播活动中坚持社会效益优先的原则，努力达到两者的统一。具体而言，要坚持为人民服务、为社会主义服务的方向，积极传播能够弘扬中华民族优秀文化、促进社会发展科技进步的信息，传播能够有益于提高人民群众综合素质、丰富人民群众物质生活和精神生活的信息，传播能够促进国际文化交流、讲好中国故事的信息；同时，依据市场的变化和需求，积极采集和传播与之更贴近、更符合的新闻信息，以获取良好的市场收益，更好地为社会效益服务，在良性发展过程中，实现社会效益与经济效益的有机结合。

（五）坚持正确舆论导向的原则

舆论是社会公众对社会问题、社会现象的观念、态度、意见等情绪的总和，对社会的发展有着重要影响。舆论导向是新闻宣传中占主导地位的舆论倾向。舆论导向直接影响社会广大成员的思想和行动，舆论的误导，会使人们的思想产生混乱，对社会丧失信心，使国家的方针政策及工作部署无法顺利贯彻执行，甚至会引发社会动荡和国家安全。新闻工作者可以通过报道新闻的方式，营造一种信息环境，使新闻受众的观念、态度和行为方式向他们期望的方向强化或转变，这就是舆论引导。舆论一经新闻工作者的传播，便会在社会上产生影响，一些政策主张、一种思想观点经过新闻工作者的宣传解释，往往会成为社会舆论的主流。这种主流舆论，是社会强大的凝聚力的源泉，是社会政治稳定、经济发展和改革顺利进行的重要保证。新闻工作者要坚持正确的舆论导向，用正确的舆论引导人，就要发挥好党和人民的喉舌作用，认清国内和国际形势，从政治上总揽全局，坚定正确的政治方向，具备较强的政治责任感、政治敏锐性和政治鉴别力，通过多种渠道强化社会舆论，通过对问题的报道角度、背景、方式、素材等多方面，连续不断地对事实进行报道和评论，促进和引导舆论的形成，自觉地把公众的思想统一到党的方针政策和工作部署上来。

当今社会，在经济全球化的背景下，党的十九大提出，要坚持全面深化改革，不断推进国家治理体系和治理能力现代化。信息传播渠道日益多样化，微博、微信等社交网络和移动互联网信息传播方式逐渐由展示向推送、分享转变，舆论表达方式更为多样，舆论传播更为开放，新媒体的传播力、影响力，甚至引领社会舆论的趋势正在显现，我国的社会舆论环境和舆论格局也随之发生了深刻变化，正确且有效引导社会舆论，是对每一位新闻工作者的要求，也是社会和谐稳定、良性运行的重要保障。

三　高扬社会意识形态的主旋律

所谓主旋律，就是主题，是时代的最强音。社会生活是复杂的，人们在社会生活交往中形成的社会关系也是复杂的，新闻工作者是社会精神交往最广泛的传播载体，应该高扬社会意识形态的主旋律。社会意识形态是反映一定阶级或阶层的政治纲领、行为准则、价值取向、社会理想的思想体系，"指政治思想、法权思想、道德、哲学、艺术、宗教等各种意识形式，是社会的上层建筑的一个组成部分"。① 社会意识形态决定文化前进方向和发展道路，对一个政党、一个国家、一个民族的生存发展至关重要。习近平总书记指出："能否做好意识形态工作，事关党的前途命运，事关国家长治久安，事关民族凝聚力和向心力。"思想演化是一个长期的过程，一个国家的动荡变化往往是从思想领域开始的，一旦思想防线被攻破，其他防线就很难守住。在社会意识形态领域斗争中，作为新闻工作者更是责无旁贷；在新闻传播工作中，应该积极

---

① 《新华词典》，商务印书馆 1988 年版，第 789 页。

巩固马克思主义在社会意识形态领域的指导地位，巩固全国各族人民奋斗的共同思想基础，旗帜鲜明支持正确思想言论，旗帜鲜明抵制各种错误思潮，对大是大非问题、政治原则问题绝不能含糊其辞，更不能退避三舍，要站稳政治立场，找准新闻传播的切入点和着力点，做到因势而谋、应势而动、顺势而为，坚定宣传国家关于形势的重大分析和判断，坚决同中央保持一致，坚决维护党中央权威，努力营造强大的正面思想舆论。

在社会发展的进程中，任何一个发展阶段都存在多元化的社会意识形态。经过改革开放 40 多年发展的中国也不例外，在我国当前的意识形态中，既有马克思主义的主流意识形态，也有西方社会价值观的思想，如个人主义、拜金主义、自由主义、三权分立等，几千年封建社会中残留下来的封建迷信、愚昧落后等封建意识也在影响着当今国人的思想观念。当前的中国正处于经济社会深刻变革、利益格局深刻调整的关键时期，社会意识形态领域局部多元多样多变的趋势日益明显，人们的思想更加活跃，独立性、选择性、多变性、差异性显著增强，各种思想多样杂陈、各种力量竞相发声成为常态。一些错误思想观点特别是西方宪政民主、新自由主义、历史虚无主义等仍然伺机冒头，妄图挑战马克思主义的指导地位，否定我国的发展道路，竭力争夺意识形态话语权。意识形态领域多元思想文化相互交流、交融、交锋，已是一种客观存在，主流意识形态与多样化思潮长期并存、相互激荡趋势更加显著，引领社会思潮、凝聚思想共识的任务艰巨繁重。

在多元多样的社会意识形态中，错误价值观、非主流价值观和落后价值观都对社会的发展带来了冲击和负面影响，面对这种非主流价值观的消极影响，新闻工作者应该以辩证的角度客观认识，并在新闻传播实践中对这些多元化意识形态进行甄别，进行积极应对。既需要根据社会大众的需求筛选并传播信息；也要在多元的文化价值观中坚定新闻传播的价值取向，高扬社会意识形态的主旋律。要对党管宣传、党管意识形态有正确认识并坚决贯彻执行，要认识到这是我们党在长期实践中形成的重要原则和制度，是坚持党的领导的一个重要方面，必须始终牢牢坚持，任何时候都不能动摇。

2013 年 8 月，习近平总书记在全国宣传思想工作会议上的讲话中指出："我们正在进行具有许多新的历史特点的伟大斗争，面临的挑战和困难前所未有，必须坚持巩固壮大主流思想舆论，弘扬主旋律，传播正能量。"① 2013 年 11 月 9 日，习近平总书记在党的十八届三中全会第一次全体会议上的讲话中再次强调："要积极推进理念创新、手段创新、基层工作创新，特别要把握好舆论引导的时、度、效。要引导人们全面客观认识当代中国、看待外部世界，增强中国特色社会主义道路自信、理论自信、制度自信。"② 党的十九大报告指出："意识形态决定文化前进方向和发展道路。必须推进马克思主义中国化、时代化、大众化，建设具有强大凝聚力和引领力的社会主义意识形态，使全体人民在理想信念、价值理念、道德观念上紧紧团结在一起。要加强理论武装，推动新时代中国特色社会主义思想深入人心。深化马克思主义理论研究和建设，加快构建中国特色哲学社会科学，加强中国特色新型智库建设。高度重视传播手段建设和创新，提高新闻舆论传播力、引导力、影响力、公信力。"

新闻工作者是主流舆论的代表，在高扬社会意识形态主旋律方面负有重大责任。因此，他们必须具备高度的政治敏感和全局观念，从党和国家的大局出发，分析形势，预测趋势，处理新闻工作中的各种问题，要旗帜鲜明地坚持主流舆论，形成舆论强势。如在坚持社会主义道路、坚持党的领导、弘扬社会主义核心价值观等有中国特色现代化建设道路中的根本性的原则问题上，要通过民主、自由地讨论，采取恰当的方式，使先进的思想为社会大众所接受，摒弃落后观念和错误思想，引导社会舆论达到思想上的统一，形成方向明确、针对性强、具有一定的声势、规模和连续性的舆论强势。这种主流舆论，是社会强大凝聚力的源泉，是社会政治稳定、经济发展和改革顺利进行的重要保障，能够在根本上维护党和人民的利益。同时，对于社会舆论中的负向舆论，如怀疑和否定社会主义制度和党的领导，宣扬拜金主义、享乐主义、个人主义和腐朽没落的社会方式、传播封建迷信等有害舆论，要认真鉴别，分清是非，坚定明确地加以抵制和反对，把社会大众的思想、兴趣和注意力引导到有利于社会发展进步的轨道上来。

---

① 习近平：《习近平谈治国理政》，外文出版社 2014 年版，第 155 页。
② 习近平：《习近平关于全面深化改革论述摘编》，中央文献出版社 2014 年版，第 86 页。

当前，媒体格局和舆论生态发生了深刻变化，随着新媒体快速发展，国际国内、线上线下、虚拟现实、体制外体制内等界限愈益模糊，构成了越来越复杂的大舆论场，更具有自发性、突发性、公开性、多元性、冲突性、匿名性、无界性、难控性等特点，网络往往成为负面舆情发酵、错误思想传播的策源地和放大器，大大增加了舆论引导和内容管理的难度。面临新情况新问题，新闻工作者更应利用好网络意识形态主导权，巩固拓展好新形势下互联网这一新闻舆论阵地，积极弘扬社会主流思想道德和价值观念，提升国家和民族的凝聚力、向心力。

马克思说过：统治阶级的思想在每一时代都是占统治地位的思想。这就是说，一个阶级是社会上占统治地位的物质力量，同时也是社会上占统治地位的精神力量。面对多元化的社会意识形态，新闻工作者要运用自身所扮演的社会角色的优势，在新闻传播实践中牢牢把握意识形态的主导权，在新闻舆论引导方面坚持党对社会意识形态领域的领导，要大力弘扬马克思主义和党的路线方针政策对于社会意识形态的指导作用，宣传社会主义意识形态，当前，要立足我国的社会主义初级阶段的基本国情，大力宣传党的十九大精神，把新时代中国特色社会主义思想、中国特色社会主义新的历史方位、实现社会主义现代化和中华民族伟大复兴的总任务，社会主义"五位一体"总布局发展战略、"四个全面"战略部署等作为宣传工作的重点，使"创新、协调、绿色、开放、共享"的发展理念深入人心。

第二节 新闻工作者角色道德自觉的主体坚守

角色道德自觉的生成与发展，不仅受外在客观因素的影响和制约，而且还要受个体内在心理机制的影响和主导。新闻工作者要实现角色道德自觉，塑造自由角色道德人格，必须对社会、他人、自然及自身扮的演社会角色有一个全面而深刻的认识，才能自觉地约束自己，并将角色道德规范和伦理要求内化为自身的角色道德意识和角色道德态度，不断涵养角色德行，提升角色道德自觉境界，养成角色道德自觉行为习惯。

一 新闻工作者角色道德意识的自觉

角色道德意识是人们在长期的角色道德实践中形成的角色道德观

念、角色道德情感、角色道德意志等的统一，是个体角色道德自觉生成的内在心理机制。新闻工作者角色道德意识自觉主要表现在以下两个方面。

（一）角色道德认知的自觉强化

角色道德认知是指角色个体对道德对象的观念性把握活动，它是个体在既有角色道德知识的基础上，通过对角色道德认知对象的辨认和分析，从中获取角色道德认知的心理活动。新闻工作者在角色道德认知过程中，要认真分析和领悟角色道德规范，对道德知识进行学习和消化，积极效仿角色道德典型，自觉地向角色道德典范学习，不断积累角色道德生活经验，在理性反思的基础上，对角色道德现象、角色道德本质及角色道德发展规律进行全面的认识和把握，再将自己在新闻传播活动时的思想和行为同角色道德典范和角色道德标准相比照，从中不断获得新的道德观念，增强角色道德认识，从而提升自身的角色道德自觉意识，为自由道德人格的生成奠定认识论基础。

（二）角色道德情感的自觉培养

角色道德情感是人类所特有的一种高级情感，是人们在一定的角色道德认知的基础上，对现实角色道德关系和角色道德行为的一种情绪及态度体验。角色道德情感是塑造角色道德人格的基础。新闻工作者培养道德情感的根本途径就是要深入生活、深入社会、深入新闻传播活动的实践。具体而言，一是要加强自身的角色道德生活体验。如果没有对角色道德生活的亲身体验，也就无法想象自己处于他人处境时的心理感受。只有在角色道德生活和角色道德实践中，新闻工作者才有可能遭遇各种各样的境况，收获各种各样的角色道德心理体验，才能领悟到角色道德情感的内涵和意义，才能在丰富、真挚的角色道德情感熏陶下，促进自身角色道德自觉的生成与发展。二是要加强人际交往。角色道德情感的根源就在于人际沟通和理解，新闻工作者要在新闻传播活动中，积极与采访对象、社会大众进行沟通交流，加深相互间的理解和信任，才能达成角色道德情感的共鸣，在不断丰富自身角色道德情感的过程中，不断促进角色道德人格的生成与发展。

二　新闻工作者角色责任担当的自觉

角色责任是指社会角色在实践的过程中对自身角色行为的善恶、是非所应承担的职责和义务。新闻界历来强调新闻工作者的责任。20世纪40年代的社会责任理论也强调，新闻工作者在享受相应的新闻权利的同时，必须担负相应的责任。因此，新闻工作者要在新闻传播活动中，以社会客观标准为参考，在社会舆论、传统习惯、内心信念规约下，以角色道德情感和角色道德评价为基础，依靠精神上的自制力主动意识到对他人、对社会的角色道德义务和角色道德使命以及对自身行为后果的善恶的承当，自觉做到角色责任的担当。

（一）对角色责任、角色权利与角色义务的自觉理解和确证

社会角色是个体在特定社会关系中的标示和定位，也是责任的承载者。在现实生活中，每个人都处于复杂的社会关系网中，往往扮演多重社会角色，相应地，也就具有多重责任。新闻工作者要自觉做到对角色责任、角色权利与角色义务的理解和确证，才能做到对角色责任的自觉担当。一般而言，新闻工作者的角色责任可以从两个方面来理解：一是指新闻行业的社会责任，即新闻工作者在社会生活领域所应当承担的责任和义务。从新闻行业与社会、新闻行业与人类的生存、生活的关系来看，新闻行业满足的是人类最基本的需要，这也是新闻行业存在的决定性要素。对于以传播新闻为职业的新闻工作者来说，就是要通过新闻报道直接告知社会、告知公众，事实环境中发生了哪些值得关注的最新变动。只要准确地反映、再现了新闻事实所包含的事实信息，就实现了自身的社会角色。二是指新闻工作者角色道德责任，专指新闻工作者在角色道德层面所应承担的责任和义务。具体而言，就是指新闻工作者要坚守必要的道德规则，恪守与自己的角色相适应的伦理道德规范，发挥新闻行业在社会建设、社会管理和道德伦理建设中的独特作用，根据一定的道德规则和价值标准，自觉自愿、自主自决进行善恶取舍的责任行为活动，要尊重事实、明辨是非、激浊扬清、扬善抑恶，以舆论的力量来弘扬社会正气，引领时代精神和道德风尚，切实担负起构建社会道德的互动平台和有效载体的责任。新闻工作者对自己的角色责任、角色权利与角色义务的自觉理解和确证是其能够承担责任、履行好特定义务的前提条件，自觉理解和确证并内化角色责任与义务，有助于培养新闻工作者角色道德人格，促进新闻工作者角色道德自觉形成。"新闻媒体和新闻记者是以追求和维护社会公平和正义作为自己的工作职责的，因此，

就更应该在享受权利的同时，履行相应的义务。"① 因此，新闻工作者应该在认知自身权利的同时，明确自己的义务，也是对自身权利的尊重和承诺。"责任与义务的唯一区别，就在于义务偏重于强调外在的客观要求，责任偏重于强调把这种外在的客观要求内化为主体的主观道德自觉意识。"如在采访权和舆论监督权获得新闻工作者的认同和确证后，就应该同时遵守真实传播新闻信息，公平、公正地客观传播，接受社会舆论监督等义务。新闻工作者要从这两个层次对角色权利和角色义务进行客观审视，正确理解和确证自身角色权利与角色义务，是角色责任自觉担当的前提。

（二）将角色责任和角色义务内化为自觉的内在意识

从伦理学上讲，责任和义务本身是一种道德范畴，它只有内化为主体的观念形式之后，才能成为具有内在价值规定性的形态。作为价值观念体系的角色责任，只有经过内化才能得以养成。新闻工作者对于自身角色责任的自觉担当，要经历从对角色责任的认同选择到角色行为规范和价值追求的内化，才能形成新闻工作者特有的角色道德品质，这是一个客观必然的过程。首先，角色责任和角色义务是作为外部的客体的观念存在的，表现为对新闻工作者群体的共同的价值要求、角色道德规范、角色行为准则等，具有普遍的性质，必须通过新闻工作者的心理活动转化为其个体品质、德行之后，才能现实地实现自身。其次，角色责任和角色义务由外部的客体向内在的主体的转化，也是新闻工作者的内在要求。在社会生活中，新闻工作者作为社会成员，要获得社会的认可，参与社会生活才能存在和发展，实现人生价值。而内化社会赋予其角色责任和角色义务则是其获得社会认同，参与社会生活，实现其作为社会成员的规定性的重要途径和形式。通过由客观物质到主观精神的阶段，由存在到思想的阶段，新闻工作者才能扬弃外在观念或规范的对象性，将其内化为主体意识，具备实际的角色责任和角色义务观念内涵，具备角色道德自觉建构的思想基础和精神资源。

（三）进行角色责任和角色义务的自觉实践体悟

马克思主义认为，社会生活在本质上是实践的。新闻工作者对角色责任和角色义务的自觉担当，需要通过一定社会生活条件下的角色实践

---

① 顾理平：《新闻法学》，中国广播电视出版社 1999 年版，第 121 页。

活动，才能真正进入其个体的思维领域。角色实践活动是角色主体按照客观的角色责任和角色义务的要求，出于一定的目的而进行的能动的、改造特定对象的理想活动。新闻工作者对角色价值观念和角色责任的内化作为实现社会效应的一种价值体现，只能在具体的实践活动中进行。角色责任和角色义务是抽象的，只有外化为自觉的行动，其内在的价值观念才能真正走进新闻工作者的内心，并且升华为对角色责任和角色义务的情感认同，才能最终转化为其作为角色主体的属性，在新闻传播实践中发挥自己的价值。新闻角色责任理念的内化、检验和巩固是一个由外而内、由自然到心灵、由客观到主观、由现象到本质、由意识到行为的过程。这个过程本身是一个充满无限矛盾、迂回斗争的过程。矛盾的最终解绝不是依赖于头脑中的主观愿望，而是依赖于社会实践。当实践的需要与个体的品质之间出现差距时，个体就会暴露出动机、意志、信念和能力等方面的弱点和不足。这些弱点和不足，只有通过刻苦努力、积极实践，在改变外部环境的过程中，使新闻工作者的思想、情感和意志与客观现实的要求趋向一致，并随着实践活动的深入，促使其不断地批判和否定有悖于实践的角色责任价值观念和角色道德准则，确立符合实践要求的角色责任观念和准则，进而推动实践活动的继续发展。只有在自觉的实践中，新闻工作者才能确切地懂得自己的新闻报道会产生什么样的道德效应，对社会公众产生什么样的道德影响。总之，新闻工作者自觉的实践体悟能够使其角色道德自觉性、能动性和行为规范性逐步得到提高，实现角色道德精神境界的超越。

三 新闻工作者角色道德冲突调适的自觉

道德冲突是"个体在道德行为选择中所遇到的特殊情境，是个体在面临矛盾时必须进行抉择的一种情境。即个体为了履行某一道德义务而行动就会对另一个或一些同样他应履行的道德义务的背离和摒弃，他必须作出有利于其中某一道德义务的选择，以解决矛盾，实现自己的道德目的"。[①] 角色道德冲突是指角色个体在角色道德行为选择中所遇到的一种特殊情境。社会角色作为社会中的一员，也要在各种社会关系中扮演不同角色，每一个角色都要承担相应的社会期望，承担相应的道德义务。在角色道德实践和角色交往的过程中，在特殊的行为选择情境中，

---

① 唐凯麟：《伦理学》，高等教育出版社 2001 年版，第 264 页。

这些角色往往会发生矛盾、对立和冲突，认识和处理好新闻传播实践中新闻工作者角色道德行为选择中的道德冲突，是一个十分重要的问题，不仅关系到新闻工作者所选择的角色行为道德责任和道德价值的有无及大小，更是检验新闻工作者角色道德的发展水平和角色道德人格的完善程度，因此，正确解决角色道德行为选择中的道德冲突，是推动新闻工作者角色道德行为选择能力提升的重要途径，也是新闻工作者角色道德自觉实现的重要途径。

（一）新闻工作者要自觉提高角色道德价值判断能力

道德是一种特殊的社会现象，在社会中，具有一定社会地位和身份的个人在扮演社会角色的过程中必然要遵循相应的角色道德，才能使自己的行为和行动符合自己所担任社会角色的伦理期待和道德要求。这就要求角色个体在进行角色道德行为时，进行角色道德价值判断，并依此进行角色道德行为的选择，展开角色道德实践。角色道德价值的判断，就是对事物、事件和角色主体的行为，在道德意义上进行估量和预测的观念活动，并在此基础上做出判断、选择和评价，用以影响主体当下的或今后的价值定向和价值追求。这种评价性和判断力，是人类创造性的表现，也是人类实践中来自主体本质的价值定向和价值确证。在新闻传播实践中，新闻工作者作为传播活动的主体，在进行角色道德行为时，要在道德意义上对该行为进行判断，以便确定自身这一行为是否符合社会伦理期待和道德要求。新闻工作者也应自觉提高自己进行道德价值判断的能力。

1. 新闻工作者要明确外在的角色定位及社会伦理期待

社会伦理期待是社会赋予社会角色的要求，也是判断社会角色能否履行职责的标准。历史事实之所以能够在偶然的机会中成为被人们认知的新闻，有赖于新闻工作者的发现与记录。因此，新闻工作者要明确自身角色定位，树立角色观念，对新闻本体进行客观再现，直接呈现事实本体的真相，以最大限度地满足社会公众对于事实真相的需求，做好历史的记录者和信息的传播者这一重要角色。同时，还要认识到自己的社会人的角色。新闻工作者是以自己能动的主观性去反映客观事实的客观性的，其传播的新闻信息、意见，是面向社会大众的，有可能迅速影响一定范围的社会大众，影响社会舆论的形成，影响社会公共事务的变化，扮演着公共传播者、社会化的传播者的角色，是社会的建构者。这就意味着他必须承担更多的社会责任，如正确舆论导向、文化传承、道德教化等。这就要求新闻工作者要在对社会环境的监测和守望中发挥特殊的作用，对社会整体面貌的反映和具体新闻事实的报道要真实全面，使社会大众有机会多角度、多层面地立体化了解自身和他人的生存状态，了解一定社会环境的变动状况和发展趋势。总之，新闻工作者只有对自身所扮演的角色有清晰的认识，才能深刻理解自己的角色义务、权利和行为规范，形成特定的角色道德认识和角色道德情感，并升华为角色道德信念，从而形成正确的角色道德价值判断。

2. 新闻工作者要建构内在的角色道德良心

在道德理论体系中，良心是一个重要概念，是人们心中的一种关于是非、正邪、善恶的理性判断和评价能力，也是角色个体内在的各种道德心理因素的有机结合。我国道德哲学专家何怀宏先生在其专著《良心论》中写道："良心是人们一种内在的有关正邪、善恶的理性判断和评价能力，是正当与善的知觉、义务与好恶的情感、控制与抉择的意志、持久的习惯和信念在个人意识中的综合统一。"① 生活在社会中的角色个体，只要具备了内在良心，就会积极主动地以此为标准去修正自身的角色道德行为。角色道德良心是角色个体人性自我意识、自我发现的信念和映像，是角色个体在现实实践中，在履行对他人和社会的道德义务中所形成的正当与善的知觉，是一种内在的、自觉进行的对自我应有的义务、职责和使命的认知，是各种角色道德心理的有机结合。

当然，角色道德良心毕竟是人的主观的内在信念，其是否与社会发展方向一致、与人民的利益一致，是否符合客观实际及其规律性，是否符合新闻行业的不断发展，还需要接受实践的检验。因此，新闻工作者应当坚持最为根本的伦理价值，即无论在什么情况下，都要努力追求真善美的理想境界，在新闻传播活动中体现出向"善"的追求，对于丑恶、落后的内容予以鞭挞，鞭挞假丑恶，要对照道德准则等严肃审视和权衡自己的行为动机，实现行为的正确选择，将自身应尽的义务和责任转化为角色道德良心，从而获得终极的新闻传播实践的价值追求。

3. 明确角色道德价值判断标准

角色道德价值的判断，最后总是在一定的价值标准衡量下进行的，

---

① 何怀宏：《良心论》，北京大学出版社 2009 年版，第 32 页。

而道德价值判断的标准和道德信念的确立一样，需要遵循一定的原则，新闻工作者在进行新闻传播活动时，常常会面临各种特殊情境，如果他履行自己的新闻报道职责，其新闻报道对象就可能遭受巨大的伤害，甚至生命受到威胁。如果去营救报道对象，自己就难以获得采访素材和报道机会，这就是角色道德选择困境。在这样的情境下，新闻工作者的每一次选择都包含着道德价值和道德意义。在具体的角色道德价值判断中，新闻工作者应该在一定的角色道德价值标准下进行选择。应该把握这样的原则：坚守的、置先的应该是价值大的、价值高的；放弃的、置后的应该是价值小的、价值低的。这些价值标准的背后是人类在长期的生产生活的实践中，对客观世界不断认知、反思的结果。这些原则是对社会主流价值观的维护，是人类社会的共同道德意志。

在具体的角色道德价值判断中，新闻工作者应该遵循以下原则：

首先，保护生命优先。"记者应该带着由其人性而来的集体责任意识来进行工作"①，在涉及"先救人还是先采访"的情境时，永远是以人的生命作为优先原则进行选择。有一种举世公认的观念是："面对一个有迫切需要的人，如果你能够有所作为提供帮助但是却什么也没有做，那是一种不道德的错误行为。"② 在新闻传播实践中，当新闻传播者遇到"先救人还是先采访"的角色道德冲突时，如果具体情境中人的生命处于危险之中，就应该优先选择保护生命。

其次，普适价值优先于角色道德价值。普适价值与角色道德价值的冲突往往会引发新闻工作者的焦虑和困扰，由于角色道德价值一般与新闻工作者有直接紧密的关系，大部分新闻工作者都选择首先通过职业角色来实现特定的角色道德价值，因而角色道德责任往往取得优先地位进而引发种种责任失范行为。但新闻工作者应认识到普适责任的道德价值高于角色道德价值，当两者发生冲突时，优先选择普适价值来指导自己的角色道德行为。

社会公共利益优先。社会公共利益是新闻工作者角色道德行为的主要指向，因而应该把社会公共利益置于优先选择的地位。有学者提出：

① ［美］约翰·尼罗、威廉·E.贝里：《最后的权利——重议〈报刊的四种理论〉》，周翔译，汕头大学出版社 2008 年版，第 116 页。

② ［英］莱恩·多亚尔、伊恩·高夫：《人的需要理论》，汪淳波、董明珠译，商务印书馆 2008 年版，第 134 页。

"没有哪一个专业能够让自己订立的伦理守则大大践踏社会一般的伦理标准。"因而，新闻工作者在履行角色道德责任的同时，更要履行社会伦理责任，个体利益和组织利益在与社会公共利益的冲突中应该后置。比如，在隐性采访中，不能不择手段侵犯他人隐私，不能侵犯公共利益，启示别人或警示社会，不能成为蔑视社会道德的借口。在两者相冲突时，要优先选择后者，当个人隐私与公共利益发生冲突，新闻工作者就要视具体情况而进行角色道德价值判断，两利相权取其重，两害相权取其轻，把角色道德价值和道德意义更高的标准作为自己的行为标准。

（二）新闻工作者要自觉提高角色道德行为选择能力

角色道德行为选择是指"角色主体在面临多种道德上的可能时，在一定的角色道德意识的支配下，根据一定的角色道德价值标准，自觉自愿、自主自决地进行善恶取舍的角色道德行为活动"。[①] 亚里士多德认为："道德是一种在行为中造成正确选择的习惯，并且，这种选择乃是一种合理的欲望。"[②] 道德选择是人类活动的重要方式，客观必然性对人的行为选择起着支配和制约的作用，新闻工作者作为社会角色，其扮演社会角色的过程也就是个人进行角色道德实践的过程，也离不开角色道德行为选择。在这一过程中，新闻工作者必须根据社会提供的客观必然性以及社会角色自身发展的客观规律进行选择，才是正确、科学的角色道德选择。

角色道德行为选择是一种价值取向，是新闻工作者的价值观得以充分实现的重要表现形式。新闻工作者在进行角色道德行为选择时需要具备两个条件：一是新闻工作者在进行角色道德行为活动时，面临多种道德的可能性；二是新闻工作者具备自主的意志自由。在这种情况下，新闻工作者需要对自己道德行为是否善恶进行选择的角色道德实践。

1. 提高角色道德行为选择能力，要将角色道德责任内化于心

角色道德责任是角色道德行为选择的基本特征和中心问题。新闻工作者在自由地选择自己角色道德行为的同时，也就自由地选择了自己的角色道德责任。新闻工作者正是在这种角色道德行为选择的取舍中实现了角色道德自觉，表现出了自身的价值。那些求善并选择善行的人，享

---

① 田秀云：《角色伦理》，人民出版社 2014 年版，第 134 页。
② 周辅成编：《西方伦理学名著选辑》（上辑），商务印书馆 1964 年版，第 311 页。

受善的后果；求恶并选择恶行的人，必须对恶的后果负责。因此，新闻工作者应该积极学习角色道德规范，学习新闻行业的道德典范和道德经验，并结合自身的道德实践、进行理性思考，以形成科学的道德知识系统和健康的自我道德意识，从而对自身角色道德责任正确认识和对待，是新闻工作者提高自身道德行为选择能力、认清角色道德行为选择的正确方向，使道德行为选择成为培养自己优良的角色道德品质，从而完善角色道德人格，达至角色道德自觉。

2. 提高角色道德行为选择能力，要正确把握目的与手段的关系

"所谓目的，是行为者预计要达到的行为结果。所谓手段，是行为者为了实现其行为目的而采取的途径和方法。"① 新闻工作者在角色道德行为选择中，把握好目的与手段的关系，不仅关系到其角色道德行为选择的道德性质和价值，而且也关系到角色道德价值目标的实现，制约着其角色道德人格的完善。目的是行为主体对其对象性活动将要创造出来的未来对象的一种超前反映，在新闻工作者的角色道德行为选择中具有指导意义；而手段是为实现目的服务的，要受到目的性质的制约，因此，新闻工作者在角色道德实践中，在进行道德行为选择时，认清目的和手段的关系，坚持目的和手段的辩证统一，要在具体的道德行为中坚持目的善和手段善的一致性，同时将其与更高的道德目的联系起来，保证新闻传播活动健康进行，促进新闻工作者个体道德人格的不断提升和完善。

（三）新闻工作者要自觉提高角色道德冲突的自我调适能力

在社会生活的领域，到处充满着角色道德冲突。在新闻工作领域，同样存在各种角色道德冲突。新闻工作者个体在角色道德行为选择中必须把角色道德规范要求同角色道德冲突的具体情境相结合，才能进行正确抉择，实现社会对新闻工作者角色的社会期待和要求。"它既有同一道德价值体系之中不同道德原则、规范之间的冲突，又有不同道德体系之间的冲突，既有历史传统中的价值体系与当今价值取向间的矛盾，又有不同国别、不同文化形态之间的冲撞。"② 例如，1963 年 6 月，美联社从越南西贡发回一张照片：一位老和尚为抗议越南政府一些关于宗教

---

① 唐凯麟：《伦理学》，高等教育出版社 2001 年版，第 261 页。
② 高国希：《道德哲学》，复旦大学出版社 2005 年版，第 120 页。

的事情，坐在西贡的街头，将汽油浇到自己身上并点燃，事先闻讯赶来的美联社记者用镜头记录下了这一事件：照片上老人端坐在地，熊熊的火焰吞噬着他，烧焦的躯体清晰可辨。[①] 1985 年 6 月，涉嫌犯有诈骗罪的日本丰田商事会会长永野一男，被两个身份不明的男子用匕首刺死，当时其住所挤满了前去采访的新闻记者，而在场的新闻记者无一人上前阻止或报警，电视记者还把凶杀全过程拍摄了下来，在电视节目中播出。其后，许多愤怒的观众指责当时在场的记者麻木不仁。面对受众和社会的批评与指责，也有学者指出：记者的职责就是冷静地观察记录发生的重大事件，并把它迅速地传播出去，为了很好地履行这一职责，在事件发生的现场，记者只能是个旁观者。2006 年 7 月 10 日，河南电视台都市频道女记者曹爱文，在郑州黄河花园口采访儿童溺水事件，在"120"救护车还没有赶到的情况下，抛开本应进行的采访拍摄工作，奋不顾身抢救落水儿童，被网友称为"中国最美女记者"。[②] 三个案例相隔多年，并且发生在不同国家、不同新闻体制下，新闻工作者的道德行为也表现得截然相反，但是，它们都涉及不同角色的义务要求在特殊情境下的冲突。因此，新闻工作者要提高角色道德冲突的调适能力，正确认识和处理道德行为选择中的道德冲突，这既关系到该角色行为道德责任的确定和道德价值，也能检验其道德的发展水平和道德人格的完善程度。正确解决特殊的行为选择情境中的新闻工作者面临的角色冲突，既是提高新闻工作者个体道德行为选择能力的重要途径，也是推动新闻工作者个体道德发展的重要动力。

1. 要正确分辨角色道德冲突

在新闻工作者的角色道德行为中，由于受到外在环境的影响，或者是新闻工作者本身认识上的偏差，往往对于实际发生的情况会做出错误的判断，把那些表面上看起来十分尖锐，但实际上并不构成冲突的情况也认为是真实的冲突，从而做出了错误的选择。前面案例日本丰田商事会会长永野一男被刺杀的事件中，在那样的具体情境下，新闻记者应该以抢救其生命作为首要职责，维护人的生命永远是人类社会道德准则的首要要求。而"最美女记者"也正是在两者面前选择了救助生命。所

---

① 余艳青：《媒体为何不宜使用血腥、恐怖图像》，《今传媒》2009 年第 1 期。

② 曲雅君、吴媛媛：《人的价值与新闻价值》，《青年记者》2008 年第 10 期。

以，新闻工作者要对自己在角色道德实践中遇到的各种情境进行细致、准确的分析，对症下药。

2. 要正确认识新闻工作者角色道德规范要求的绝对性和相对性的辩证关系

任何真实合理的道德规范都具有绝对性的一面。新闻工作者要在角色道德实践中肯定和认识角色道德规范的绝对性，坚持按照新闻工作者角色道德规范要求去正确地选择自己的行为，保证行为的道德价值。条件性就是相对性，角色道德规范是绝对性和相对性的统一。当今时代，随着科技的发展和时代的进步，新闻工作者面临的传播环境发生了巨大的变化，如传播环境的虚拟性、传播主体的大众化、传播载体的多样化等，角色道德规范的内涵也要随着时代发展而不断发展变化，也要适应新的形势的要求，变得更加丰富具体，因此，这就要求新闻工作者能够与时俱进，在角色道德冲突的情境下，在进行角色道德行为选择时，对实际情况进行具体分析，灵活处理，避免教条主义和形式主义，努力把角色道德规范要求同角色道德冲突的具体情境相结合，不断提高角色道德冲突的调适能力。

3. 要树立角色道德规范的价值内涵的等次观念

任何角色道德体系都是一个多层次、多向度的结构体，其中的角色道德原则和角色道德规范既是相互联系的，又处于不同层次上，其角色道德价值是不同的，有大小高低之分、轻重缓急之别。"一旦在人们的观念中确立了这种价值轻重的次序，也就为行为人遭遇责任冲突时提供了理性选择的依据。"① 在前面本书已经提出了在面临角色道德冲突时，新闻工作者应该确立的价值轻重的次序，理性选择的原则和依据，如生命优先和普适价值等。在具体的新闻道德实践中，在是与非、善与恶之间进行价值排序，我们往往觉得比较轻松。但是，角色道德冲突往往要求我们在是与是、善与善等同样具有道德价值的事情之间进行选择。要解决这种冲突，就需要将各种角色道德责任按照价值大小排列成一定的等级次序，并根据以次从主、以小顺大、顾全大局的方式进行选择。

总之，新闻工作者要树立区分角色道德价值的等次观念，在面临角色道德冲突时，要能够择大善而舍小善，按照角色道德规范价值内涵的

---

① 张恒山：《义务先定论》，山东人民出版社 1999 年版，第 230 页。

不同等次，选择角色道德价值大的原则要求来协调和选择自己的道德行为，缓解角色道德冲突。

四　新闻工作者角色道德修为的自觉

道德修为是个体道德活动的一种最高形式。"修"的本义是整治、提高；"为"的本义是实践、养成、培育。道德修为是指个体的道德素质、道德涵养、道德造诣等。道德修为具有明确的自我指向性，是个体通过自我涵养，实现从道德他律向自律转化，培养自我优良道德品质，完善自身道德人格的一种主体性道德实践活动。角色道德修为是角色道德实践的一种重要形式，是社会角色的"自我教育"和"自我改造"。在社会生活中，每一种社会角色都需要道德上的自我修养，才能使自己的道德品质臻于完善。新闻工作者要想扮演好自身的社会角色，就要对角色自身的道德规范和道德要求进行自我审度、自我教育和自我塑造，提高自我在角色道德实践中的选择能力，同自身道德上的弱点作斗争，克服自身的矛盾，增强道德信念的力量，达到道德人格的自我完善。新闻工作者的角色道德修养，是推动新闻工作者扮演好社会角色，实现从"自然人"到"社会人"转化的内在机制，是鼓舞其自觉地认识和把握道德必然性，不断超越自我，完善角色道德人格，实现角色道德自觉的必由之路。参照中外伦理思想史上思想家提出的道德修养方法，结合当代社会的发展和新闻工作的实际需要，新闻工作者可以采取以下道德修养方法。

（一）读书明理

个体道德品质的涵育和道德人格的养成有很多种途径，读书学习是自我道德修养的一种重要方法。读书不仅能够增长知识、明白事理，还能够陶冶性情、德润人性。古希腊哲学家苏格拉底说，"知识即美德"，强调美好道德品质的形成是建立在知识的基础上的。中国古代思想家把"尊德行"与"道问学"相结合，强调"格物致知"，中国古代思想家孔子说："三人行，必有我师焉。择其善者而从之，其不善者而改之。"强调道德人格的涵养，不仅仅见诸书本知识，还可以见之于他人的示范式的道德行为之中。在新闻工作者个体的道德活动中，不仅要学习角色道德知识、道德典范，还要学习他人的道德经验，并结合自身的道德经验，将"学"与"思"相结合，理解和把握自身角色道德的必然性，形成新闻工作者自身的科学的道德知识系统和健康的自我道德意识系统。新闻工作者角色道德自觉的培育，离不开自身的"学"与"思"。

首先，要在"学"上下功夫，不仅要学习自身所扮演的社会角色的道德规范、角色期待，还要结合当前社会发展对于新闻工作的要求，自觉学习马克思主义新闻观，学习习近平总书记关于新闻工作的重要讲话精神，学习党和国家对于新闻工作的创新理论，学习"富强、民主、文明、和谐，自由、平等、公正、法治，爱国、敬业、诚信、友善"的社会主义核心价值观在新闻工作方面的深刻意义和内涵。同时，还要学习中外新闻发展史上那些为新闻事业做出杰出贡献的新闻工作者的高尚的道德情操，并自觉将其运用于自身的新闻传播实践中，把正确的价值追求体现在新闻报道之中。

其次，要在"思"上下功夫。要结合自身的道德品质和道德经验，进行理性的反思，达到自身道德观念的提升和创造，从而实现新闻工作者角色主体性的转化与升华，培养新闻工作者角色道德自觉人格品质，养成角色道德自觉行为习惯，提升新闻工作者角色道德自觉的水平和境界。

（二）加强慎独修养

在中国传统道德思想中，进行道德修养的方法途径很多，"慎独"就是进行自我道德修养的一种重要方法，更是一种很高的道德修养境界。慎独即个体在没有外在监督的情况下，能够坚持自己的道德信念，自觉按道德要求行事，不因为无人监督而恣意妄行。新闻工作者要想培养优良的角色道德品质、塑造高尚的角色道德人格，也要做到"慎独"。由于新闻工作者的职业特性，在很多时候，新闻采写要由新闻工作者单独完成，缺少社会和组织的监督，这就要求他们在独处时要坚定自己的角色道德情感，坚守自己的角色道德信念，自觉按照角色道德规范和准则要求自己，抵制外来诱惑，既要在细小事情上严格要求自己，也要在那些人们注意不到的地方严格要求自己，时时处处做到"防微杜渐"和"莫因善小而不为，莫以恶小而为之"，不断增强自身的道德辨别能力和道德自控能力，从而不断提升角色道德自觉境界。同时，新闻工作者还要做到"省察克治"。即依据角色道德规范和原则，对自己在职业活动中的思想和行为进行自我反省和自我检察，解剖自己，认识自己，勇于面对自己的不良倾向、不足和缺点，并通过自身的角色道德情感和角色道德意志的努力，克服、整治和去掉自身的不良倾向和缺点，在新闻传播实践中，努力完善角色道德品质。

（三）积极参加角色道德实践

角色道德实践是角色主体在一定角色道德意识支配和影响下，围绕一定善恶进行的、可以用善恶观念评价的角色道德活动。一定社会条件下的角色道德实践活动是角色个体道德内化的基础。"如果一个人，他遵守道德，遵守到一定程度，不是一次、两次、偶尔的行为遵守道德，而是一系列的、长期的、恒久的行为遵守道德，那么，道德就会由外在的社会规范转化为他的内在品质，从而变成他的美德。"① 人们形成一种正确的道德观念需要经过"实践—认识—实践"的过程，最终还要通过人的道德实践行为来确证，在这一过程中，认知和实践是相互促进的，"知"与"行"是辩证统一的。"知"即思想自觉，"行"即行动自觉，知行统一就是思想和行为同时自觉、同时努力，既是以知促行，也是以行促知。所以，新闻工作者只有通过自身的角色道德实践，才能确切地懂得自己是否真正扮演好了新闻信息的传播者的社会角色，才能认识到自己的新闻传播对社会公众产生的影响，是否对社会的发展有利，能否维护社会的良性运行，才能深入地、理性地、自觉地切身感受到作为新闻工作者的社会价值，从而实现对自身角色道德的把握，对价值观的建构，从而完善道德人格，达到角色道德自觉。新闻工作者对于角色道德规范和道德模范的学习，其个体的道德自觉性、能动性和道德行为规范性的提高，也要通过角色道德实践得以落实。

新闻工作者要把角色道德修养与自身所从事的新闻采写报道等业务工作结合起来，在新闻传播实践中，选择和确定自己的角色修养目标与角色道德行为模式，不断改造和形成自身特有的道德面貌，在时代的发展中，实现自身角色道德素质和角色道德人格的现代化。同时，还要把角色道德意识的修养和践行角色道德要求结合起来，真正将学习、思考得来的角色道德知识、观念和信念，切实加以践行，实现知与行的统一，形成优秀角色道德品质，开拓新的角色道德境界，升华自身的角色道德人格。新华社内蒙古分社记者汤计是内蒙古"呼格吉勒图"案最早的报道者。2014年11月19日，内蒙古高院启动再审程序，最后做出呼格吉勒图无罪判决时，面对呼格吉勒图的双亲，说道："正义胜利

---

① 王海明：《伦理学与人生》，复旦大学出版社2009年版，第324页。

了!"自 2005 年之后的 9 年,他为呼格案写了 5 篇内参,一直呼吁再审"呼格吉勒图"案,不仅将"呼格吉勒图"案由幕后推向前台,而且一再推动此案进程,终于使社会各界备受关注的"呼格吉勒图"冤案昭雪。作为新闻工作者的汤计,正是在自身角色道德实践中,不因一时的困难而气馁,努力维护社会正义,实现了其作为一名新闻工作者角色的道德自觉。

第三节　新闻工作者角色道德自觉的制度保障

制度之善优于、先于也重于个体的善。在一个社会中,制度本身的价值取向对人的力量和影响是最为强大和深远的。建立起符合新闻职业活动本性、新闻传播规律的道德的新闻制度体系,有助于新闻工作者在新闻传播实践中走上道德的轨道,是保障新闻工作者角色道德自觉的基础。

一　建立新闻工作者角色道德培训制度

要使一个新闻工作者在新闻工作中自觉遵守角色道德规范,并实现角色道德自觉,是一项复杂而艰巨的系统工程,需要多方面的配合和有机协调。角色道德自觉发源于现实的角色道德情感,又指向理想的角色道德理性,角色道德自觉的实现离不开理性的指导,而教育培训是培养人的理性思辨能力的一种重要途径。在新闻工作者角色道德自觉的养成过程中,角色道德培训教育是其中的一个重要环节,处于基础地位和初级层次。角色道德培训教育,就是对新闻工作者的思想观念和精神世界进行科学塑造和正确培养,使他们对自身所承担的社会角色有正确认知,并能够坚定理想信念,自觉按照社会对其角色伦理期待和角色道德规范的要求进行道德行为,形成高尚的角色道德品质,实现角色道德自觉,从而减少新闻传播活动的违法、道德失范现象的发生,推动整个新闻行业的发展,为营造良好的社会的信息传播环境奠定基础。概括地说,新闻工作者的角色道德培训内容主要包括以下五个方面。

(一)加强新闻工作者角色道德认知

一个角色能否扮演成功,首先在于角色个体的道德认知意识。角色个体道德认知是角色道德自觉的生成与发展的前提。所谓角色道德认知，是指社会角色在角色扮演过程中对角色道德现象、角色道德关系、角色道德原则和角色道德规范的认识与把握，并在角色主体内心产生的一种心理趋同。角色道德认知是社会角色通过对角色道德的学习、角色道德知识与经验的积累以及角色道德判断能力的提升而不断深化的过程。角色个体要通过角色道德知觉、角色道德体认、角色道德认同和角色道德觉悟四个阶段来形成自身的角色道德认知。新闻工作者角色道德认知可以通过两方面进行：一是要加强对新闻工作者的道德教育，有组织、有计划、有目的地向新闻工作者传授和灌输角色道德意识，帮助其理解自身所扮演的职业角色与社会角色，在新闻传播活动中，自觉履行对社会、集体和他人应尽的义务，并在此基础上展开角色道德行为。二是要从新闻工作者个体方面，可以对其进行自律教育。通过教育者的正确引导，使新闻工作者积极主动地内化角色道德规范与伦理要求，并将其进一步转化为自身内心的道德需要和道德法则并自觉主动地进行道德实践。通过对新闻工作者的道德自律教育，可以培养新闻工作者的道德自觉意识，促使其树立角色观念，增强角色道德认知和角色道德意识，认真学习角色道德规范，自觉担当起应该承担的角色责任和角色义务。具体来说，要使新闻工作者意识到自己是历史的记录者、信息的传播者、社会的守望者、舆论的引导者等角色，在新闻实践中，努力扮演好职业角色，不违背新闻的真实性，不传播虚假新闻，保持迅速快捷、客观中立、公平公正。同时，还要认识到自己的社会人的角色，要具有社会责任感和使命感，勇于揭示社会弊端和社会问题，做好舆论监督，积极引导社会舆论导向，讴歌真善美，在社会中弘扬主流价值观，传播正能量。新闻工作者只有对自身所扮演的角色有清晰的认识，才能深刻理解自己的角色义务、角色权利和角色道德规范，从而正确地运用角色权利去履行角色义务。

（二）培养新闻工作者角色道德情感

道德情感作为人类情感的高级形态，是人类理性与非理性因素的有机统一。道德情感作为人类道德心理中最深沉又最活跃的因素，是道德活动得以进行的主体保障。"个体道德情感是个体把握世界的一种特殊方式，是在一定利益关系的基础上，通过作为主体的人对世界（他人、关系、活动）的体验和对自身情绪的认识、控制而形成的一种高级感情。"① "角色道德情感是角色主体按照一定社会的角色道德规范、社会伦理期待去理解和评价社会角色之间、社会角色与社会群体之间的角色关系及角色现象时产生的一种具有善恶评价性质的道德情感。"② 对社会角色来说，角色道德情感往往直接影响角色主体对善恶是非的鉴别和对该角色扮演的角色道德规范和原则的自觉遵守，会影响角色主体对角色道德文化的认同感和归属感，以及对不同道德生活方式的选择与追求等，最终会影响角色道德自觉的生成与发展。新闻工作者的角色道德情感，是其从事新闻传播活动时的一种情感体验，主要表现为人的需要是否得到满足时的一种内心体验，既包括新闻工作者对于新闻行业的历史使命感、社会责任感、崇高荣誉感，也包括新闻工作者群体之间的合作精神和对受众的工作态度等。应该通过对其教育培训，让其在心理上对自己所扮演的社会角色及职业角色中所享有的权利和自身所承担的应然之责产生情感，以履行和扮演好新闻工作者角色为荣，以违背角色道德规范要求为耻，通过内心体验对自己的职业行为做出反应，并形成持久的、稳定的情感导向，成为新闻工作者自觉履行角色义务、承担角色责任，自觉遵守角色道德规范的一种深厚的内在动力。总之，"没有道德情感就没有道德行为，只有当下、直接的情感才能激发意志，产生行动。"③ 只有角色道德情感的参与和助推，才能使新闻工作者坚定角色道德自觉意志，坚守角色道德自觉信念，促成角色道德自觉行为的生成与实现。

（三）坚定新闻工作者角色道德意志

意志是人们自觉地确定目的，并根据目的调节支配自身的行动，克服困难，实现预定目标的心理过程。角色道德意志是角色主体在履行道德义务的过程中所表现出来的自觉、自愿地做出抉择，克服困难和障碍的顽强毅力和坚持的精神。包尔生指出："全部道德文化的主要目的在于塑造和培养理性意志，使之成为全部行为的调节原则。"④ 角色道德

---

① 唐凯麟：《伦理学》，高等教育出版社 2001 年版，第 248—249 页。
② 田秀云：《角色伦理》，人民出版社 2014 年版，第 127 页。
③ 周辅成：《西方著名伦理学家评传》，上海人民出版社 1987 年版，第 361 页。
④ ［德］包尔生：《伦理学体系》，何怀宏等译，中国社会科学出版社 1988 年版，第 412 页。

意志是新闻工作者以扬善抑恶为目的的自主的活动，具有自主性、自决性。同时，在必要时又能够使新闻工作者进行自我约束，保持意志的自律性。正是这种意志自由的规定性，才使新闻工作者可以不受个体生命自然欲求的驱使而进行自我选择、自我判断、自我控制和自我实现，进而为新闻工作者角色道德自觉的生成与发展提供心理保障。新闻工作者的角色道德意志是建立在角色道德认识和角色道德情感的基础上，与两者紧密联系，相互渗透。角色道德意志是新闻工作者一种内心的无形的行动，是力求使世界发生某种变化的心理过程，其指向的是高尚的以扬善抑恶为目的的道德目标，并会动员自己的全部品德力量来实现这一道德目标，所以，新闻工作者的角色道德意志主要表现为从内到外、从无形的意识到有形的道德活动的发展过程之中。

新闻工作者的道德意志不仅具有明确的目标指向性，而且是新闻工作者克服困难一种内在动力。对新闻工作者进行角色道德培训，坚定新闻工作者的角色道德意志，能够使其把职业使命融入其职业理想之中，实现其扮演社会角色内在规定的活动价值和行为意识。作为新闻传播活动的主体，新闻工作者的角色道德意志是角色道德自觉生成与发展中的能动的要素，一个新闻工作者，如果在其新闻职业活动中没有坚强的角色道德意志，就不能正确地支配、调节、控制自己的道德动机、道德情感、道德观念和道德行为，无法了解新闻传播实践活动可能面临的恶劣环境及各种危险与诱惑，用正确的道德观念战胜错误的道德观念，自觉克服道德行为中的艰难困苦，练就过硬专业本领、政治素养、理论功底，养成不怕牺牲，敢于直面困难，能够抵制不良风气的角色道德品质，从而完成一定的道德行为，履行一定的道德义务，实现角色道德自觉。角色道德意志一旦形成，就会发挥道德调控和道德保障作用，使新闻工作者能够果断地做出道德抉择，变道德意识为道德自觉行为，促进角色道德人格品质的生成，最终提升角色道德自觉境界。

（四）坚守新闻工作者角色道德信念

角色道德信念是角色道德发展到一定阶段的产物，它是角色主体道德心理发展到成熟、自觉阶段的重要标志，是角色道德认知、角色道德情感和角色道德意志的升华，是角色道德自觉生成与发展的重要阶段。所谓角色道德信念，是指"角色主体在扮演社会角色的过程中，发自内心的对一定社会角色道德规范和角色伦理期待的真诚信仰"。① 新闻工作者角色道德信念是新闻工作者发自内心地对自己扮演的新闻传播者这一社会角色的道德义务所具有的坚定的信心和强烈的责任感。新闻工作者角色道德信念的形成是其角色道德行为、角色道德操守和道德人格形成的关键。新闻工作者一旦形成了角色道德信念，就会以此来指导角色道德实践活动，并在未来的道德实践中坚守这一信念，不断纠正和完善自身的角色道德行为。新闻工作者对于角色道德信念的坚守，一方面，有赖于外在的对于自身扮演的新闻传播者角色重要性和角色道德规范以及角色伦理期待内容的教育；另一方面，新闻工作者自身也要在道德品质、道德情感、道德意志等方面进行自觉的自我改造、自我陶冶、自我锻炼和自我培养，将特定的社会对新闻工作者角色的要求内化升华为角色道德信念，并自觉践行角色道德的良好品质。因此，在对新闻工作者道德教育过程中，要突出角色道德信念教育的核心地位，强调其主观情感体验，唤醒其道德主体性和自觉能动性，从而使外在的道德规范和伦理要求成功内化为个体道德自觉信念和道德需要。

（五）加强新闻工作者角色道德实践

马克思主义认为，一定社会生活条件下的实践活动是个体道德内化的基础。亚里士多德曾经说过："公正的人由于做了公正的事，节制的人由于做了节制的事，如果不去做这些事，谁也别想成为善良的人。"②"光有伟大的品质还不够，还需要好好地加以运用。"③ 从认识论的角度来说，人的认识是人所接触到的客观现实在人的头脑中形成一定反映，并通过个体的实践，为人所认知，从而形成一定的思想观念。"角色道德实践作为角色道德的重要范畴，主要是指角色主体在社会生活中围绕一定善恶而进行的、可以用善恶观念评价的角色活动和角色行为。"④一项调查研究表明，具有道德水平的记者的特征是：年龄较大、新闻工作经验较多、收入较高，这从实践层面也可以说明，新闻工作者角色道德品质必须经过角色道德实践，通过新闻工作者个体自身的体验，在实

---

① 田秀云：《角色伦理》，人民出版社 2014 年版，第 128 页。

② ［古希腊］亚里士多德：《尼各马可伦理学》，苗力田译，中国人民大学出版社 2003 年版，第 31 页。

③ ［法］拉罗什福科：《道德箴言录》，何怀宏译，新世界出版社 2008 年版，第 13 页。

④ 田秀云：《角色伦理》，人民出版社 2014 年版，第 133 页。

践中感悟，才能最终转化为其作为角色道德主体的属性，在新的传播实践活动中发挥新的价值。只有通过角色道德实践，一个新闻工作者才能确切地懂得自己所做的新闻报道在做什么，自己从事的新闻传播能够产生什么样的道德效应，对社会公众会有什么样的道德影响。一句话，正是通过角色道德实践，一个新闻人才能切实感受和体验到自身存在的社会价值，才能深入理性地自觉到自己是否具备人文精神、科学精神、自由精神，才有可能自觉地去实践这些精神。反之，就会成为一个无角色道德德性、品质的人，从而被行业、社会淘汰。角色道德实践使新闻工作者的道德观念、道德品质现实化，展现在新闻传播活动的每一个过程中，体现和凝结在每一个新闻报道、新闻作品中，为新闻工作者提供了直接进行自我角色认知、自我角色评价的根据和基础，也为社会公众提供了认识评价其社会角色的根据基础。

因此，新闻工作者角色道德素养的提高、道德人格的形成最终要通过角色道德实践来完成。人的德行主要是在合乎德行的实践中形成的，通过合德行的活动，一个人才能成长为具有德行的人。新闻工作者角色道德自觉的内化、检验和巩固是一个由外而内、由自然到心灵、由客观到主观、由现象到本质、由意识到行为的过程，新闻工作者只有积极地进行角色道德实践，才能自觉地将社会对于新闻传播者角色的道德要求转变并内化为自身的道德品质，把内部完善与外部完善、自身完善与他人、社会完善合为一体，并在实践中不断认识自己、完善自己、发展自己，进而达到理想的角色道德自觉境界。

二　健全新闻道德调控机制

调控就是调节和控制。调节是指从数量上或程度上调整，使适合要求；控制是指掌握分寸，不使事物动作任意活动或超出范围，或使事物动作处于自己的占有管理或影响之下。人，作为一种社会的存在物，必然要受到社会的制约，接受社会的调控，才能实现自身的社会化，从而遵守社会规范和行为模式，建立和维护社会秩序，实现社会的有序协调发展。道德调控是社会调控的一种特殊方式，是道德功能得以发挥的社会途径，是指"一定社会、阶级或群体，通过社会的力量，采取各种措施，使特定的道德原则和规范、道德价值观念和目标在大众层面上被接受并转化为人们的道德认识、情感、意志和信念，以适应社会、阶级或群体的价值目标的活动和过程"。道德调控通过协调个人同他人、同社会的利益关系，以"应当不应当"的方式评价人们的行为活动，把个体的言行举止导入一定的行为模式之中来表达一定社会、阶级或群体所认可、倡导的"应该怎样"的生活态度和行为方式，传递其对个体的价值期待和要求的信息。新闻道德调控，就是一定社会或特定群体，采取各种措施，使新闻道德原则和规范、新闻道德价值观念和目标能够被新闻从业人员所接受并转化为其道德认识、道德情感、道德意志和道德信念。新闻道德调控可以通过对于新闻道德价值选择和价值导向的提倡和宣示，对新闻工作者，这一角色个体的道德行为方式进行鼓励或贬抑、诱导或制止，从而促进新闻工作者对社会所认可的符合其角色道德原则规范要求和角色期待的行为模式的认同和尊奉。新闻道德调控对新闻工作者角色道德自觉的生成与发展至关重要，是新闻工作者角色道德自觉培育不可或缺的重要环节。通过新闻道德调控，新闻工作者可以接受符合自身社会角色的道德标准，认识自己应负的角色责任和道德义务，提升自身的道德修养，完善自身的道德人格。新闻道德调控的机制包括多个方面，本书主要从对于新闻工作者道德调控的具体社会操作方面进行论述。

（一）健全新闻行业监管机制

对于我国新闻传播界责任失范的批评，大多指出其原因在于没有一套行之有效的行业监管机制。新闻工作者作为一种社会监测者，社会赋予其新闻舆论监督权利，其本身作为执行者就是社会的监督者，在行使新闻舆论监督权利时也应受到社会的广泛监督，以促使其自觉担负起社会赋予其角色道德责任。建立健全新闻行业内部监督、制约机制，强调在新闻行业内部建立和完善对新闻舆论监督的监控体系并力求做到量化、细化，有助于新闻工作者认知自身的角色道德行为，从而发现和改善自身不足，更好地履行社会公众赋予新闻工作者的神圣使命。

为了约束新闻工作者在新闻传播活动中的各种不正常行为，防止其传播行为背离社会对其角色要求，建立必要的行业内部组织，评价、监督和处理新闻行业内部出现的一些问题，是世界各国新闻界普遍采用的一种新闻评价体系。比如，流行于西方一些国家的新闻评议会，就是一种评价新闻媒体及新闻工作者职业行为的专门性的组织，它通常由新闻行业机构组织行业内相关人员组成。新闻评议会担当许多职责，比如受理新闻工作者关于虚假新闻、失实新闻的投诉，进而评议相关新闻媒体或新闻工作者的新闻传播行为是否合理或恰当，形成一定的裁决意见或决议，要求并监督新闻工作者执行裁决意见。同时，新闻评议会还拥有一定的处罚权，可以对新闻工作者进行诸如警告、记过、罚款、开除其从业资格等处罚。同时，瑞典的新闻督查制度和新闻荣誉法庭也是一种行业监督和自律机制，这些制度革新了新闻行业风气，取得了较好的社会效果，并发展到世界上很多国家。比如挪威成立了报业仲裁委员会、英国成立了全国报业总评会、澳大利亚成立了媒介评议会、巴基斯坦成立了报业荣誉法庭、韩国成立了新闻伦理委员会、俄罗斯成立了信息仲裁法庭，因此，我国的新闻行业要借鉴世界各国在进行内部监管和自律的经验，根据我国新闻传播的实际情况，对新闻工作者进行监管，以最终塑造新闻工作者的角色道德品质。

为了塑造能够积极履行角色道德责任的新闻传播者，我们有必要联系中国当前的新闻媒体管理现状，借助中国记协目前的行业地位和分支机构设置等有利条件，完善新闻行业监督机制，通过专业组织来建设新闻工作者的自律意识和责任精神。在我国，新闻工作者的传播也受到各种社会集团的调控监管，如各民主党派，人民团体如各级工会、妇联、共青团组织，各种学术社团和研究组织，以及各企事业单位通过订阅、评议、撰文、评选、来信、表扬与批评等多种形式，从不同角度，对于新闻工作者的传播活动进行了软性的调控。2013 年 5 月，在中宣部和中国记协的支持和推动下，我国在山东、上海、湖北、河北和浙江五个省市试点建立了省、直辖市级新闻道德委员会，以国家相关新闻工作的法律法规以及新闻工作者职业道德准则为依据，将新闻行业自律与社会监督相结合，受理社会各界对新闻组织、新闻传播者道德责任失范行为的举报，对新闻工作者角色道德失范行为进行评议和查处，以加强新闻行业作风建设，建设具有良好角色道德品质的新闻工作者队伍。2014年，新闻道德委员会第二批试点范围扩大至北京、黑龙江、内蒙古等13 个省份以及中国产业报协会；新闻道德委员会试点范围扩大至 19个。先后两批试点的新闻道德委员会通过重点查处通报一批典型案件，对当地新闻媒体起到了极大的震慑作用，并在制度建设、社会监督、理论教育、风险预警、调查研究等方面做出了一系列探索，成为加强我国新闻队伍道德建设的重要举措，也开辟了复杂舆论环境下妥善处理新闻界突出问题的有效途径。

（1）新闻道德委员会的目标：依据国家有关新闻工作的法律法规和新闻工作者职业道德准则，规范职业行为，防范失德风险，推广典型经验，推动行风建设，建立完善内部管理与外部监督相结合、自律与他律相结合的工作机制，督促引导新闻工作者履行社会责任，自觉维护新闻行业的良好社会形象。

（2）新闻道德委员会的评议对象：国家有关行政部门依法批准设立的报纸出版单位、新闻性期刊出版单位、广播电视台、新闻网站、新闻电影制片厂等具有新闻采编业务的单位，以及上述新闻机构的新闻传播者。按照属地管理原则，中央、外省市驻地新闻媒体也纳入评议范围。

（3）新闻道德委员会的工作内容：新闻道德委员会一般由主任委员、副主任委员、秘书长和委员组成。任期一般为五年。新闻道德委员会的委员有 18—23 名不等，为确保发挥社会各界的监督作用，社会各界的委员人数高于新闻界人数两倍以上。比如上海的 23 名委员中，新闻界人数为 7 人，社会各界人士人数为 16 人。新闻道德委员会成立后，纷纷公布了各自的举报投诉电话、通信地址和网址、电子邮箱等联系方式，便于受众举报投诉。其工作内容包括以下六个方面："一是受理社会各界对行业不正之风、道德失范行为、新闻纠纷事件的投诉举报，进行调查核实，提出处理意见；二是进行调查研究，提供具有可行性、指导性的改进意见和建议；三是开展行风测评；四是总结和推广新闻媒体、新闻工作者弘扬职业道德的先进经验和优秀典型，开展教育培训；五是开展理论研讨；六是开展合作交流"。①

新闻道德委员处理举报投诉的主要程序如下：①通过举报中心进行直接调查，形成处理建议；②召开道德委员会全体会议进行评议并形成处理意见；③分送有关地方和单位核查，要求反馈落实情况。

（4）新闻道德委员会的裁决：道德委根据违反新闻职业道德行为的情节提请省委宣传部、省政府相关部门或省记协进行如下处理：①责成有关新闻机构或新闻从业人员提交整改的具体措施；②对相关新闻机构的负责人或新闻从业人员进行诚勉谈话；③责成有关新闻机构或新闻

---

① 新华每日电讯：《秉持新闻道德坚守媒体责任》，新华网，http：//news. xinhua-net. com/mrdx，2013 年 5 月 31 日。

从业人员及时更正、向社会或有关当事人公开道歉；④在全行业进行通报；⑤对有关新闻机构或新闻从业人员进行曝光并予以公开谴责；⑥对新闻机构及新闻从业人员违反新闻职业道德的不良行为记录在案；⑦向新闻宣传管理部门、新闻机构主管主办单位或新闻行业组织以及纪检监察机关提出处理建议；⑧对涉嫌犯罪的向司法机关进行检举。新闻道德委员会的试点成立反映了新闻行业建立监督和自律机制的决心和行动，如果运用得当，这一举措将能够建立健全新闻行业对于新闻工作者的监管机制，实现对新闻工作者角色扮演的有效监督和舆论引导，从而为新闻工作者角色道德自觉的培育创造良好的外部环境。

2016 年 1 月 14 日，新华社播发综述《加强自律引领行风，推动新闻业健康发展——新闻道德委员会工作取得积极成效》，对自 2013 年以来新闻道德委员会工作做出了积极评价。强调"新闻道德委员会建设，是新形势下加强新闻队伍建设的创新之举，是依法管理、行政管理、行业自律和社会监督四管齐下、综合治理的新平台。……自成立以来，以整治新闻敲诈和假新闻为重点，做好核实举报、新闻评议和案例通报工作，有效遏制了新闻敲诈、虚假新闻等不正之风，取得了良好效果。……新闻道德委员会成立后，像一张覆盖全国的社会监督网，有效遏制了新闻敲诈、虚假新闻和有偿新闻等不良之风，整饬新闻界种种乱象，解决新闻道德领域突出问题，积极引导从业人员勇担社会责任、树立良好社会形象，从而促进传媒业的健康有序发展"。①

（二）完善受众的道德评价监督机制

道德评价是一定社会、阶级或群体的道德准则、价值观念的载体，也是其权威性的维护者和捍卫者，"所谓道德评价，是指生活于各种现实社会关系的人们，直接依据一定社会、阶级或群体的道德准则，通过社会舆论、风俗习惯或个人内心活动等方式，对他人或自己的行为、品质或可感知的意向所作出的善恶、正邪的价值判断和褒贬态度"。② 道德评价分为两个方面：一是外在的力量对于道德行为主体的道德评价，即社会的道德评价；二是道德行为主体自我的道德评价。新闻工作者的

---

① 姜潇：《加强自律引领行风，推动新闻业健康发展——新闻道德委员会工作取得积极成效》，新华网，http：//news. xinhuanet. com/politics，2016 年 1 月 14 日。

② 唐凯麟：《伦理学》，高等教育出版社 2001 年版，第 213 页。

自我道德评价可以通过慎独、自省等方式进行，在此，本书重点探讨从外在的力量对新闻工作者的角色道德行为进行道德评价，即社会的道德评价。"新闻道德评价，就是道德评价主体运用道德评价标准，评判新闻活动者新闻行为道德价值的性质和道德价值的大小，并在这种评价判断中说明新闻行为和行为者的新闻道德性质及其新闻道德水平的高低、新闻品性的有无。"① 新闻道德评价既评价新闻工作者的新闻传播行为，又评价新闻工作者的品质。

由于新闻工作者的道德目标和道德理想是传播新闻信息、维护社会公众利益，所以，对于新闻工作者的道德评价应该从新闻工作者的道德行为是否符合社会对于新闻工作者的角色期待，是否符合新闻道德原则规范等方面进行。其评价主体应该是接受新闻信息的社会公众，即受众。他们作为新闻信息的接收者、新闻产品的消费者，是最具道德"权威性"的评价监督主体。因此，受众对于新闻工作者的道德评价应该成为根本性的评价和终极性的评价。受众的监督评价能够发现新闻工作者在具体的新闻传播行为中存在的各种道德问题，为其提供了发现自身道德不足的机会和方法，从而为其提供了道德改善和提高的可能，能够使新闻工作者明白什么样的行为才是道德的、应该的，实现其对新闻传播活动的道德性反思与自省，使其遵守自身角色道德规范的要求。在新闻实践向度上，受众的监督评价是更新新闻工作者角色道德观念、完善其角色道德规范、塑造其角色道德人格，从而实现角色道德自觉的重要途径，也是促进一定社会新闻行业健康发展的有效方法。

受众对于新闻工作者的监督评价，主要通过舆论方式来实现。人们往往针对一些比较典型的新闻行为（包括作为和不作为以及如何作为）发表意见、展开评论或者辩论，以一般的社会公共道德标准为依据，通过社会舆论的方式对新闻工作者的报道行为赋予道德荣誉或进行道德谴责。在受众评价监督过程中，形成评价意见、评价结论的方式，有着复杂的机制，既不是纯粹理性的，认识主义的，也不是纯粹非理性的，情感主义、意志主义的，而是知、情、意的统一。按照受众的心理构成方式来说，主要分为三种形式。

一是道德认知评价。即受众对新闻工作者传播行为道德价值的认知

---

① 杨保军：《新闻理论教程》，中国人民大学出版社 2010 年版，第 253 页。

性评价。一个新闻行为到底造成了怎样的道德效应，是一种事实性的存在或结果，是可认知的，即行为主体的行为到底是高尚的还是卑鄙的，是善的还是恶的，都有一定的事实性表现，受众可以据此对新闻工作者的新闻行为进行考察分析，对新闻行为的道德效应、道德结果进行认知判断。

二是道德情感评价。人是有道德情感的动物。道德情感就是对自己或他人的言论、行为、思想、意图是否符合自己的道德需要而产生的情感体验。当人们看到一些道德行为时，便会产生激动、钦佩、羡慕之情，可以用一种语气（如感叹、惊讶等）、语音语调、手势甚至表情的变化来表达自己对某种表现的道德评价、态度、倾向等，这都属于道德情感的表达，是对道德行为的情感性评价。因此，受众对于新闻工作者的符合社会道德需要的新闻行为进行道德情感评价。同样，也可以对不符合社会道德需要的行为进行负面的道德情感评价，如对于某些行为的愤怒、憎恨、心怀不满等。

三是道德意志评价。受众面对某种新闻传播行为，会有或强或弱的道德意志反应，表现出不同的行为倾向或意向。当人们看到好的道德行为，就想去模仿、生出学习效仿之心，这实质上是对这些行为的肯定性的道德意志评价。同样，意志性的道德评价也有否定性的评价，当人们看到一些新闻工作者的丑恶行为时，会有这样的道德意志反应，即"我"绝不能效仿这样的行为。

（三）建立新闻工作的奖惩机制

在社会现实生活中，奖善惩恶是一个普遍流行的概念。所谓奖惩，就是社会组织根据其价值标准对其成员履行社会义务的不同表现及其行为后果，以物化、量化的形式所施行的报偿，包括对行为优良者的物质或精神的奖励，对行为不良者给予物质或精神的制裁。奖惩作为一种特殊形式的价值选择和价值导向，蕴含着道德的权威和榜样的力量、社会舆论导向的明确、道德风俗的纯正，内含着一定的道德价值选择和价值取向的提倡和宣示，并因此形成一定的扬善抑恶的道德氛围，发挥着重要的道德调控作用。同时，对于新闻工作者自身而言，奖惩能够使其获得相应的道德经验，有助于其自控精神的形成，减少其角色道德失范行为；有助于其角色道德信念、角色道德良心的确立，推动新闻工作者在道德上实现从"他律"向"自律"的转化，促进其角色道德人格的形成，实现其角色道德自觉。建立有效的新闻工作的奖惩机制，能够使角色道德失范的新闻工作者承担一定的失范成本，是激发其自觉遵守角色道德规范，进而形成角色道德自觉的必要手段。长久以来，我国政府和社会对新闻界的道德失范行为控制乏力，在很大程度上取决于社会对新闻道德失范行为的处罚不力，具体而言，可以采取以下三种形式。

1. 对新闻工作者的物质利益奖惩

这是奖惩机制中最普遍有效和最常用的方式，直接表现为新闻工作者个体经济利益的得失，对新闻工作者有较大的外在调控作用。对那些忠于职守的新闻工作者给予物质奖励，能够推动其形成相应的角色道德观念和角色道德品质，养成其履行角色道德责任的美德。所以，在新闻行业内部，应该坚持按劳分配、多劳多得、奖善惩恶的分配和奖惩原则，改进和完善物质利益分配机制，建立物质利益奖罚制度，并将这一制度应用于新闻工作者角色道德行为的评价中，以保证新闻工作者在新闻传播活动中能够积极践行角色道德要求，履行好角色道德责任。

2. 对新闻工作者的行政性奖惩

这是把角色道德要求同行政措施相联系，在职务的升降、职称的任免、社会荣誉分配等方面加进道德考核的标准，提高道德对个人的激励，使"守德者受益、缺德者受损"的一种调控方法。新闻行业也应该坚持"德才兼备"的新闻工作人才选拔机制，将那些思想坚定、道德高尚、能力突出的人任用到新闻工作的各个领域，以引导新闻工作者自觉地进行自我道德调控，实现社会赋予新闻行业的责任和要求。

3. 对新闻工作者的舆论奖惩

舆论奖惩是社会对于新闻工作者的行为作出的喜爱或憎恶、认同或排斥、赞扬或指责的反映与态度。这种形式是一种无形的调节器，对新闻工作者的道德行为产生了巨大的影响。人作为社会中的一分子，总希望得到社会的认同；如果受到社会舆论的谴责和排斥，会产生深刻的孤独感和失落感，如果受到社会的赞扬，就会实现归属感的满足，在思想和行为上受到鼓舞和推动。当前，在新闻行业中已经有如"中国新闻奖""韬奋新闻奖""范长江新闻奖""全国百佳新闻工作者"在内的多种奖项，还应该加强在新闻工作各个领域的舆论奖惩建设，不仅要奖，还要惩，如"十大假新闻"的评选等。要在新闻工作的各个领域、各个环节建立起奖惩机制，如在新闻科技领域建立的"王选新闻科学技术奖"，就是为了表彰推动新闻科学技术进步的新闻科技工作者的积极性和创造性而设立的奖项。对新闻工作者进行舆论奖惩，能够有效地表达组织或群体对新闻工作者角色道德品质和角色道德人格的肯定或否定的态度，使新闻工作者在心理上产生强烈的震撼，促进其角色道德行为的发生和发展，抑制各种不道德的行为的发生和蔓延，使角色道德意识和信念内化于新闻工作者的内心。

三 完善新闻法规与职业道德保障体系

（一）制定专门的《新闻法》

在现代社会，法治是文明的重要标志之一，依法治国的法治思想和民主的法律制度已成为现代化国家的首要选择。社会道德与国家法律在主体和价值取向等方面开始趋向一致，日益发展的社会需要也符合法律的道德支撑，法律也因此被认为是道德的源泉与根本。习近平总书记强调，全面推进依法治国总目标是建设中国特色社会主义法治体系、建设社会主义法治国家。法律是治国之重器，良法是善治的前提。中国特色社会主义法治体系是一个内容丰富的有机整体，是我国法治建设的"纲"，是国家治理体系的骨干工程。加快建设中国特色社会主义法治体系，就要加快形成完备的法律规范体系、高效的法治实施体系、严密的法治监督体系、有力的法治保障体系。

综观当今世界不同国家和地区，由于各自的历史背景、政治制度、法律文化和发展道路不同，法治模式和法律体系也各不相同。对于新闻行业，要学习和借鉴世界上优秀的法治文明成果，立足中国国情，从实际出发，既不能罔顾国情、超越阶段，也不能因循守旧、墨守成规，要认真鉴别、合理吸收，建设新闻行业的法治体系。

按照宪法和法律的精神、规范以及法治精神从事新闻职业活动，是对新闻工作者的必然要求。新闻工作者因其特有的社会公共服务者的角色，使其新闻行为的守法性更加重要，具有了比较广泛的社会示范效应和作用。因此，新闻工作者是否具备法律意识、守法意识，直接影响着其是否能够开展好新闻传播活动。新闻工作者选择的新闻事实，确定的报道内容，采取的传播方式都必须合乎法律精神和法律规范的要求。在现实的新闻传播活动中，新闻工作者不只是根据新闻传播规律做出内容的选择，还要根据传播环境的具体情况，如一定社会的法律规范、道德规范、政策规定、纪律约束等进行选择，这些决定着新闻传播媒介的根本制度和新闻传播的价值取向，影响着新闻工作者的行业规范、职业理念和传播方式。维护新闻传播秩序，实现新闻工作者的角色道德自觉，需要社会建立起一系列的制度规范，法律规范便是其中重要的一种。

《中国人民政治协商会议共同纲领》第四十九条规定："保护报道真实新闻的自由。禁止利用新闻进行诽谤，破坏国家人民的利益和煽动世界战争。"这个具有临时宪法性质的规定，是社会主义中国对新闻工作的第一次立法保护。随后的各个宪法都有类似规定，《中华人民共和国宪法》第三十五条规定："中华人民共和国公民有言论、出版、集会、结社、游行、示威的自由。"第二十二条规定，公民可以从事"文学艺术事业、新闻广播电视事业、出版发行事业、图书馆博物馆文化馆和其他文化事业"，这些法律规定都体现了对作为公民的新闻工作者权利的界定。《香港特别行政区基本法》第二十七条、《澳门特别行政区基本法》第二十七条，分别有"香港居民享有言论、新闻、出版的自由"，"澳门居民享有言论、新闻、出版的自由"。新版《马克思恩格斯全集》第一卷，将过去使用"出版自由"的地方，根据当时德国新闻出版的实际情况和德语语意，已一律改为"新闻出版自由"。在中国，对于公民依法享有的言论、出版、新闻自由，《中华人民共和国民法》、《中华人民共和国刑法》及《出版管理条例》《广播电视管理条例》《电子出版物管理规定》等行政法规，有明确的规定。以《出版管理条例》为例，《出版管理条例》第一条规定："为了加强对出版活动的管理，发展和繁荣有中国特色社会主义出版产业和出版事业，保障公民依法行使出版自由的权利，促进社会主义精神文明和物质文明建设，根据宪法，制定本条例。"第五条规定："公民依法行使出版自由的权利，各级人民政府应当予以保障。公民在行使出版自由的权利的时候，必须遵守宪法和法律，不得反对宪法确定的基本原则，不得损害国家的、社会的、集体的利益和其他公民的合法的自由和权利。"第二十三条规定："公民可以依照本条例规定，在出版物上自由表达自己对国家事务、经济和文化事业、社会事务的见解和意愿，自由发表自己从事科学研究、文学艺术创作和其他文化活动的成果。"第五十四条规定："国家制定有关政策，保障、促进出版产业和出版事业的发展与繁荣。"这些法律文件和有关规定，明确规定了法律对于公民表达权的保护，同时，也是对新闻工作者新闻采访权和新闻舆论监督权的保障。

目前，我国尚无新闻法、出版法、广播电视法、新闻记者法等新闻传播活动的专门法律，也没有隐私权法、反诽谤法等保护公民权利的专项法律，因此，从法理上说，也还没有新闻工作者的职业权利和职业义务的法律，新闻界对《新闻法》尽快出台的呼声很高。新闻工作者的职业行为，是依据宪法及有关法律、新闻出版行政机构颁布的行政法规进行调节的，这对于我们这样一个以成文法为特征、以法治为目标的国家，显然是一大缺陷，党的十八届四中全会提出了全面推进依法治国，建设中国特色社会主义法治体系，建设社会主义法治国家的目标，因此，我们要在未来的发展中，建设完备的以维护公民及新闻工作者的新闻传播权利及防止和惩罚滥用新闻传播权利为宗旨，维权和调控并举的新闻传播行为法律体系，这是一件十分重要而艰巨的任务。

为此，《新闻法》的制定和出台，可以说，一个健全的法制体系既能够赋予和保障新闻工作者的权力，也能够规定其责任和义务。一方面，能够调动新闻工作者积极性，发挥其在社会生活中的积极作用和正面影响，对新闻工作者的合法行为予以支持、鼓励，保障新闻工作者的各项权益，保障其行使舆论监督权利。另一方面，规范和治理新闻行业的乱象，维护新闻传播的正常秩序，对消极的、违背新闻工作者角色道德规范的新闻传播行为及时发现，及时纠正，使新闻工作者履行对社会承担的新闻传播责任，扮演好社会赋予其特殊的角色。

（二）完善新闻职业道德的制度化建设

新闻工作是社会诸多行业中的一种，因而也与其他行业一样，有特定的职业道德规范，从事新闻传播活动的新闻工作者在其特定的新闻传播实践中，就要形成符合其职业要求的社会责任与义务的道德观念、行为规范和道德品质，即遵循新闻职业道德。作为新闻传播活动的一套行为规范体系的新闻职业道德，不仅对新闻职业的健康发展和整个社会的伦理秩序的建构起着重要的保障作用，同时，对于从事新闻传播实践活动的新闻工作者也有极其重要的调节和规范作用。因此，完善新闻职业道德制度建设，能够使新闻工作者了解、认知、掌握新闻职业的角色道德的原则、规范与要求，并将其转化为内在的职业角色道德信念、品质与情操，自觉履行新闻传播的新闻职业的角色道德责任、义务，使自己的职业行为符合新闻职业的道德要求。

1. 建构新闻职业的道德规范体系

道德规范现象，在人类社会中非常广泛。人们在社会中的一切行为，都遵循或贯穿着某种道德行为规范或准则。"道德是由道德理念与道德规范（或实在道德）两部分构成的，道德理念是道德的形而上的价值反思，道德规范则是实在的规范要求。"① 因此，要以社会生活中各种不同的道德行为准则的地位和作用及其相互关系为基础，从历史的道德发展过程以及现实的道德生活的实际出发，总结概括道德规范体系的结构模式。在社会的总的道德规范体系中，往往包含许多条道德规范，道德原则是其中最根本的道德规范，居于该道德规范体系的核心地位，对其他道德规范起着决定作用，是该道德规范体系与其他不同的道德规范体系相区别的最根本和最显著的标志。在新闻职业活动中，也需要建立起相应的道德规范体系，以指导新闻工作者的新闻传播实践，保证新闻传播活动的有序进行。"所谓新闻职业道德，就是新闻传播（大众传播）业的行业道德。新闻从业人员或者大众传媒本身，遵循一般的社会公德（新闻职业道德与一般的社会公德联系较为紧密）和本行业的标准，对其职业行为进行理性的自我约束和自我管理。"② 在新闻业的发展历程中，由于社会性质不同、历史发展阶段不同，新闻职业道德规范体系也有着不同的内容，但在核心原则和规范上是一致的。在资本主义社会，新闻行业的基本道德原则经历了新闻自由、社会责任等，从强调新闻真实性、客观性、独立性、竞争性等职业道德规范，又融入了新闻的责任性、正当性、公平性等新的职业道德规范。在社会主义社会，社会主义新闻职业道德规范体系的基本原则是全心全意为人民服务，其他新闻职业道德规范均是从这一原则派生出来的，环绕着这一基本原则的基本规范是：坚持正确舆论导向，维护新闻真实性，维护社会公平正义，遵守宪法法律，保持清正廉洁的作风，发扬团结协作精神，等等。随着社会的发展，新闻工作的国际国内环境都在发生着巨大的变化，而科技的发展也使传播环境发生着天翻地覆的变化，这些都要求新闻职业的道德规范体系也要随着这些发展和变化而与时俱进，要根据最新情况，不断调整、修正、变革旧的规则、规范，以适应新的需求，从

---

① 高兆明：《伦理学理论与方法》，人民出版社 2005 年版，第 98 页。
② 陈力丹：《新闻理论十讲》，复旦大学出版社 2008 年版，第 237 页。

而把新闻工作者的职业活动约束、限定在有益于社会良性运行的范围之内，使新闻传播成为"好的""善的"活动，有利于社会公共利益的活动。

2. 完善新闻职业的道德评价体系

道德评价，"是指生活于各种现实社会关系的人们，直接依据一定社会、阶级或群体的道德准则，通过社会舆论、风俗习惯或个人内心活动等方式，对他人或自己的行为、品质或可感知的意向所做出的善恶、正邪的价值判断和褒贬态度"。① 新闻职业道德评价是指社会或公众对某一时期或某一阶段的新闻媒介及新闻工作者职业道德的状况进行善恶评价。表扬或奖励符合新闻职业道德原则与规范的行为；即道德上善的行为，谴责或惩罚违背新闻职业道德原则与规范的行为，即道德上恶的行为，以期通过连续不断的职业道德评价，不断提醒、督促新闻工作者注意自身的职业道德品质的培育和提高，使广大新闻工作者明辨是非，认清哪些属于违反职业道德的行为，它将给新闻工作及整个社会造成怎样严重的危害，从而在今后的新闻传播实践中加以抵制，认清哪些属于符合职业道德的行为，给全体新闻工作者以榜样示范的作用，营造良好的职业道德氛围。新闻职业道德评价能够体现社会与公众对新闻媒介及新闻工作者职业道德行为的认知、评价和监督，也能够体现新闻行业对于自己职业道德行为的行业自查、自审与自律。

新闻职业道德评价，不是一种任意的个人评价，而是要对新闻职业道德行为作出科学有效的评价，应当坚持相应的客观标准。道德评价，一般是以善、恶两个概念来表达的，凡是符合一定社会或阶级、集团道德标准的行为，在这个社会、阶级、集团看来，就是善；反之就是恶。新闻职业道德评价也是如此，也是以善恶观念来表达的。新闻职业道德规范体系的价值追求及其道德理想，往往凝结在一定的新闻道德评价标准之中。新闻道德评价标准，就是用来衡量评判新闻工作者职业行为的道德性，评判新闻工作者是否具备道德品性的尺度。建构适合特定时代特定社会需求的、相对统一的新闻职业道德评价标准，是相关新闻理论研究中的难题。罗尔斯曾经写道："如果人们失去了伦理学中的普遍指针，那么对于人们为什么宁愿采取这个行为而不愿意选择那个行为，就

---

① 唐凯麟：《伦理学》，高等教育出版社 2001 年版，第 213 页。

永远提不出任何道德的理由。这种情况往往使我们无法解决道德争端，从而导致了对于解决道德上二律背反的道德思考能力的普遍不重视。我们也已经证明了：判断一个具体行为是错误的，事实上暗含着诉诸某一普遍的原则。如果某个行为确实是错的，那么在相同的情况下，所有与此相同的行为必然都是错的。"① 因此，特定社会特定时代的新闻职业道德规范体系就可以成为新闻职业道德评价的直接标准，其基本道德原则和道德规范，能够体现广大人民群众的根本利益和愿望，有效地指导新闻工作者的新闻道德实践，是评价新闻媒介及新闻工作者职业道德行为是善还是恶的客观标准。总体而言，新闻职业道德评价的标准，要把握"全心全意为人民服务"这一宏观的、总体性的道德原则，同时还要依据具体化、可操作化的新闻道德规范标准进行，如能否满足社会公众正当的新闻信息需求，实现和维护好广大社会公众的利益等。

新闻职业道德评价主要是以职业的新闻工作者在新闻传播中的道德行为为对象的，而任何新闻道德行为都包含动机和效果两个方面的因素，在可感知、可评价的客观行为背后，隐藏着某种主观愿望和意向。因此，新闻职业道德评价需要采用合理的方式来进行。从评价主体来看，一般分为两方面：一是新闻工作者自我道德评价。即新闻工作者按照一定的道德标准，对自己的道德行为、品质和行为意向所作出的善恶价值判断和自我的褒贬态度。其实质是用已经内化并认可的新闻职业道德标准进行评价，这一过程就是一个自我道德反思辩论从而走向自我道德自觉的过程，是一个凭借新闻工作者职业道德良心反思的过程，通过良心的自我评价，构成了自我道德发现、道德建构的过程。二是他者评价。即自我之外的其他主体评价。他者评价通过塑造和损毁名誉的方式或手段进行，或褒或贬，或进行道德赞扬，或进行道德谴责。社会公众主要通过社会舆论方式对新闻工作者具体的道德行为发表意见，赋予其道德荣誉或谴责，以强大的民主力量、民间力量对新闻道德行为进行监督，以实现对新闻工作者的职业道德评价。但是，在网络时代，我们也要辩证地看待这种社会公众的舆论评价，由于网络传播的特点，人们可以肆意发表自己的观点，对新闻工作者的道德行为进行评论、分析，其

---

① ［美］约翰·罗尔斯：《正义论》，何怀宏、何包钢、廖申白译，中国社会科学出版社1988年版，第356页。

中也夹杂着非理性的喧嚣和发泄、谩骂和攻击，偶尔甚至会出现"网络暴力"现象，需要有关部门加强对互联网舆论平台的监管。

3. 强化新闻职业道德教育制度

新闻职业道德不是抽象的、概念化的，而是需要落实、体现在新闻工作者的心灵中、行为中。新闻道德的实现，首先依赖于拥有新闻道德的人，而一个人能够拥有新闻道德，依赖于教育、依赖于实践、依赖于新闻传播的环境。由于新闻行业对社会发展特有的影响力，对其从业者即新闻工作者的职业精神要求较高，培育忠于职守、忠于人民、忠于公共利益的拥有新闻道德的专业人才，是必要而且必需的。教育的根本是育人，新闻职业道德教育更是关系到培养什么样的新闻工作者，关系到新闻教育改革的方向。2014 年 5 月，习近平总书记在北京大学同青年师生座谈，提出："办好中国的世界一流大学，必须有中国特色。没有特色，跟在他人后面亦步亦趋，依样画葫芦，是不可能办成功的。这里可以套用一句话，越是民族的越是世界的。世界上不会有第二个哈佛大学、牛津大学、斯坦福大学、麻省理工学院、剑桥大学，但会有第一个北京大学、清华大学、浙江大学、复旦大学等中国著名学府。我们要认真吸收世界上先进的办学治学经验，更要遵循教育规律，扎根中国大地办大学。"这段话体现了党和国家对教育的主张，提出我们应该借鉴学习他国的教育经验，为中华民族的伟大复兴培养人才。对于新闻职业道德教育来说，人才培养目标则要和当下中国新闻行业的发展与新闻舆论工作的需要相一致。从教育角度而言，可从以下四条途径开展新闻职业道德教育。

（1）学院式专业教育。学院式的新闻专业教育是新闻工作者职业道德形成的基础，能够培养未来从事新闻传播事业的学生树立新闻传播的基本价值理念、职业伦理和职业道德。美国的一位新闻教育者说过："新闻传播教育的最终使命是培养社会责任感。人们希望我们不仅教会学生做记者的技能而且要让他们明白他们的工作对社会有什么样的影响。"[①] 因此，培养新闻专业学生具有社会责任感，遵守新闻伦理，正确认知自己为了将从事的新闻传播事业肩负的使命和对社会的贡献，树

---

① 钟新、周树华主编：《传媒镜鉴——国外权威解读新闻传播教育》，中国传媒大学出版社 2006 年版，第 19 页。

立崇高的责任感和职业自豪感，是新闻专业教育的培育目标。在当前的中国新闻教育体系中，还存在重新闻专业技能、忽视新闻职业道德教育的问题。在专业课程设置中，《新闻职业道德》或《新闻伦理学》在本科阶段只占很少的课时，有的院校甚至没有，重视程度较轻。同时，从事新闻职业教育的专职教师也较少，而且其构成人员也多为学者型人才，缺乏新闻实践经验，因此，在未来的学院式专业教育中，既要重视新闻职业道德方面的专业课程的设置，还要加强师资队伍建设，以真正培养出具备新闻理想、具有新闻职业责任感的新闻人才。

（2）优秀新闻工作者的楷模教育。新闻专业教育的目标主要是在未来的新闻工作者头脑中确立基本的新闻价值和新闻理想，属于告知应然的教育，但要真正地把这种价值追求和理想融入具体的新闻道德实践中，让其观察并学习新闻行业中的模范典型，了解现实中的新闻工作者实际的做法，即实然状态是一种更有效的办法，传播效果更明显，正所谓事实胜于雄辩，实践出真知。"道德样品所行使的道德功能，并不逊色于冗长的说教和浩繁的经典。"[1]

在现实社会中，每一行业都有自身追溯和推崇前贤的传统，因此，发挥优秀新闻工作者的楷模作用，宣传其模范事迹并激励教育新的道德主体，让他们效仿传承这种职业精神，对于新闻工作者形成良好的职业道德品质具有重要意义。现实的新闻行业中，有一种"师徒模式"，即老带新的传统，新入职的工作者往往跟随那些工作时间较长、有经验的新闻工作者，笔者在与新闻专业学生交流的过程中发现，他们在新闻单位实习期间跟随的记者或编辑，对其职业态度、职业理想的影响力非常大，由此也可以看出，这种模式是进行新闻职业教育、培养的一种有效模式，但是，在具体的执行过程中，又需要依据不同情况、不同媒体区别对待。需要注意到如何选择优秀的新闻工作者担任教育者的角色，如何对其教育效果进行总结评价，如何将其制度化，形成稳定的激励机制。只有这样，才能真正地让未来的新闻工作者继承传播发扬优秀新闻工作者的职业精神和职业品质的目的。

（3）新闻行业的培训教育。在新闻行业的发展过程中，由于多方面原因，进入新闻行业的门槛较低，新闻工作者队伍良莠不齐，缺乏新

---

[1]　程烁：《伦理学导论》，北京大学出版社 2008 年版，第 44 页。

闻专业技能以及新闻职业道德观念者较多，当这些人加入新闻工作者队伍中，在整体上降低了这支队伍的职业水平和专业水平，影响了新闻传播社会功能的正常发挥。因此，进行行业内的培训教育是解决这一问题的关键。随着社会的发展变化，新闻行业也在发展变化，从客观上要求新闻工作者必须与时俱进，适应时代要求，行业内部、新闻媒介内部以组织化的方式不断进行新闻教育培训，有利于新闻工作者队伍跟上时代的步伐，保证新闻人才的可持续发展。

（4）自我终身教育。对于已经进入知识社会的人类来说，任何一种职业所需的专业教育都不可能是一次性的，而是一个需要多种方式进行持续不断的专业教育的过程。新闻职业这个总是与世界最新变动状态、最新事物打交道的职业，对社会责任感有很高要求的职业更不能例外，这就要求新闻工作者要具备终身教育的理念。在新闻工作者角色培养和塑造的过程中，新闻精神的形成、新闻品格的养成，可以通过新闻传播实践得以实现，但是，更需要新闻工作者自身在实践中通过各种途径、各种方式，自觉地、长期地在新闻传播实践中有意识地进行培养和塑造。因此，在笔者看来，一个新闻工作者能否确立自我教育、自我学习的观念，能够真正将这一观念坚持并贯彻到自我的新闻实践中，是其能否成为优秀的新闻工作者的内因，也是塑造其角色道德自觉的关键因素。

四 营造新闻工作者角色道德文化氛围

文化是一个社会健康、有序、和谐和可持续发展的精神灵魂。新闻行业是以新闻信息传播为工作内容的一项职业，其本身就是社会文化的一个重要组成部分。新闻传播活动，作为人类的一种活动，本质上主要是一种认识活动、精神活动，新闻行业不只是器物层面的、制度层面的文化存在，更是一种观念层面的文化存在，是这个社会文化系统中的一个子系统。道德文化是现代社会文化中的重要组成部分，在文化的整体氛围中成长，并以特有的方式存储在人们的风俗习惯、社会规范之中，并且潜移默化地进入人的精神世界，影响人的思维方式和处世态度，其本质是一种向善和应然的价值文化。

道德文化作为文化的重要组成部分，文化自觉必然要求道德文化走向自觉。所谓道德文化自觉是人们在理性认知和全面把握自身道德文化基础上的一种觉悟和觉醒，并在此基础上主动地担当起自身道德文化生存与发展的责任和使命。在社会发展进程中，社会成员有什么样的道德行为，往往受到当时社会道德文化背景或当时道德文化环境的制约和影响。社会成员所处的社会道德文化背景不同，他们的道德行为也会随之出现诸多差异，社会道德文化自觉的水平直接影响个体道德自觉行为习惯。因此，创建新闻工作者角色道德自觉文化氛围，能够依靠社会赋予新闻工作者社会角色的道德文化的熏陶、教化、激励的作用，发挥角色道德文化的凝聚、润滑、整合作用，通过有说服力的、贴近其内心的方式，将真诚、正义、公正等文化因子潜移默化地植入新闻工作者的心田，实现新闻工作者的道德文化自觉，从而实现其角色道德自觉。

（一）弘扬新闻道德文化，涵育新闻工作者角色道德自觉

人是社会的主体，人在社会中遵守什么样的道德原则和道德规范以及如何遵守，往往要受到当时社会文化环境尤其是道德文化环境的影响和制约。在世界文化多元化的格局下，我党提出了要培养文化自觉和文化自信，要求每一位社会成员都要对自己的国家和民族的文化自觉认知，主动担当起文化生存发展的责任。道德文化是社会文化的重要组成部分，道德文化自觉能够促进社会文化自觉，而文化自觉也必然要求道德文化走向自觉。马克思主义认为，人的存在具有历史性，人在成长与发展过程中，总要接受和秉承一定社会的道德文化，其中包括传统道德习惯、道德规范及行为准则等。新闻传播活动是客观存在的一种文化现象，新闻文化是人类通过新闻媒介，在影响社会行为的新闻信息传播活动中所创造的精神财富的总和。"新闻文化是作为群体或类的人在新闻活动中创造的，表现为器物（物质层次）、制度（心物结合）、观念（心理层次）的复合体。"[①] 在新闻文化系统中，新闻道德文化是新闻文化中的重要组成部分，是在新闻传播的历史发展过程中创造并形成的新闻道德观念、伦理思想的综合体。它具体体现在新闻工作者的行为方式、道德习惯、心理特征、价值观念上，内化、积淀、渗透于新闻工作者的心灵深处，是新闻文化心理结构的重要组成部分，是新闻文化的核心，也是新闻文化的主要载体。

新闻道德文化是新闻工作者角色道德自觉生成与发展的社会道德文化环境，它是构成新闻工作者角色道德自觉生成与发展的重要文化条件。从动态意义上讲，新闻工作者角色道德自觉的生成与发展实际上就

---

① 刘智：《新闻文化学》，新华出版社2001年版，第14页。

是新闻工作者角色道德社会化的过程。所谓道德社会化，"就是使人们按照道德标准来支配自己的行为。在社会中为了维护人们的共同利益，协调彼此的关系，便产生了调节人们行为的标准，个人若遵守这些道德标准，会受到舆论的赞许并感到心安理得，否则，就会受到舆论的谴责并感到内疚。个人的行为能够根据社会道德标准来进行，那就实现了道德社会化"。① 道德社会化实际上是个体接受道德文化的熏陶和影响的过程，是人们道德自觉水平不断提升的过程。弘扬新闻道德文化，能够使新闻工作者自觉按照社会赋予其角色道德标准支配和调整自己的行为，使其在角色道德实践中明辨是非、扬善抑恶，从而升华自身的角色道德人格品质和角色道德境界，在思想和行为上逐步走向角色道德自觉。

（二）强化新闻价值观建设，引领新闻工作者角色道德自觉

价值观是基于人的一定的思维感官之上而做出的认知、理解、判断或抉择，也就是人认定事物、判定是非的一种思维或取向，从而体现出人、事、物一定的价值或作用。价值观对人们自身行为的定向和调节起着非常重要的作用。价值观决定人的自我认识，它直接影响和决定一个人的理想、信念、生活目标和追求方向的性质。在社会中，每一个不同的职业都有职业价值观。新闻传播活动在其历史演变过程中，逐渐形成了自身的传播观念和价值取向，即反映客观世界的最新变动状况，形成人与人、人与社会之间的事实信息交流与分享，为社会生活的良性运行提供信息上的保障，其价值目标就是为社会公众服务，为公共利益服务，为人民服务。当新闻传播活动逐渐发展成为制度化的、事业化的活动方式，成为一种社会职业，新闻传播主体即新闻工作者便负有为所有人提供新闻信息服务的社会职责和义务。当这样的目标成为基本目标和社会共识后，蕴含在新闻传播活动中的新闻价值观也随之形成。从社会发展的角度看，新闻价值观作为一种观念系统，不是孤立存在的，其运行不能脱离社会环境，要受到国家上层建筑及社会意识形态领域各种观念的影响，"核心价值观可以简要地概括为'制度精神'，它实际上是一种国家制度、一个国家运作模式赖以立足、借以扩展、得以持续的灵

---

① 叶容华：《现代社会心理学》，华东师范大学出版社1998年版，第79页。

魂，因而是国家意识形态的内核"。① 因此，强化新闻价值观建设，要以社会主义核心价值观引领，才能为提升新闻工作者的角色道德自觉水平和境界提供必要的价值导向和行动标准。

强化新闻价值观建设，需要新闻行业积极作为。作为新闻从业人员，新闻工作者对于自己所属行业价值观的认知，有赖于行业自身的培育。因此，新闻工作者的管理机关应该采取多种途径、多种形式，在行业内部开展以社会主义核心价值观为主题的角色道德教育和角色道德实践活动。如 2014 年 8 月 30 日，中国记协在北京召开新闻工作者践行社会主义核心价值观座谈会，发布了《新闻工作者践行社会主义核心价值观倡议书》，向全国的新闻工作者发出了倡议，号召全国新闻工作者，要学习好、宣传好、践行好社会主义核心价值观，做社会主义核心价值观建设的排头兵。② 同时，新闻行业还要注重重点群体的价值观建设，对于新闻行业中涌现出的模范人物，应该大张旗鼓地宣传，发挥他们的示范、辐射作用和示范引领作用，以影响和带动新闻工作者队伍整体角色道德素养的提高。2015 年 1 月 22 日，新华社召开为"呼格吉勒图"案件报道的记者汤计同志记功暨表彰会，决定给汤计予以表彰，记个人一等功。2015 年 2 月 2 日，汤计获得中华全国新闻工作者协会授予的"全国优秀新闻工作者"荣誉称号，中华全国新闻工作者协会向广大新闻工作者发出"向汤计同志学习"的号召。汤计成为新华社成立 84 年来首个荣立个人一等功的记者。在表彰会上，汤计说："我始终认为，人活着得有点信仰，没有信仰就没有了灵魂。作为党的新闻工作者，不仅要揭露社会上的假恶丑，更要时刻不忘发现生活中的真善美、弘扬真善美，为社会进步增添正能量。"在谈到自己写作参考报道《牛玉儒树起新时期领导干部的勤政榜样》这篇文章时说道："清正廉洁，公正无私，有情有义，把祖国、把人民、把父母的养育之恩化为一个执法者的实际行动。我们新华社记者就是要给这样的干部树碑立传，就是要把这种精神推向社会，引领人们的价值取向。"

2014 年 8 月，中宣部、国家互联网信息办公室、国家新闻出版广

①　侯惠勤：《侯惠勤自选集》，学习出版社 2012 年版，第 425 页。
②　中国记协：《新闻工作者践行社会主义核心价值观倡议书》，《人民日报》2014 年 8 月 31 日第 4 版。

电总局、中国记协面向全国新闻战线开展了"好记者讲好故事"演讲活动。全国万余名新闻工作者参加了演讲活动，通过讲述凡人小事、亲身经历、所见所闻，反映中国边疆的宽广，中国力量的铿锵和中国精神的伟大，大力弘扬社会主义核心价值观，展示了当代新闻工作者的良好形象。10月，来自全国新闻战线的131位选手齐聚北京，讲授了他们亲身经历和亲身所见的深入基层一线和社会各行各业进行采访的故事，分享他们以导向为灵魂、以真实为生命、以人民为中心的责任担当。自2015年12月18日开始，第二届"好记者讲好故事"巡讲团分赴中央主要新闻单位和行业类媒体，天津、河北、吉林、江苏、安徽、湖北、重庆、云南、甘肃9省区市，为当地新闻单位编辑记者和高校新闻院系师生作巡回报告。

强化新闻价值观建设，需要新闻工作者自觉体悟践行。习近平总书记说，"打铁还需自身硬"。新闻工作者既要认真学习理解核心价值观的深意，加强角色道德修养和价值观修炼，更要脚踏实地践行核心价值观的理念，要认识到作为专业传播者，深入阐释和传播社会主义核心价值观是新闻工作者的责任，当前，我国正处于社会转型期，改革开放进入深水区，在发展的关键阶段也面临多种问题，新闻工作者更要成为凝心聚力的压舱石，要用社会主流价值观引领社会发展的潮流；要以社会主义核心价值观彰显的理想信念、博大追求、人文情怀去反映社会的最新变动，传播和弘扬正能量，使新闻行业成为社会公众观察社会、了解社会、反映社会的基石，以凝聚起中华民族强大的精神力量，实现我国全面建成小康社会的宏伟目标。

结　　论

　　道德是人类永恒的课题。世界上任何一个国家、组织或个体，要获得不断的更新和发展，就必须依靠一定的精神纽带来维系和支撑，这一精神纽带就是道德。道德作为社会存在的反映，是个人自我完善的精神力量。马克思说，人无论如何也是一种社会的动物。"人是一种社会动物，而且正因为是社会动物而是道德动物。"① 社会是由人构成的，在社会生活中，每个人都扮演着不同的社会角色，社会对于每一社会角色会有不同的角色定位和角色期待，对不同社会角色会有相应的道德要求和道德规范，每个社会角色在角色道德实践中，都必须恪守和践行角色道德规范，养成角色道德操守和角色道德品质。

　　在当代社会，新闻行业作为一个与社会联系广泛而紧密的行业，其社会公器的地位与作用日益凸显，人们越来越期望通过新闻传播手段，维护社会正义，实现社会公正，扬善抑恶，而这一切首先必须以新闻行业自身的公正为前提，以新闻工作者自身的正义精神为支撑。"国家对此职业，正须立一道德精神之标准。"② 新闻行业能否实现自身的利益追求和价值目标，必然与从事该职业的新闻工作者的道德素质有内在的、根本性的关联。在社会生活中，作为新闻从业人员的新闻工作者身上也承担着社会赋予其特定的社会角色期待，即监测环境、传播信息、引导舆论、服务社会、文化传承、道德教化等，这种特定的社会地位也必然会对其产生角色道德行为要求，并根据角色道德要求来行使其角色权利、履行其角色道德义务。同时，新闻工作者在社会生活中扮演着特殊的"把关人"的社会角色，有特殊的社会影响力和示范作用，其行为的道德性、品质的美德化也具有特殊的社会意义和价值。新闻工作者

---

① 王海明：《伦理学与人性》，复旦大学出版社 2009 年版，第 97 页。
② ［日］松本君平：《新闻学》，中国新闻出版社 1987 年版，第 105 页。

只有在新闻传播活动和社会活动中，有效发挥主体性和能动性，自觉遵循角色道德规范和原则要求，不断使自身角色道德意识和角色道德行为同新闻道德规范要求及社会伦理期待相契合，达到自律状态与自由自觉的道德境界，即新闻工作者的角色道德自觉，才能真正扮演好社会赋予的角色，实现新闻工作者人生价值的自觉追求。

一 新闻工作者角色道德自觉是社会角色的本质体现

社会角色是社会中具有一定社会地位和身份、相应的权利和义务及行为模式的个人。在社会角色的概念中，本身也蕴含着社会对处于特定社会地位和身份的人的社会期待。这就需要角色扮演者发挥自身的主体性。在社会的道德活动中，角色扮演者必然要求角色主体具有道德自觉性，这种道德自觉性正是社会角色的本质体现。在新闻传播活动中，新闻工作者必须对自身所扮演的社会角色身份地位、权利和义务及行为模式自觉认知，在对自身角色在社会中的地位、在工作中的位置、自身角色的价值与作用、自身角色权利责任和角色道德规范的认识与理解的基础上，形成稳定而深层的角色道德认知、角色道德信念、角色道德情感，并在此基础上进行角色道德实践，从而履行好社会期待和角色责任。

二 新闻工作者角色道德自觉是"新闻人"的精神符号和精神标志

每一位新闻工作者的角色道德自觉，不仅能够促进社会道德的进步，建构并优化社会伦理秩序，而且能够涵育新闻精神，实现新闻工作者人生价值的自觉追求。新闻精神的生成与实现需要一个由低级到高级、由他律到自律再到自由的角色道德自觉实现过程。新闻工作者通过进行角色道德实践，其思想、情感、意志与客观现实对其角色期待和要求逐渐趋向一致，其个体的道德自觉性、主观能动性逐步得到发挥，能够主动学习、理解、认可、接受、信奉、实践新闻精神中蕴含的新闻传播的道德规范和要求，并最终从自身内在价值的角度来认知新闻传播的道德规范和要求，通过道德内化转化为个体内在的道德需要、道德情操、道德义务和道德信念，在角色道德实践中逐步提高精神境界，获得道德价值，培养良好德行，自觉完善自身道德人格。

三 新闻工作者角色道德自觉的养成需要多方配合和有机协调

符合道德规范的行为是不可能在孤立的情况下形成并得以有效维持

的。新闻工作者角色道德自觉的涵育与养成需要正确理论的指导和传播原则的确立，在新闻传播实践中，坚持马克思主义新闻观，坚持社会主义核心价值观，坚持以人为本、正义至上等传播原则，能够使新闻工作者具备明辨是非的能力，树立新闻传播的价值追求。新闻工作者角色道德自觉的涵育与养成需要建立起符合新闻职业活动本性、新闻传播规律的道德的新闻制度体系，如角色道德培训制度、新闻道德调控机制、制定专门的《新闻法》等，有助于新闻工作者在新闻传播实践中走上道德的轨道，是保障新闻工作者角色道德自觉的基础。新闻工作者角色道德自觉的涵育与养成需要其自身加强道德修养，对角色自身的道德规范和道德要求进行自我审视、自我教育和自我塑造，提高自我在角色道德实践中的选择能力，同自身道德上的弱点作斗争，克服自身的矛盾，增强道德信念的力量，达到道德人格的自我完善，提升角色道德自觉。

新闻学是一门实践性很强的学科，角色道德自觉是一个理论底蕴厚重的课题，新闻工作者角色道德自觉不仅是新闻学、伦理学、社会学等多种学科亟待深入研究和探讨的基础理论问题，而且是当代中国新闻实践需要面对和解决的现实问题。因此，在本书写作中，尝试着从社会学、伦理学的视角对新闻工作者这一社会角色进行剖析，在对其角色定位的基础上，梳理其角色道德责任、角色道德规范、角色道德品质，建构起新闻工作者角色道德自觉理论体系，以期对新闻工作者角色道德自觉的实现提供理论依据。

本书只是一个初步的探索，还存在理论研究不深、视域狭窄等纰漏和不足。笔者将以这次写作为研究契机，再接再厉，在以后的研究中不断完善，争取有更大的突破，敬请各位老师和专家批评指教。

参考文献

一 经典著作

[1]《马克思恩格斯文集》第1、2、3、4、8、9卷，人民出版社2009年版。

[2]《马克思恩格斯选集》第一至四卷，人民出版社2012年版。

[3]《列宁选集》第一至二卷，人民出版社2012年版。

[4] 习近平:《习近平谈治国理政》，外文出版社2014年版。

[5] 中共中央文献研究室编:《毛泽东邓小平江泽民论世界观人生观价值观》，人民出版社1997年版。

[6] 中共中央宣传部:《毛泽东邓小平江泽民论社会主义道德建设》，学习出版社2001年版。

[7] 中共中央宣传部:《习近平总书记系列重要讲话读本》，学习出版社2014年版。

[8] 新华通讯社课题组:《习近平新闻舆论思想要论》，新华出版社2017年版。

[9] 中共中央宣传部:《习近平新时代中国特色社会主义思想三十讲》，学习出版社2018年版。

二 中文著作

[1] 唐凯麟:《伦理学》，高等教育出版社2001年版。

[2] 罗国杰:《伦理学》，人民出版社1989年版。

[3] 罗国杰:《马克思主义思想政治教育理论基础》，高等教育出版社2002年版。

[4] 唐凯麟、龙兴海:《个体道德论》，中国青年出版社1993年版。

[5] 万俊人:《寻求普世伦理》，北京大学出版社2009年版。

[6] 侯惠勤等:《马克思主义意识形态论》，南京大学出版社2011年版。

[7] 侯惠勤:《侯惠勤自选集》，学习出版社2012年版。

[8] 宋希仁：《西方伦理思想史》，湖南教育出版社 2006 年版。

[9] 田秀云：《社会道德与个体道德》，人民出版社 2004 年版。

[10] 田秀云、白臣：《当代社会责任伦理》，人民出版社 2008 年版。

[11] 吴潜涛等：《当代中国公民道德状况调查》，，人民出版社 2010 年版。

[12] 田秀云：《角色伦理》，人民出版社 2014 年版。

[13] 徐向东：《自我、他人与道德——道德哲学导论》，商务印书馆 2009 年版。

[14] 杨国荣：《伦理与存在——道德哲学研究》，华东师范大学出版社 2009 年版。

[15] 田秀云：《以德治国论》，新华出版社 2002 年版。

[16] 高国希：《道德哲学》，复旦大学出版社 2005 年版。

[17] 范树成：《当代学校德育范式转换与走向研究》，人民出版社 2011 年版。

[18] 费孝通：《文化与文化自觉》，群言出版社 2010 年版。

[19] 曾钊新、李建华：《道德心理学》，中南大学出版社 2002 年版。

[20] 中国社会科学院新闻研究所：《马克思恩格斯论新闻》，新华出版社 1985 年版。

[21] 李良荣：《新闻学概论》，复旦大学出版社 1985 年版。

[22] 杨保军：《新闻精神论》，中国人民大学出版社 2007 年版。

[23] 杨保军：《新闻道德论》，中国人民大学出版社 2010 年版。

[24] 杨保军：《新闻理论教程》，中国人民大学出版社 2010 年版。

[25] 杨保军：《新闻真实论》，中国人民大学出版社 2006 年版。

[26] 吴飞：《新闻专业主义研究》，中国人民大学出版社 2009 年版。

[27] 李希光：《新闻学核心》，南方日报出版社 2002 年版。

[28] 雷跃捷、辛欣：《网络新闻传播概论》，北京广播学院出版社 2001 年版。

[29] 胡正荣：《传播学总论》，清华大学出版社 2008 年版。

[30] 陈力丹：《精神交往论——马克思恩格斯的传播观》，中国人民大学出版社 2008 年版。

[31] 童兵：《理论新闻传播学导论》，中国人民大学出版社 2011 年版。

[32] 陈力丹：《马克思主义新闻学词典》，中国广播电视出版社 2002

年版。

[33] 陈力丹：《自由与责任——国际社会新闻自律研究》，河南大学出版社 2006 年版。

[34] 胡兴荣：《新闻哲学》，新华出版社 2004 年版。

[35] 龚长宇：《道德社会学引论》，中国人民大学出版社 2012 年版。

[36] 黄旦：《传者图像：新闻专业主义的建构与消解》，复旦大学出版社 2005 年版。

[37] 冯全文：《道德教育原理》，北京师范大学出版社 2013 年版。

[38] 周鸿书：《新闻伦理学论纲》，新华出版社 1995 年版。

[39] 李彬：《全球新闻传播史》，清华大学出版社 2005 年版。

[40] 樊浩：《道德形而上学体系的精神哲学基础》，中国社会科学出版社 2006 年版。

[41] 樊浩：《中国伦理精神的历史建构》，江苏人民出版社 1992 年版。

[42] 秦志希：《新闻舆论与新闻文化》，武汉大学出版社 1997 年版。

[43] 何怀宏：《良心论》，北京大学出版社 2009 年版。

[44] 钱焕琦：《走向自觉——道德心理论》，人民出版社 2003 年版。

[45] 邱伟光、张耀灿：《思想政治教育学原理》，高等教育出版社 1999 年版。

[46] 田海舰：《社会主义核心价值体系培育纲要》，人民出版社 2012 年版。

[47] 董岩：《新闻责任论》，人民日报出版社 2010 年版。

[48] 江畅：《德性论》，人民出版社 2001 年版。

[49] 王国银：《德性伦理研究》，吉林人民出版社 2006 年版。

[50] 陈根法：《德性论》，上海人民出版社 2004 年版。

[51] 邵培仁：《传播学》，高等教育出版社 2000 年版。

[52] 袁靖华：《媒介愿景论》，中国传媒大学出版社 2009 年版。

[53] 李建华：《多元文化时代的价值引领》，人民出版社 2012 年版。

[54] 王梅芳：《舆论监督与社会正义》，武汉大学出版社 2005 年版。

[55] 刘建明：《新闻学前沿——新闻学关注的 11 个焦点》，清华大学出版社 2005 年版。

[56] 陈力丹：《马克思主义新闻观思想体系》，中国人民大学出版社 2006 年版。

［57］徐宝璜：《新闻学》，中国人民大学出版社 1994 年版。

［58］穆青：《新闻散论》，新华出版社 1996 年版。

［59］蒋淑媛：《网络媒介社会功能论》，新华出版社 2011 年版。

［60］谢岳：《大众传媒与民主政治》，上海交通大学出版社 2005 年版。

［61］丁柏铨：《中国当代理论新闻学》，清华大学出版社 2002 年版。

［62］彭柏林：《道德需要论》，上海三联书店 2007 年版。

［63］俞世伟、白燕：《规范·德性·德行——动态伦理道德体系的实践性研究》，商务印书馆 2009 年版。

［64］郑根成：《媒介载道——传媒伦理研究》，中央编译出版社 2009 年版。

［65］燕道成：《媒介化风险与传媒责任伦理》，岳麓书社 2011 年版。

［66］黄富峰：《大众传媒伦理研究》，中国社会科学出版社 2009 年版。

［67］郑保卫等：《新闻传媒与和谐社会建设》，中国人民大学出版社 2006 年版。

［68］胡正荣等：《新媒体与当代中国社会》，上海交通大学出版社 2012 年版。

［69］黄瑚：《新闻伦理学》，新华出版社 2001 年版。

［70］张晓峰：《新闻职业精神论纲》，中国广播电视出版社 2011 年版。

［71］商娜红：《迷思为何存在：当代媒体伦理研究》，金城出版社 2011 年版。

［72］陈汝东：《传播伦理学》，北京大学出版社 2006 年版。

三　译著

［1］［美］李普曼：《新闻与正义》，展江等译，中国人民大学出版社 2009 年版。

［2］［美］菲利普·帕特森、李·威尔金斯：《媒介伦理学：问题与案例》，李青藜译，中国人民大学出版社 2006 年版。

［3］［美］克利福德·G. 克里斯蒂安：《媒介公正：道德伦理问题真的不证自明吗?》，蔡文美等译，华夏出版社 2000 年版。

［4］［美］弗雷德里克·S. 西伯特、西奥多·彼得森、威尔伯·施拉姆：《传媒的四种理论》，戴鑫译，中国人民大学出版社 2008 年版。

［5］［美］威尔伯·施拉姆：《传播学概论》，何道宽译，中国人民大

学出版社 2010 年版。

[6]［美］新闻自由委员会：《一个自由而负责的新闻界》，展江等译，中国人民大学出版社 2004 年版。

[7]［美］比尔·科瓦奇、罗森斯蒂尔：《新闻的十大原则》，北京大学出版社 2011 年版。

[8]［美］约翰·赫尔顿：《美国新闻道德问题种种》，刘有源译，中国新闻出版社 1988 年版。

[9]［美］麦金太尔：《德性之后》，龚群、戴扬毅等译，中国社会科学出版社 1995 年版。

[10]［古希腊］柏拉图：《理想国》，郭斌和等译，商务印书馆 1997 年版。

[11]［古希腊］亚里士多德：《尼各马可伦理学》，廖申白译，商务印书馆 2003 年版。

[12]［德］弗里德里希·包尔生：《伦理学体系》，何怀宏译，中国社会科学出版社 1988 年版。

[13]［德］康德：《道德形而上学奠基》，杨云飞译，人民出版社 2013 年版。

[14]［英］弗兰西斯·哈奇森：《道德哲学体系》，江畅等译，浙江大学出版社 2010 年版。

[15]［美］霍尔、戴维斯：《道德教育的理论与实践》，陆有铨等译，浙江教育出版社 2003 年版。

[16]［美］柯尔伯格：《道德教育的哲学》，魏贤超等译，浙江教育出版社 2000 年版。

[17]［英］科林·斯巴克斯：《全球化、社会发展与大众媒体》，刘舸等译，中国社会科学文献出版社 2009 年版。

[18]［英］尼克·史蒂文森：《媒介的转型：全球化、道德和伦理》，顾宜凡等译，北京大学出版社 2006 年版。

[19]［美］赫伯特·阿尔休尔：《权力的媒介》，黄煌等译，华夏出版社 1989 年版。

　　四　中文论文

[1] 贺琛：《新闻传播者的道德责任研究》，博士学位论文，中南大学，2013 年。

［2］ 杨凯：《美国新闻专业主义发展研究》，博士学位论文，暨南大学，2013 年。

［3］ 郑根成：《媒介载道——传媒伦理研究》，博士学位论文，东南大学，2006 年。

［4］ 曾小五：《道德赏罚论》，博士学位论文，湖南师范大学，2002 年。

［5］ 覃青必：《论道德自由》，博士学位论文，中南大学，2008 年。

［6］ 燕道成：《传媒责任伦理研究》，博士学位论文，中南大学，2010 年。

［7］ 张晓峰：《新闻职业精神论》，博士学位论文，复旦大学，2008 年。

［8］ 何芳明：《新闻正义论》，博士学位论文，中南大学，2013 年。

［9］ 朱景辉：《道德自觉及其培育研究》，硕士学位论文，河北师范大学，2008 年。

［10］ 徐静文：《道德守望——传媒伦理责任研究》，硕士学位论文，首都师范大学，2009 年。

［11］ 贺琛：《新闻传播者的道德责任：规范维度与美德维度》，《江汉论坛》2012 年第 8 期。

［12］ 袁靖华：《论媒介正义的概念及其维度》，《国际新闻界》2012 年第 4 期。

［13］ 张鸿燕：《儒家道德主体自觉论思想的德育价值》，《华北电力大学学报》（社会科学版）2006 年第 1 期。

［14］ 张周志：《社会正义与道德意识的自觉》，《陕西师范大学学报》（哲学社会科学版）2008 年第 6 期。

［15］ 方世南：《主体道德自觉：价值、功能与实现途径》，《江海学刊》2001 第 6 期。

［16］ 柴文华：《儒家道德自觉论》，《江淮论坛》1997 年第 4 期。

［17］ 戴茂堂：《道德自觉·道德自信·道德自强》，《道德与文明》2011 年第 4 期。

［18］ 段治乾：《伦理自发与道德自觉》，《社会科学》1998 年第 7 期。

［19］ 焦金波：《"道德人"及其生成的元问题审思》，《道德与文明》2010 年第 6 期。

［20］袁靖华：《媒介正义论：走向正义的传播理论与实践》，《国际新闻界》2011 年第 2 期。

［21］袁靖华：《论新闻媒介发挥正义效用的基本条件与伦理要求》，《浙江传媒学院学报》2012 年第 4 期。

［22］何芳明、刘学平：《论新闻的两重属性及其正义指向》，《道德与文明》2011 年第 1 期。

［23］何芳明：《正义作为新闻价值的探析》，《湖南社会科学》2012 年第 1 期。

［24］何芳明：《论不同伦理理论指导新闻正义的优势与困难》，《求索》2013 年第 2 期。

［25］李杨、许诺：《德性、德性伦理和德性精神刍议》，《东南大学学报》（哲学社会科学版）2010 年第 12 期。

［26］杨豹：《德性伦理复兴与当代中国道德建设》，《大连理工大学学报》（哲学社会科学版）2010 年第 12 期。

［27］贺琛：《传媒"背道"的伦理反思》，《东南传播》2010 年第 10 期。

［28］罗以澄、陈文高：《构建和谐社会与新闻传媒责任担当》，《武汉大学学报》2007 年第 5 期。

［29］田秀云：《当代中国责任伦理研究的回顾与展望》，《伦理学研究》2010 年第 3 期。

［30］杨保军：《论"为事实说话"与维护社会正义》，《当代传播》2007 年第 2 期。

［31］魏茹芳、宁克强：《新闻工作者的角色伦理冲突与调控》，《道德与文明》2013 年第 4 期。

［32］宁克强、何军、魏茹芳：《新闻媒体道德失范现象成因与对策研究》，《河北经贸大学学报》2011 年第 1 期。

［33］刘磊：《记者当坚守公平、正义与良知》，《青年记者》2009 年第 14 期。

［34］陈文锋：《论媒体道德的微观表现》，《东南传播》2003 年第 4 期。

［35］陈文锋：《论道德对媒体的伦理规范》，《云梦学刊》2003 年第 5 期。

[36] 邹广文、云泽人：《文化自觉与中国文化的健康发展》，《道德与文明》2011 年第 3 期。

[37] 任丑：《应用德性论及其价值基准》，《哲学研究》2011 年第 4 期。

[38] 邓名瑛：《真实性及其伦理边界——对新闻真实性原则的伦理反思》，《伦理学研究》2004 年第 3 期。

[39] 张持坚：《新闻伦理道德：媒体亟待强化的理念》，《新闻传播》2008 年第 4 期。

[40] 高湘泽：《"道德责任担当"三题议》，《甘肃社会科学》2010 年第 6 期。

[41] 孙宝云：《从道德强制到道德自觉：理念转变与路径选择》，《道德与文明》2010 年第 3 期。

[42] 徐新平：《论马克思恩格斯关于"报刊的伦理精神"》，《求索》2001 年第 3 期。

[43] 李禹阶：《从主体道德自觉到集体道德理性》，《重庆师范大学学报》2006 年第 6 期。

[44] 商娜红：《"报刊的伦理精神"：另一种透视视角》，《新闻界》2005 年第 4 期。

[45] 孙春晨：《媒体伦理的探索与思考》，《哲学动态》2005 年第 11 期。

[46] 杨伟涛：《道德的价值本性和应然表征》，《学术论坛》2008 年第 7 期。

[47] 逯改：《传媒社会责任的伦理审视》，《兰州学刊》2007 年第 9 期。

[48] 王钢：《道德教育内在性思维取向研究》，《道德与文明》2010 年第 5 期。

[49] 吴飞、丁志远：《新闻教育与新闻专业主义理念的构建》，《浙江大学学报》2007 年第 6 期。

[50] 陆晔、俞卫东：《传媒人的媒介观和伦理观——2002 上海新闻从业者调查报告之四》，《新闻记者》2003 年第 4 期。

[51] 徐宗良：《德性与伦理规范刍议》，《伦理学研究》2009 年第 5 期。

[52] 冯剑侠：《新闻专业主义：一种职业意识形态的构建》，《理论界》2012 年第 4 期。

[53] 罗国杰：《建设与市场经济相适应的社会主义道德体系》，《思想政治工作研究》2012 年第 1 期。

[54] 蓝红：《关于道德建设的三个重要问题》，《道德与文明》2009 年第 2 期。

[55] 张松德：《激发道德情感与投身道德实践辩证统一——道德教育途径的新探析》，《道德与文明》2008 年第 4 期。

[56] 杨保军：《简论"后新闻传播时代"的开启》，《现代传播》2008 年第 6 期。

[57] 杨保军：《新闻道德与新闻自由关系初论》，《山西大学学报》2009 年第 6 期。

[58] 纪忠慧：《西方新闻影响力探源》，《国际关系学院学报》2011 年第 1 期。

[59] 丁柏铨：《论舆论监督在和谐社会构建中的作用》，《现代传播》2006 年第 3 期。

[60] 丁柏铨：《社会公平正义与新闻传媒的责任》，《新闻大学》2007 年第 3 期。

[61] 郭刚：《社会伦理化向度之探——由"德性"而"德行"的新视角》，《道德与文明》2010 年第 4 期。

[62] 陈杰：《在交往中理解和体验——论道德自觉的养成》，《当代教育论坛》2008 年第 3 期。

[63] 王涌米：《论正义之维的新闻媒体守望》，《重庆理工大学学报》2010 年第 6 期。

[64] 杨保军：《我国职业新闻传播观念的几个宏观转向》，《新闻记者》2014 年第 5 期。

[65] 王叶华：《新媒体时代新闻记者的职业素养与社会责任》，《科技传播》2014 年第 11 期。

[66] 徐新平：《大众传媒的道德冲突与伦理选择》，《当代传播》2013 年第 1 期。

[67] 曾明瑛：《论新媒体背景下的全球新闻伦理》，《西南大学学报》（哲学社会科学版）2010 年第 5 期。

［68］ 周德义：《媒介越位：权力的扩张，还是监管的缺失》，《湖南大学学报》2012 年第 5 期。

［69］ 梅萍：《道德教育的主体性与人的全面发展》，《上海交通大学学报》（社会科学版）2002 年第 3 期。

［70］ 彭立：《当代中国新闻传播的"三化观"》，《新闻研究导刊》2012 年第 1 期。

五　外文文献

［1］ Jack Lule，"News Values and Social Justice，U. S. News and the Bra-zilian Street Children"，*Journal of Communications*，Howard：1998.

［2］ William L. Rivers and Cleve Mathews，*Ethics for the Media*，New Pren-tice Hall Englewood Cliff，1988.

［3］ D. Carr，*Educating the Virtues*：*An Essay on the Philosophical Psychol-ogy of Moral Development and Education*，New York：Routledge，1991.

［4］ Christians，*Social Ethics and the Press*，New York：Oxford University Press，1993.

［5］ Mark Deuze，"What is journalism? Professional Identity and Ideology of Journalists Reconsidered"，*Journalism*，No. 3，2005.

［6］ Michael Shudson，"The Objectivity Norm in American Journalism"，*Journalism*，No. 2，2001.

后　记

　　窗外，柳芽吐翠，春花初绽。时间如白驹过隙，转眼之间，博士毕业已经三年有余。呈现在读者面前的这本书，是在我的博士学位论文基础上拓展而成的。回首曾经求学的岁月，面对未来的人生，感慨之余，又增加了许多期许。

　　首先，我要感谢我的导师田秀云教授。二十多年前，我就是田老师的学生，她给我们讲授《伦理学》课程。二十多年后，我有幸再次成为她的学生，重新聆听老师的教诲。生活中，田老师如慈母般的关爱，时时温暖着我，每每听到电话里的关切温柔的话语，总会在心底涌起一股股暖流。在求学的道路上，田老师的敏锐博学，理性思辨，洞察睿智，也深深地影响着我。博士学位论文从构思、开题，直至完成，凝聚了老师太多的智慧与心血，让我在无涯的学海中寻求到了努力的方向。

　　其次，我要衷心感谢王莹教授、范树成教授、李素霞教授、王玉平教授、王军教授、张骥教授等诸多业界导师。在师大求学的过程中，他们坚守传道、授业、解惑之师道，在授课及论文的写作中给予我许多帮助和指导，老师认真的教学态度、严谨的治学精神给我留下了深刻的印象。

　　再次，我还要对我的师姐——陶艳华教授道一声感谢。您总是在田老师的身边给我无私的支持，每一次在我论文写作遇到困难时，总是帮我指点迷津，寻找突破。我还要感谢我亲爱的同学们：刘森、周娜、范拥军、张泗考、仇珊华，等等。每一次上完课后的倾心交流，共同度过的求学岁月，班长对同学们的贴心帮助，都让我永远铭记。

　　我还要感谢我的亲人们。爱人与女儿，时时贴心惦记；家中父母时常打来电话，嘘寒问暖，关爱无微不至。他们在我求学的道路上相随相伴，给我支持、鼓励、宽容、理解，让我走过了读博这段精神苦旅的跋涉。

　　攻读博士学位期间，为更全面地了解学界对新闻工作者角色道德自觉的理解和看法，我查阅了新闻传播学界和伦理学界许多著名专家学者如陈力丹教授、杨保军教授、刘建明教授、童兵教授、丁柏铨教授、万俊人教授、唐凯麟教授、奚从清教授、宋希仁教授、罗国杰教授等人的相关著作，这些学者在学术上孜孜不倦的探求精神和深厚的理论学养都给予我理论的开阔与思维的启迪，让我受益匪浅，在此对诸位专家学者致以诚挚的谢意！

　　最后，还要感谢中国社会科学出版社的卢小生老师和河北经贸大学。卢小生老师在百忙之余对书稿各方面提出了颇具价值的建议，做了大量繁冗的工作，感谢他的劳动与付出！同时，本书的出版受到河北经贸大学学术著作出版基金资助。

　　由于个人的知识储备、学术视野和研究能力所限，本书在理论论证、资料运用、体系建构等方面难免有不足和纰漏，敬请专家、学者和同人指正。

　　路漫漫其修远兮，吾将上下而求索。人生苦短，让我们珍惜当下的美好时光，永葆积极向上之心，去追寻未来人生中那一片远方的田野！

魏茹芳

2019 年 10 月

于石家庄恒大御景半岛